和光大学経済経営学部
55周年記念　研究論文編

現代に問う
経済のあり方
経営のあり方

和光大学経済経営学部 ［編］

創 成 社

巻頭言

経済経営学部前学部長
経営学科教授

鈴木　岩行

　和光大学経済学部（現経済経営学部）では，学部開設以来5年ごとに記念誌を発行してきた。

　前号まではテーマを決めて，そのテーマに沿った論文を掲載してきた。今回はそれを改め，研究論文編と教育論文編に分けることになった。

　本書はコロナ禍で学内が混乱し，オンライン授業の準備で多忙な中で執筆された。この研究論文編は，和光大学経済経営学部教員の現在の研究水準を表すものとなっている。

　経済学科からは経済理論，社会・労働政策，経済史・経済学史，資源・環境問題の計7編の論文が寄せられ，バランスの良いものとなっている。経営学科からも経営関連，会計，マーケティング，情報の計6編で，やはりバランスの取れた構成となっている。

　経済経営学部では，専門分野の違いを越えて，教員が自らの研究を発表する場を設けている。

　また，経済経営学部では，学部紀要『和光経済』を年3回発行していることからわかるとおり，学部教員の研究活動は学部開設以来途切れずに続いており，今後も続くことを確信している。

和光大学経済経営学部55周年記念誌の発行にあたって

和光大学 学長

半谷　俊彦

　本書は，和光大学経済経営学部が創設55周年を記念して発行する学部教員の論文集です。

　本学部は，和光大学の創立とともに「経済学部」として創設されました。当時は経済学科のみの１学科体制でしたが，そのカリキュラムは経済学，商学，経営学の諸学問領域を幅広くカバーするものでした。初代学長である梅根悟が，専門性に立脚しつつ総合的な視点から研究に取り組む総合学科（Integrated Course）を志向していたからです。

　1989年に経営学科が創設されて２学科体制となりましたが，現在に至るまで両学科はひとつの紀要を共同で発行し，異なる領域の論文を持ち寄って切磋琢磨を続けています。2004年から使用している「経済経営学部」という名称も，経済学と経営学を両輪として研究・教育を進めていくという姿勢を示したものに他なりません。

　本書にも，多彩な論文が集まっていますが，今後も，両学科の教員がお互いに影響し合うことで，学問が深めれていくものと期待しています。

目　次

第Ⅰ部

現代に問う経済のあり方

第1章

アダム・ファーガスンの
「市民社会」についての一考察

伊東達夫

1　はじめに

　本稿の目的は，スコットランド啓蒙思想の所在，「啓蒙をどのような範囲，問題意識で考察すべきか」を探りながら，同時に，その問題意識の一部としてアダム・ファーガスンの「市民社会」，特に自然状態から市民社会へ至るプロセスについて考察することである。

　筆者は旧稿「スコットランド啓蒙思想とアダム・ファーガスン」において，スコットランド啓蒙思想についての研究目的などについて以下のように述べた。

　「アダム・スミスの経済学体系について，我々はさまざまな角度から，あるいはさまざまな視野から接近してきた。一方では古典派経済学の始祖として，主に『諸国民の富』を中心にして論議がなされ，他方では，市民社会論的立場に立って，『道徳感情論』をも視野に加えながら，単に経済学体系としてではなく総合的な社会科学体系として位置づけるような接近がなされてきた。そして，それぞれについての十分なる成果を目の当たりにすることができるのは言うまでもないことであるし，そのような接近方法を抜きにしてアダム・スミス研究はありえない。またスミスの本質に迫ることも不可

能であろう。そして，さらに社会科学体系という意味を時代の中において，あるいは同義的ではあるが，道徳哲学体系としてスミスを位置づけながら，その外延を埋める作業としてのスコットランド啓蒙思想研究が存在するのである。[1]」

　いずれもアダム・スミス研究の一環としてスコットランド啓蒙思想は考察されてきた領域であり，スコットランド啓蒙思想のみが独立した一分野として大きな研究領域を形成していたということではないであろう。先進研究者の多くのスミス研究を鑑みてもスミスを知るためのひとつの研究対象としてスコットランド啓蒙思想は少なくとも存在したのではないだろうか[2]。そこにスミス研究から見えてくる社会経済体制のあり方，あるいは古典派経済学研究の入口としてのアダム・スミスが存在したということであろう。

　このような流れ，研究方向からすると，アダム・ファーガスン研究は日の目を見るのに期間を要したことは疑いを得ない。

　「これまでファーガスンをその重要な一員とするスコットランド歴史学派[3]が経済学史上からも，また歴史家からも，正当に認識されていなかったために，ファーガスンは，比較的多くのひとびとによって研究されたにもかかわらず，この学派の共通の問題・方法から抽出，孤立化されてとりあつかわれてきたからである。すなわちこれまでのファーガスン研究の一角は，十九世紀後半に確立された社会諸科学のなかの個別・専門科学の概念・領域から，かれの著作の個々の叙述のみが，この学派およびかれの著作の全体的関連からきりはなされて問題とされるに止まっていた。その結果ファーガスン研究は，研究者の専門家的問題意識に従って，ファーガスンの著作のなかに，社会学，倫理学，経済学，哲学という個別科学の先駆者・追随者をみいだしたり，またそのようにして把握されたかぎりでのかれの思想と同時代者のそれとの比較が試みられたりする域をでなかった。社会学の分野では，かれは，最初の体系的歴史社会学者として，また現代社会学の重要な先駆者のひとりとして数えら

れ，また経済学史の分野では，分業についての思想の卓越ゆえにアダム・スミスの師であるとカール・マルクスによって指摘されて以来，その思想の独創性が両者のいずれに帰属すべきかが研究されたりした。[4]」

　以上のような経緯から，第一は，「いかにスコットランド啓蒙を捉えるべきか」から入り，第二に，ファーガスンについての市民社会論の入口としての「自然状態」，そしてあるべき姿としての「市民社会・平和」について論を進め，アダム・ファーガスン理解の一端としたい。

2　スコットランド啓蒙の所在

　スコットランド啓蒙とは何か，という問いかけに対して，どのように対応すべきかについては常に困難な壁が立ち塞がる。それは，スコットランド啓蒙をどの範囲，カテゴリーを用いて把握すべきなのか，定説といわれるような考え方が存在するようで存在しないと考えられるからである。しかし，ここを通過しなければ問題の本質に到達できないことも確かである。そこで，どのような人々がここに居るのか，それはどのような内容を持った人々なのかという全方位的な見方からスコットランド啓蒙とは何かについて入っていくことにする。

　具体的な目に見える形で進めることにする。まず年代的な組分けについては以下のような考えがある。

　第1のグループでは，哲学者としてまたアダム・スミスの師としてのフランシス・ハチスン（Francis Hutcheson 1694～1740），デビッド・ヒューム（David Hume 1711～1776），この2人が中心人物として指導的地位にあったことは違いない。さらに歴史的アプローチとしての文筆判事（このような敬称は山崎教授に全面的に負う）であるケイムズ卿（Lord Kames 1696～1782），特殊自然史的人文学者としての文

筆裁判官モンボドウ（CLord Monboddo 1714-1782）などがいる。第2のグループにおいては，まず筆頭に『諸国民の富』および『道徳感情論』のアダム・スミス（Adan Smith 1723～1790），次に『市民社会史論』のアダム．ファーガスン（Adam Ferguson 1723～1816）の2人が双璧として存在し，スミスの『哲学論文集』の編集者として知られるジェイムス・ハットン（Jame Hutton 1726～1797）とジョセフ・ブラック（Joseph Black 1728～1799）の2人がいて，両者共に自然科学者としても知られる存在である。そのほか農業史家のジェイムス・アンダースン（James Anderson 1739～1800），法学者のジョン・ミラー（John Millar 1735～1801）なども忘れられぬ存在である。第3のグループになると，百科辞典の『ブリタニカ』の編集者であるウイリアム・スメリー（William Smellie 1740～1795）や『スコットランド統計調査』のサー・ジョン・シンクレア（Sir John Sinclair 17547～1835）そしてアダム・スミスやウイリアム・ロバートソンの伝記で有名なD. ステュアート（Dugald Stewart 1753～1828）などが顔をそろえている。この時期になると第2グループの人物の伝記や著作の跡づけなどの活動が早くも始まり，理論的な創作活動と相まって，18世紀スコットランドの学問的な総括が行われる。さらに統計などにみられる実態調査が広く行われるようになる。ところで，スコットランド歴史学派はこのような3つのグループが相互に関連を保ちながら成立し発展し継続してきたことには違いないのであるが，その中には単に道徳哲学者に代表される大学教授ばかりでなく，さまざまな職業の人が存在していて，第1のグループには大学教授のほかに裁判官，牧師，宗教家が多く，第2のグループは圧倒的に大学教授が多く，第3のグループではそれに，評論家や編集者，政治家なども加わってくる。歴史学派の成熟が第2期グループにあるとすれば，スコットランド諸大学こそが学派の拠点であり，かかる諸大学と文学的な諸サークルとの連繋のもとでそれは成立しえたのである[5]。

　道徳哲学を中心に置くと，図式として見えてくるのがスミス，ハチスン，ヒューム，ロード・ケイムズ，ファーガスンの学問である。「道徳哲学がこのように当時の人びとの関心を引き付けた背景としては，1707年の合邦からはじまるスコットランドの急激な変化をあげることができる。古い共同体の名残をとどめた社会が，1707年の合邦後，とくに1745〜6年のジャコバイトの乱以降急速に近代化していくのである。この社会のなかで新しい人間と社会の在り方が模索されることになる。そのなかで，人間とはなにかが問われるとともに社会の在り方が，道徳，法，政治，さらには経済との関連で問われることになる。その成果が18世紀スコットランドの道徳哲学であった。[6]」我々の関心事からすれば第一義的に道徳哲学の位置が確保されねばならないことは明白である。しかし，このような大学教授ばかりでなく，ひとりひとりの内容をみると文学者，自然科学者，法学者など多種多彩な才能が散見させられることも確かである。言わば，これまでの共通認識を得たスコットランド啓蒙の内容はどちらかと言えば，ある意味で狭いスコットランド啓蒙をさしていたのかも知れないという興味も出てくる。

　Wood（2000）の論文集はこのような狭さから，広い意味でのあるいは本来的な「啓蒙とは何か」への導きである示唆を含んでいるとも言える。田中秀夫（2001）に従って紹介する。本論文集は序文，12論文の構成である[7]。

1. 序文：D. スチュアートと「スコットランド啓蒙」の発明
   Paul Wood
2. 啓蒙へのスコットランドの貢献　John Robertson
3. スコットランドにおける啓蒙の歴史地理学に向かって
   Charles W. J. Withers
4. スコットランド啓蒙における科学と医学：書物史の教えるもの
   Richard B. Sher
5. 「あるスコットランド人の熱中」：アレグザンダー・スチュアー

　「明らかなように本書は多様なトピックを扱った興味深い分厚い論文集である。本書の新傾向は，４，６，７のような社会史としての自然科学史や３の地理学が登場したことであり，また，宗教思想に関連する論文が３本収録されていることも見逃せない。道徳を哲学，自然法，経済学の形成といった，これまでの主流を成してきたトピックは，本書では後景に退いている。思想史的にはどれも興味深い論文であるが，経済学史への直接の貢献はここにはない。[8]」

　「とりわけ，学史にとって興味があるのはJ.ロバートスンの仕事である。ウッドも指摘するようにスコットランドの経緯とスコットランドの思想を関連づけようとしてきたロバートスンは，スコットランド啓蒙の思想的中核は，道徳哲学，歴史，経済学を包括する社会の進歩を跡づける企図にあったという見解を強調するが，近年の多様化し複雑化した研究を詳細に回顧しつつ，スコットランドの文明社会史が諸外国にどのように読まれ影響を与えたかを比較史的に究明することの重要性を提案する。[9]」

　このようにスコットランドの全体構図を拡げてみると，先の年代的な構成とはまた異なるスコットランドの姿が現れてくる。それは，

筆者も含めて，これまでの研究者がそれぞれの研究目的の中で目論んできた「スコットランド啓蒙」の中心に何を置くかによって，見える景色が異なるということである。経済学者，経済思想史家の目には，先に挙げた人物が大きく見え，その景色の大半を作って見せる。しかし，ポール・ウッドの構成するスコットランド啓蒙の姿はそれとは一線を画し，学問，科学のオールラウンドを包み込む大系としての学問風景を醸成しようとする企図ではないだろうか。アダム・スミスの『諸国民の富』と『道徳感情論』を一体として理解する（理解しなければならない）「アダム・スミス学」という特殊世界において，道徳哲学に包含されるべき経済学を1個の独立したあるいは孤立した学問として見る，もちろんその見方を否定肯定の中で見ようとはしないが，独立科学として範囲を狭めてみることとは別の見方を取ることの重要性を，ウッドは指摘しているのではないだろうか。そこに「啓蒙」（Enlightenment）の全体像を浮かび上がらせることができるようにも考えられる。

3 アダム・ファーガスンの「自然状態」

アダム・ファーガスンは『市民社会史論』において，その目的とするところは，目次からも察知するように現実としての社会をいかに認識するか，あるいはその中に存在するところの人間そのものについての理解とその結合関係によるところの社会認識であり，さらにそこから派生することの歴史的理解であるところの社会の発展史をいかに記述していくかにあるのではないだろうか。言い換えるならば，社会と人間の問題にほかならないし自然法によっていかに社会を，人間を理解していくかについてのひとつの段階論としての把握であろう。ここでは『市民社会史論』第1章「人間本性の一般的特質について」にしぼって，その内容を吟味していきたい。第1節「自然状態に関する問題について」"Of the question relating to the

State of Nature" においてはグロティウス以来の「自然人」および「自然状態」についてのさまざまな説について批判を行なう[10]。

　第一節冒頭において，ファーガスンは言う。

　「自然の産物（natural productions）は，通常，徐々に形成される。野菜は柔らかい新芽から，動物は幼い状態から成長する。動物は，活動することが運命づけられており，力が増すにつれ活動も拡がっていく。つまり動物は，獲得していく能力においても，為すことにおいても進歩するのである。人間の場合，他のどの動物よりもこのような進歩がはるかに大きな規模で続いていく。すなわち，個人が幼児から成人へと成長するだけでなく，種それ自体も未開（rudeness）から文明（civilization）へと進歩するのである。このために，人類は自然状態（the state of their nature）から出発したという想定や，人間がその最初の段階でどのようなものであったかということについての様々な推測や異なる見解が生じてきた。詩人，歴史家，人文学者（モラリスト）は，しばしばこの太古の時代に言及する。そして黄金の時代（the emblems of gold）あるいは鉄の時代というイメージの下で，この時代の生活状態や生活様式を説明し，人類がそこから退化してきた，あるいは著しく進歩してきたとする。いずれにしても，人類の最初の自然状態は，その後の時代に人間が示してきたものとはまったく似ていなかったに違いないと仮定されている。歴史的記念物は，最も初期のものでさえ新奇なものとみなされる。また，人間は，自然を手なずけたり抑制したりして，あるいは相次ぐ発明によって，人間の禍福の主要なものを等しく遠ざけてきた自然の支配を侵犯してきたのであるが，人間社会の最も一般的な制度も，そうしたもののなかに分類される。[11]」

　自然状態とは，について考えることは人間の進歩をいかなるものとして認識するか，また人間社会の成長を発展論的にあるいは段階論的に考えるとどのようになるのかということであった。そこにまた自然法の伝統が存在するわけであるが，ファーガスンは人間の発

展あるいは成長を常に持続されるものとして考えながら，同時にそこに自然状態としての段階論を持ちこむことへの不満の表明なのである。

「人間の性質の中からその原始的特性を識別しようとし，また，自然と人為（art）の間の境界を指摘しようと試みた著述家の中には，人類は最初の状態において，野獣よりも優れていることを示すような能力をいっさい用いず，政治的な結びつきはまったくなく，自らの感情を説明する手段を持たず，声や身振りによってのみ詳しく表現できる不安や情熱さえもない，ただ動物的な感覚しかもたないものとして描いた者がいた。他の著述家たちは，自然状態は，支配と利益をめぐる競争が引き起こす絶え間ない戦争状態にあるとして，そこでは各人がそれぞれ他の人間と争い，また，他の人間の存在が戦いのきっかけになっていたとした。[12]」

　ヨーロッパの思想的伝統である近代自然法の流れの中から考えれば自然状態という考え方はごく自然に出てくる方法論のひとつと言えよう。人間本性の究明にあたって，まずはその根源的な初期の状態を仮定し，そこから人間本性の有様を考察しようとするのであるが，ファーガスンはここに代表的な2つの例を取り上げることによって批判を開始する。第一に，人間は現代人のように文化も理性もなく，まったく動物と同じように，家族を中心とする社会生活の上に捉えられており，また，第二に万人による戦争状態こそ人間の最も根源であると考えており，その自然状態の捉え方においてはまったくの両極端ではあるが，いずれにしても自然状態として把握されていることには違いないし，その中に存在する人間を自然人として考えている点においては同様である。そして人間と人間を結合させるものとして社会契約を基本に国家の成立を位置づけている。人間として自然状態においては十分な自由と権利を享受されない。すなわち，「自分の自由の放棄，それは人間たる資格，人類の権利ならびに義務をさえ放棄することである[13]」ように，社会契約を通じ

て自らの自由を保護することによって，人間的な生活を同時に保証するのである。ところが，ファーガスンはこれに反対する。

「自然の秘密を，存在のまさに源泉から暴くことができるかもしれないと考えて，そのための望ましい体系，またはそれに好ましい推測の基礎を築きたいという願望は，この対象について多くの不毛な研究を導き，また，数多くのとっぴな仮説を生み出してきた。人類が持っている様々な性質の中から，特定の性質が，一つ，また一つ，または幾つか選ばれ，その上に一つの理論が確立される。そして，想像上の自然状態において人間がどのようなものであったかの説明が組み立てられる中で，我々自身が観察できる範囲で，また歴史の記録の中で，人間が常にどのようなものであったかということが，見過ごされる。14)」

ファーガスンは，「自然人」であるとか「自然状態」といった考え方に疑念をはさむ。それは各々の著作家の頭の中で自分勝手に作り出された空想の所産にすぎないと考え，そのような考えが後世の人々に重い影響を与えているのではないか。それはまったくの仮定の話の中で，特殊な特徴を取りあげて，それのみを判断材料として思想の枠組みを構成することに対してまったく反対する。それは推測の範囲を出ていない。ファーガスンは，このような推測を排除して，あくまで事実の蒐集に務めなければならないと考える。そして特定の動物を研究する場合においてもその動物の持っている，現在あるところの性質や本能は，それが初めから持っていたものと同じであり，現在の生活様式もまた最初から定められたものの継続にすぎないと考える。それは，自然人や文明社会における文明人との質的な差異をまったく認めていないのである。そして，「この世界の物質的体系に関する自分の知識は，事実の蒐集か，個々の観察および実験より導出された一般的信条から成り立っている。15)」として，実在のかわりに仮定を用いる場合の範囲を最も重要で最も容易に知りうる事柄についてのみであると制限する。それはひとつ

の自然法についての歴史に逆らうものでもある。近代自然法のグロティウスやプーフェンドルフ以来，自然法の考え方の中には経験的に導き出される部分よりも，ある意味では頭脳の中で構成された理性的な部分が大きな位置を占めていた。そしてこの理性的な部分がひとつの対現実という意味においてかなりの意義をもっていたし，有効性を発揮していたのである。その方向がファーガスンのみならず，スミスやヒューム，ハチスンであるが経験的な方法による事実認識の重要性を高めるようになった。もちろんスミスにおいても，方法論として自然状態的な考えは残るにしても，スコットランドの伝統のうちにある歴史的方法の効果については十分に認識していた。そして，「一般的な原理は，人間に関するものであれ，あるいはその他のどのような対象に関するものであれ，正しい観察にもとづいて打ち立てられて，重要な結論にいたる知識を導きだすものである限りにおいてのみ有用であること。または，人間生活における重要な目的のために生来もつ知的能力，肉体的能力のいずれかを用いるとき，その一般的な原理によって我々が首尾よく行動できるようになる限りにおいてのみ有用であるということである。[16]」と言うように，方法論的な問題を提示するだけにとどめるのである。

　ファーガスンは，人間を孤立的な存在としてではなく，社会的な存在として捉えようとする。「人類は，常に集団の中で生活しているので，集団の中で捉えられるべきである。・・中略・・単独の人間についてではなく，社会総体についておこなわれるべきである。[17]」自然人であろうと文明人であろうと，人間は生まれながらにして社会の中で生活するものであって，この意味において区別される理由はないし，人間として存在するのは社会を離れてではなく，逆に考えると社会も人間も共に存在するのである。人間の歴史において，社会のない自然状態は考えられないし，理性によって社会が形成されるということもありえない。人間は自然的に本能や慣習を行使し，このような能力行使を権利として持っているところに社会形成の根

拠がある。本能的な社会と意識的な社会の区別と発展の差はあるに
して，社会契約をもって秩序や権威を説明するのではなく，優秀な
個人や階級の権威的な素質と多数の人々の服従性との合致によっ
て，また慣習として自然的に成立したと考えるべきであって社会契
約によって形成されたものではないと考えるのである。このよう
に考えてくると，ファーガスンはまず人間を社会的存在として捉え
ることによって抽象的な理論構成であるところの自然人や自然状態
の考えを否定し，より具体的あるいは歴史的経験的な立場にたつと
ころから人間を見て，さらに社会理論を構成しようとしたのである。
このような立場はファーガスンだけでなく，スミス，ヒューム，ハ
チスンにも共通に言えることであって，そこに自然法におけるスコ
ットランド的脱皮があったのではないか。このようなことから人間
本性を基礎として社会理論の体系化をはかろうとしたために，まず
第1章において「人間本性」の研究から始めるということになるの
であろう。

　それではファーガスンが人間本性をどのようなものとして考えて
いたか。「もし人間がいつも進歩をもとめ，自らの内に進歩の原理
と完成への欲求を持つことを認めるならば，人間が進み始めたとき
に，自然状態を脱したと言うのは不適切だと思われる。あるいは，
他の動物と同じように人間も，自らの性質に従っているだけで，自
然が与えた力を用いているうちに，彼自身が意図していなかったと
ころに行き着いたと言うのも不適切だと思われる。[18]」

　人間は本質的に活動的で常に完成を目ざすというのが，ファーガ
スンによるところの基本的な人間観である。そして常にというよう
な永久的な進歩の過程の中に人間は存在するのであって，ひとつの
到達点においても，まったく予期されないというのではなく，ファ
ーガスンによれば，ひとつひとつの到達点こそまさに人間そのもの
の証として考えられているのである。さらに発明へのさまざまな努
力も同様であり，絶えず進歩しようとする結果であり，その進行過

程なのである。そのように考えると，「本性にふさわしい状態は，そこから人類が永久に引き離されている状態ではなく，人類が今到達できるかもしれないものであることを知るだろう。すなわち，それは人類の諸能力を行使する以前の状態ではなく，能力を正しく適用することによってえられるものなのだ。[19)]」ということになり，永続的な人間本性の結果としての人間行為を考えるのである。さらに自己の保存（self-preservation）の原理として，理性という名のもとに他の動物と人間を区別し，自己保存はすなわち自己の財産所有の観念をみちびき，自己の利益という考えへと発展する[20)]。それは自分とその所有物との間の関係の認識であり，その認識によって，他の事柄に対しても注意を向けるようになるのである。それはまさに商業的技術に注意しあったり，正義の法を侵したりというような状態をひきおこすのである。そして，ここで注意すべきは，利益感は人間本性のうちに存在する自己保存の原理より生ずる，ということであるが，しかし利益感は自己保存の原理の堕落であり，歪曲であって，これを「自愛」（self-love）というのは不適当であると言う。また，「仁愛」（benevolence），「自利」（selfishness）という用語は月並な名称であって，一般の人びとは他人の幸福への願望や自己に対する関心を現わすのであって，理論家は一般的な理解とは異なって，人間本性の原理を列挙し分析しようとするのである。一般的な用語と理論家の用いる用語の意味とその用い方についての謙虚な言葉であるが，単に「利益」（interest）という言葉をその最も普通の意味に限定し，かつ我々の外部的条件と自己保存についての関心の対象を表わすためにこの用語を用いるという意図を示すのである。そして人間が利益を無視した慈愛をもつものとは認められないが，他の種類の利益を無視した熱情をもつことは否定されないとする。そこにフアーガスンの社会的存在としての人間に対する信頼感があふれている。人間は常に仲間をなして闘争するが，それは人類の集合のためであり，そして人々は愛情の原理・恐怖の原理によ

って結合するのである。そして社会の核としての個人を中心に自由
主義の原理を引き出しているのである。

4　アダム・ファーガスンの「市民的自由・平和」

　自然状態から次の発展社会への移行において，ファーガスンは人
間的な様々な感情の原理を用いて，人間自身の能力の発達と自己保
存と自己利益の社会の発展を同時に読み込もうとする。それはまさ
に，いわゆる「道徳哲学」(Moral Philosophy) の中心的原理である
「文明人」であり「近代的個人」の創造にほかならない。そして，
そのような人々によって組織化された人間社会こそ，「市民社会」
と言えるのであろう。

　ここでは，「発達した」人間社会の基本的権利としての自由につ
いて取り上げることにする。

　「市民 (citizen)」が財産および地位に関する諸権利を持っている
と想定され，そして，これらの権利において安全保障がある場合，
かれは自由 (free) であるといわれる。そして，かれが罪を犯すこ
とができないようにしている規定 (restraints) は，それ自体，かれ
の自由 (liberty) の一部である。罰せられずに不正を犯すことが許
されている人がいるところでは，誰も自由ではない。21)」

　「犯罪を侵す者が厳しく罰せられることが法で定められている社
会でしか，法は効力を持たない。法の下で安全に暮らす権利—自由
(liberty)—を人々は保障されるのである。22)」

　ここでいう規定とはまさに抑制であり，拘束である。法とは行動
の抑制であり，抑制の効力が発揮されない場においては，人の行動
が拘束されると言うことになる。法による権利の保障は束縛の下で
の安全である。相反するのであるが，「自由が守られる」とはまさ
に制限の内側に閉じ込められた権利なのである。自由の基本的考え
を述べて，野生人と文明人とにおける自由の比較を試みる。

　「自由とは, ある意味で, 洗練された国民polished nationsのみが
もっているもののように思われる。野生人は個人的には自由であ
る。何故なら, 束縛されずに生活し, 対等の条件で彼の部族の成員
たちと行動をともにしているからである。野蛮人も, 野生人と同じ
状態が続いているため, あるいは, 勇気と剣を持っているため, 通
常は独立している。しかし, 良い政策だけが正義にもとづく正規の
施政を行うことができる。あるいは, その国家において, あらゆる
場合にその成員の諸権利を守ろうとする権力を設立することができ
る。[23]」

　自由とは, 束縛の対立概念ではなく, 束縛を伴うものである。ま
た, 市民的自由 (civil liberty) とは, 権力や自治に関してではなく,
法の下での安全保障 (security) に関して定義されるものである。自
由 (liberty) と市民 (政治的) 共同体 (civil community) は, 隷従
(slavery) なしに存在することはできなくなり矛盾が生じてしま
う[24]。

　自由とは, 安全保障との関わりから言えば, 権利を安全に行使す
るための力であるとも言える。洗練された国民のみが自由を持つと
考えがちであるが, 野生人も同様に自由であると主張する。しかし,
その内容は社会によって, あるいは, 社会が生み出す思想, 政策に
よって守られる自由と, 全くの個人的な力の量によるものとの相違
がある。国家というある一定の規範の上に設立された社会こそが本
源的な自由の享受を可能にする。「国民の権利を守る法と正義を実
現する政策が, 文明人に自由 (liberty) を与える。逆に言えば,
人々は法を遵守することで自由を得ることができる。一方, 未開人
は束縛がないという意味で自由である。人間が本来持っているはず
の束縛のない自由をファーガスンは, 厳密にではないものの, 『自
由』(liberty) と区別して『自由』(freedom) という言語で表してい
る。[25]」

　自由の根本的相違の議論の中で, ファーガスンは, 好戦的な野蛮

人であっても愛情と名誉によって繋がっており，それが社会の平和
を達成させるとする。

　「人類は，市民社会に生じる様々な事柄を遂行する中で，最高の
愛情の対象を見出し，また，最高の才能を発揮する。戦争の技術が
完全なものになるのは，市民社会の長所と結びつくときである。ま
た，軍需物資とそれらの操作に関わる複雑な発条が最もよく理解さ
れるのも，市民社会の長所と結びついたときである。最も名高い戦
士は市民でもあった。[26]」

　市民社会の長所とは，グレイト・ブリテンを例にとり，立憲君主
制と宗教的寛容の下での社会の平和と安定，法による権利としての
自由の保障，商業活動の社会への浸透，利益の追求，コミュニケー
ションの拡大等をあげるのであるが，愛情の最も発揮される対象が
戦争であるとも言う。戦争，戦争技術は自己の保存にとって最大の
恐怖であり，そのために最大の力を発揮せねばならない場である。
種の保存への愛情表現としての戦争が高く持ち上げられ，それによ
って人々の結びつき，連帯が可能にもなるのである。「諸国民は，外
国との戦争を予期した上で，彼らの政策を調整しなければならない。
それと同様に国内の平和を達成するためにも備えなければならな
い。しかし，正義が不在のところに平和はない。平和は，対立や論
争や反対意見とともに存続し得るかもしれないが，不正行為ととも
に存続することはできない。加害者と被害者は，これらの言葉の意
味そのものが暗示しているように，敵対状態にあるのである。[27]」

　「人々が平和を享受しているところで，彼らがその平和の拠り所
としているのは，彼ら相互の配慮や情愛か，あるいは法律による抑
制である。この二つの方法のうち，前者によって国民に平和をもた
らしている国家は，最も幸福な国家である。しかし，後者によって
平和をもたらすことさえ，非常にまれなことである。第一の方法は，
闘争や競争の原因をなくするだろう。第二の方法は，人々の諸要求
を契約や取決めによって調整する。スパルタは市民に，利益に関心

を示さないよう教えた。その他の自由な国々は，国民の私利私欲を保障し，それを国民の権利の主要な部分とみなす。[28)]」

　平和を享受するということは，そのために何が必要か，何をせねばならないかという，社会としての，国家としてのやるべきこと，政策的な共通の認識，法の成立が当然のごとく生じる。一方で戦争という悪弊を除去しなければならないが，一方で，それによって人々は結合することになる。結合の手段としての法律について，さらに経済的要因であるところの富の分配について以下のように言う。

　「法律とは，同じ社会の成員が同意した約定であって，その下で，為政者と被治者が彼らの諸権利を享受し，そして社会の平和を維持し続けるのである。利得への欲求が，侵害の最大の動機である。それゆえに法律は主として財産と関係する。法律は，時効，譲渡，相続といった財産獲得の様々な方法を確定するだろう。さらに法律は，財産所有を安全にするために必要な諸規定を設ける。[29)]」

　「人々が自由（リバティ）について語るとき，言及している事柄は，様々である。身体と財産の安全であったり，身分の威厳であったり，あるいは，政治的重要事項への参画であったりする。さらに，彼らの権利が保障される方法もことなる。そのために，自由という用語の解釈がことなることになる。そしてすべての国民は，その意味は，彼ら自身の中からのみ，見出されるものだと想像しがちである。[30)]」

　「富の不平等な分配は不正であると考えた人々もいる。彼らは自由（リバティ）の基礎として，財産の新しい分配を要求した。この企画は，民主政治に適している。そして民主政治においてのみ，ある程度認められてきた。[31)]」

　不平等な分配は不正であるといい，それも民主政治の一つの要因であるが，それを修正ないしは，正そうという意識がどこまであったかについては疑問である。

　「ファーガスンが構想する，あるべき市民社会の姿について三点を考える。第一に，人間に本性として備わっている活動的精神／活

力が発揮されている社会，第二に，多様な価値観から成る多元的な社会。これら二点，活動的で多様な人々から成る社会では，必然的に論争や競争，対立が生じることから，第三に，対立や競争が常に行われている社会が挙げられる。[32]」

　このような社会のイメージはまさに一般市民が中心になって，国家の政治・経済の状況を支えている社会である。多様性は人々という大きな枠組みから，男性女性の枠組み，年令，職業などの枠を超えて社会の隅々まで滲透するとき，そこには統治者と被統治者の枠をも超える社会が創造されるのであろう。ファーガスンはどこまでイメージしていたか，ここでは理解の域を越えている。国民としての個人と国家が相互に繁栄する社会，さらに自由という道徳的な範疇に留まらず経済分野，富の平等な分配の在り方においても相互の利益が守られる社会の底辺において，「自由」の効力が発揮されるとき，自然状態からの文明社会への真の脱皮が実現するのであろう。

5　おわりに

　アダム・ファーガソンについては「2人のアダム」と称されるように，アダム・スミスの一方の存在として取り上げられてきたことはある意味では共通認識として捉えてよろしいだろう。18世紀スコットランド社会へのアプローチの違い，すなわち『国富論』という大冊を引っ提げての歴史的な存在感によって，ファーガスンは圧倒されてきた。しかし，ファーガスンの種々の著作を読み解くとそこには，アダム・スミスとは異なる繊細な部面が見え隠れすることも事実である。「スコットランド歴史学派」という言葉は現在ではほとんど使用されなくなったが，アダム・スミス体系理解のための研究手法というだけでなく，ファーガスンの『市民社会史論』のためにという意味で用いたことも考えられる。本稿で取り上げた「自

然状態」,「市民社会」についての連結的な人間社会発展史は歴史的な構想，実際の歴史とは別に抽象論としての歴史ではあるが，発展段階としての歴史を見る目は『市民社会史論』に鮮明に表現されている。基礎段階の「自然状態」における人間本性論，そして人間本性の変容と同時に政治的，経済的発展を含む「市民社会」への流れは，経済学への未熟さは隠せないにしても，十分な歴史把握を見せている。

　同時に，ファーガスン研究ではアダム・スミスとの関係，特に『国富論』との関係へのアプローチも多くの研究者によって心血が注がれている。

　ファーガスン研究の奥深さについて論じる力量は筆者には無く，本稿も，省みると旧稿の焼き直しの域を出ていない。和光大学から2018年度サバティカルの機会を与えられての成果の一端である。大学に感謝の意を表したい。

【注】

1）伊東達夫（1989）：「スコットランド啓蒙思想とアダム・ファーガスン」，和光大学社会経済研究所編『和光経済』第21巻第1・2号，p.71.

2）日本におけるこの領域の研究についての足跡は，田中秀夫（2013）に詳説されている。特に日本研究者による研究の方向性，それぞれの特徴などを見るといかに日本のスミス研究，スコットランド啓蒙思想研究が優れたものであるかが理解できる。「日本におけるスコットランド啓蒙研究は水田洋から始まるし，氏の貢献が大きいことは言うまでもない。水田の功績は全体としては，研究手段の整備・提供という側面が目立っている。けれども『思想の国際転位（2000年）』に収録された論文などにおける水田の独創性は際立っている。それは英米にも研究がない新しい資料と問題の発見という研究上の僥倖，偶然性，事件性の産物である。これは学究がもつ，飽くことなき好奇心が拓く可能性として理解できるであろう。」（p.118）このような研究態度は後継研究者の意識におおきな影響をもたらしたことは言うまでもない。

3）現在では「スコットランド歴史学派」という用語はほとんど使用されて
　おらず、「スコットランド啓蒙」が一般的である。ここでは著者の記述のま
　まとする。（筆者）

4）大野精三郎（1963）：「アダム・ファーガスンにおける道徳哲学と『歴史』
　との関連：「スコットランド歴史学派」の母胎としての道徳 哲学」一橋大学
　機関リポジトリ『一橋論叢』第50巻第3号，p.271.

5）山崎　怜（1967）：「スコッランド歴史学派とその著作について」『香川大
　学経済学部 研究年報』9号，pp.4-5. 参照して欲しい。

6）天羽康夫（1987）：「スコットランド啓蒙と道徳哲学—アダム・ファーガ
　ソンを中心に—」，高知大学『高知論叢（社会科学）』第28号，p.2.

7）Paul Wood（ed.）（2000）："The Scottish Enlightenment; Essays in
　Reinterpretation". The University of Rochester Press, 2000, X+399p.

　　田中秀夫（2001）：書評：経済学史学会編『経済学史学会年報』第40号，
　p.109.

8）田中秀夫（2001）：前掲書評，p.110.

9）田中秀夫（2001）：前掲書評，p.110.

10）田中正司（1988）：『スコットランド啓蒙思想研究—スミス経済学の視界』
　北樹出版，序章「スコットランド啓蒙と近代自然法学」の項を参照して欲し
　い。スコットランド啓蒙のみならず自然法思想の考え方等はこの課題に
　とって多くの問題意識を含んでいる。

11）Ferguson, Adam.（1767）："An Essay On The History Of Civil Society".
　Cambridge Texts In The History Of Political Thought, Edited By Fania Oz-
　Salzberger, Cambridge University Press, p.7.

　　天羽康夫・青木裕子訳（2018）：『ファーガスン・市民社会史論』京都大
　学学術出版会，p.2。および以下の訳者注を参照されたい。

　　「自然状態から社会契約をへて政府が成立という17世紀のホッブス，ロッ
　クに代表される社会契約論に対して，18世紀スコットランド啓蒙は，その
　虚構性を批判し，歴史を未開から文明への過程として捉え，その過程を，
　事実に基づいて解明しようとする。ここから近代の歴史学，社会科学がう
　まれてくる。自然状態論，建国神話論にたいするファーガスンの批判は，
　スコットランド啓蒙のなかでも注目されている。」同書：p.3.

12）Ferguson, Adam.（1767）：op. cit. p.8.

　　天羽・青木訳（2018）：前掲書，pp.2-3.

13）桑原・前川訳（1974）:『ルソー 社会契約論』岩波文庫，p.22.

14）Ferguson, Adam.（1767）: op. cit. p.2.
　　天羽・青木訳（2018）:前掲書，pp.3-4.

15）Ferguson, Adam.（1767）: op. cit. p.8.
　　天羽・青木訳（2018）:前掲書，p.4.

16）Ferguson, Adam.（1767）: op. cit. p.8.
　　天羽・青木訳（2018）:前掲書，pp.4-5.

17）Ferguson, Adam.（1767）: op. cit. p.10.
　　天羽・青木訳（2018）:前掲書，p.6.

18）Ferguson, Adam.（1767）: op.cit. p.13.
　　天羽・青木訳（2018）:前掲書，p.14.

19）Ferguson, Adam.（1767）: op.cit. p.15.
　　天羽・青木訳:前掲書，p.14.

20）Ferguson, Adam.（1767）: op.cit. p.8.
　　天羽・青木訳（2018）:前掲書，p.2.

21）Ferguson, Adam.（1767）: op.cit. p.150.
　　天羽・青木訳（2018）:前掲書，p.227.

22）青木裕子（2010）:『アダム・ファーガスンの国家と市民社会』, 勁草書房，p.101.

23）Ferguson, Adam.（1767）: op.cit. p.8.
　　天羽・青木訳（2018）:前掲書，p.2.
　　青木裕子（2010）:前掲書。ファーガスンは人類の歴史を未開から文明への進歩の過程と把握したが，未開状態を野生savageと野蛮barbarousの二つの状態に分けて論じた。「最も未開な状態」，即ち，「人類の最も初期の状態」は，野生の状態である。17，野生人は生活手段獲得様式が狩猟・漁労，私有財産は認められていない，言わば原始の時代，野蛮状態は，蓄財，服従であるが，法の下で統治されていないことが特徴である。pp.80-84．（ここではその区別について深入りしない。筆者）

24）青木裕子（2010）:『アダム・ファーガスンの国家と市民社会』, 勁草書房，pp.106-7.

25）青木裕子（2010）:前掲書，pp.101-2.

26）Ferguson, Adam.（1767）: op.cit. p.149.
　　天羽・青木訳（2018）:前掲書，p.225.

27）Ferguson, Adam.（1767）：op.cit. pp.149-150.
　　天羽・青木訳（2018）：前掲書, pp.225-226.

28）Ferguson, Adam.（1767）：op.cit. p.150.
　　天羽・青木訳（2018）：前掲書, p.226.

29）Ferguson, Adam.（1767）：op.cit. p.150.
　　天羽・青木訳（2018）：前掲書, p.226.

30）Ferguson, Adam.（1767）：op.cit. p.151.
　　天羽・青木訳（2018）：前掲書, p.227.

31）Ferguson, Adam.（1767）：op.cit. pp.227-8.
　　天羽・青木訳（2018）：前掲書, p.151.

32）青木裕子（2010）：前掲書, p.228.

【引用及び参考文献】

［1］青木裕子（2010）：『アダム・ファーガスンの国家と市民社会』, 勁草書房。

［2］天羽康夫（1993）：『ファーガスンとスコットランド啓蒙』勁草書房。

［3］アーサー・ハーマン（2012）篠原久監訳・守田道夫訳, ：『近代を創ったスコットランド人』昭和堂。

［4］福田名津子（2003）：「アダム・ファーガスンの道徳哲学の方法と, スコットランド哲学の伝統」イギリス哲学会編『イギリス哲学研究』第26号。

［5］福田名津子（2005）：「アダム・ファーガスンのスミス『国富論』受容：自筆講義草稿を中心に」名古屋大学大学院経済学研究科編『経済科学』533巻2号。

［6］田中正司編著（1988）：『スコットランド啓蒙思想研究—スミス経済学の視界』北樹出版。

［7］仲島陽一（2006）：『共感の思想史』創風社。

［8］田中秀夫（2013）：『啓蒙の射程と思想家の旅』未来社。

［9］Outram, Dorinda（2013）"The　Enlightenment", Cambridge University Press, The Third Edition, 田中秀夫監訳, 逸見修二・吉岡亮訳（2017）：『啓蒙』法政大学出版局。

［10］Porter, Roy（2001）："Enlightenment,", Penguin Books.

［11］John W. Yolton, John Valdimir Price and John Stephens（1999）："The

Dictionary of Eighteenth -Century British Philosophers", Thoemmes Press.

[12] Wood, Paul (2017)："Defining The Scottish Enlightenment", The Journal of Scottish Philosophy, 15.3, pp.299-311.

[13] Sher B, Richard (2015)："Church And University In The Scottish Eilightenment", Edinburgh University Press.

[14] Mccosh, James（1990）："The Scottish Philosophy, Biographical, Expositoty, Critical, From Hutcheson To Hamilton", Thoemms Antiquarian Books.

[15] アダム・ファーガスン (1767)："An Essay On The History Of Civil Society". Cambridge Texts In The History Of Political Thought, Edited By Fania Oz-Salzberger, Cambridge University Press, 天羽康夫・青木裕子訳 (2018)：『ファーガスン・市民社会史論』京都大学学術出版会。

[16] Paul Wood (ed.)(2000)："The Scottish Enlightenment; Essays in Reinterpretation". The University of Rochester Press, 2000, X+399p. 田中秀夫 (2001)：書評：経済学史学会編『経済学史学会年報』第40号。

[17] 桑原武夫・前川貞次郎訳 (1974)：『ルソー 社会契約論』岩波文庫。

第 2 章

戦前期東京市における土地建物業

齋藤邦明

1　はじめに

　本章の課題は，戦前期日本の住宅研究の基礎的作業として，東京市における土地建物業について，『東京市商工名鑑』などを利用し，その特徴の一端を明らかにすることである。

　本章において戦前期東京市の「土地建物業」[1]に着目する理由は，以下の 3 点が挙げられる。第 1 に，同時代的視点で産業及び担い手の特徴を捉えることである。すなわち，戦前期において「不動産」という呼称は法律ないし銀行業務上を除いては一般に用いられず，「不動産」の用語が広く用いられるようになるのは，第 2 次世界大戦後であった[2]。また江戸や明治期には「貸地業」「貸家業」「紹介業」などと呼称されていたが，戦間期以降は次第に「土地会社」や「土地建物賃貸」とされることが増えていった。したがって，「土地建物業」とは，業界が「貸家業（貸地業，貸地貸家業）」から「不動産業」へ変化していく，過渡的な状況を表わしたものと考えられる。

　第 2 に，「土地建物業」の営業者はどのような存在だったのか，その資本規模や業務，地理的分布などを検討することで，戦前期の住宅の取引環境の一端を明らかにすることである。この点は，後述

の経済史・経営史の先行研究との関わりで改めて言及する。

　第3に，かつて筆者は和光大学所蔵の東京市京橋区鉄砲洲「福井家文書」[3] を用いて，福井家の土地・建物の賃貸契約の実態を検討したことがあるが[4]（齋藤（2015a）），この福井家の位置づけを明確にすることである。福井家文書を整理した塩﨑（2013）によれば，福井家は「都市中間層」(21頁) であり，同家は「「集積型小規模土地所有」[5] に基づく貸地・貸家経営」であったとし，戦前期東京市の家主のなかで「かなり大規模な，しかも持地上の貸家経営を主軸とするやや特異な存在」[6]（鈴木（2013），326頁）としている。しかし，塩﨑ら，拙稿ともに他の業者との比較がなく，必ずしも戦前期東京市全体の中での福井家の位置付けは明確ではない。また，福井家文書は戦前期土地・住宅経営史料として極めて貴重な史料群であるが，福井家の経営状況や業務実態など残された検討課題も多い。

　続いて，経済史・経営史研究における本研究の位置づけを述べる。近年，人びとの消費や生活への関心が高まりを見せている[7]。例えば，日本における「大衆消費社会」の成立をめぐる議論（満薗（2014a），寺西（2017）），家計史料を用いた詳細な事例研究（中村（1933），中西（2018）），新たな消費を牽引した百貨店の経営実態（中西（2012），谷内・加藤（2018），加藤（2019）），消費者の消費行為（「食べる」に着目した湯澤（2018）），などが挙げられる。このように多様なアプローチによって，従来，財・サービスの生産や流通に比して研究が立ち後れていた，「消費」に関する研究が着実に進展しつつある。ただし，人びとの消費・生活において核となる「衣食住」のうち，「衣」「食」は多数の事例に基づく研究の進展が見られる一方で，「住」は事例も少なく，研究が立ち後れているといわざるをえない。

　住宅に関わる経済史・経営史研究では，日本の不動産業の歴史的展開について橘川・粕谷（2007）を得ているが，事例としては三井・三菱といった財閥系企業など大企業が中心である。また，粕谷

(2017a)，同（2017b）は明治から昭和戦前期における東京市の大土地所有者の推移を示した。中西（2006），山口（2016）は大阪と愛知（知多）の豪商による宅地・貸家経営を検討した。また都市史研究では都市の土地所有や開発や，都市整備と住慣習の関係を明らかにしている（名武（2007），高嶋（2013），松山（2014））。以上からは，中小の事業者の検討が課題として残されているといえよう。

また山口（2007）は，戦間期の東京市における不動産業と不動産市場の展開を，警察統計や東京市の住宅紹介事業，三井信託の不動産販売情報を用いて検討している。戦前期の東京市の不動産業者は「旧来の市街地で200軒程度，郊外を含めても最大で600軒程度」（46頁）で，「取り扱う紹介件数は必ずしも多くはなく，果たしてどの程度の業者が不動産専業だったのかという疑念も拭えない」（同）とし，土地会社や家主などの動向解明の必要性を指摘している。住宅の貸手と借手という点では，小野（2014）が東京の都市形成と借家・借間市場の展開を検討し，その中で借家人自らが借りている部屋の一部を他者に貸し出す借間供給の存在を強調し，それによる「柔軟なハコの分割による住空間の創出」（126頁）がなされたと評価している。しかしながら，この借間供給は借家人の一方向だけではなく，家主が借間契約を促すケースも想定される（Saito（2016））。実際，拙稿（2015a）では家主による福井家によって借家契約から借間契約へと変化していったことを明らかにした。

以上のような研究状況を踏まえ，本章では東京市が作成した『東京市商工名鑑』などの史料を用いて，戦前東京市における土地建物業の担い手の多様な実態を明らかにする。

2　史料の特徴：『東京市商工名鑑』を中心に

本章で利用する史料について，『東京市商工名鑑』（以下，名鑑と略す）を中心に，その特徴を検討する。名鑑は東京市役所が関東大

震災の翌年の1924年,「多数の商店工場は或は閉鎖し或は転業し或は移転する等錯綜混乱一時其の消息を知るに困難」(「緒言」より)となる一方で,「地方との商取引は災害に因る需給関係により却而頻繁となり本市に対し各種商業上の照会をなし来るもの益々増加」(同上)したために,参考資料として編纂したとある[8]。その後,名鑑は度々改訂されていったとの記録があるが,1924年版以降で現存が確認できるものは[9],1929年(昭和4),1933年(昭和8,「第5回」とある),1935年(昭和10,第6回),1939年(昭和14,第7回),1941年(昭和16,第8回)となっている(以下,名鑑は回数版で表記する)。これらのうち,本章で利用するのは第7回版である。この版を採用した理由は,名鑑の中で福井家(坂井屋商事株式会社)が登場するのが1939年だけであったためである。

ただし,次の点に留意が必要である。すなわち,1939年は日中戦争が開始して1〜2年が経ち,戦時統制経済が開始された状況にある点である。特に日中戦争による軍需生産の強化は,工場従事者を都市に集中させ,住宅不足問題が発生した[10]。住宅不足に伴う地代家賃の高騰を統制するために,1938年8月に「地代家賃騰貴ニ関スル依命通牒」が出され,翌39年10月に「地代家賃統制令」(第一次)によって,地代家賃は1938年8月4日付の水準で統制された(小野(2007),205頁)。第7回版の刊行は1939年3月となっており,おそらくは1938年中の調査結果が反映されたものと思われる。その意味では,通牒の影響はあったものの,地代家賃統制令が発布される前のデータである。また,1938年には支那事変特別税法によって,第三種所得の免税点が1,200円から1,000円へと引き下げが行われており,1937年から38年にかけて第三種所得税納税者数は急増した。第6回版と第7回版を比較してみると,業者数は若干異なるが(第6回版は272業者),資本金などに偏りは見られない。以上,第7回版は戦時経済の影響を一部受けているとはいえ,戦前期の土地建物業を概観するうえで有用な史料であるといえる。

　名鑑の調査対象範囲については，版によってやや変わるが，第 6 回版と第 7 回版は「営業収益税年間五拾円以上の個人営業者及公称資本金五万円以上の法人営業者に限定」（原文カナ）し，各税務署と各区役所を通じて調査している。第 7 回版については「個人営業者 8,687 名，法人営業者 4,982 名，合計 13,669 名を収録した」とある。この業者数は東京市全体の業者をどのくらいカバーしたものであろうか。そこで，『東京市産業統計年鑑』（第 9 回，1938 年版。データは 1936 年末時点）を参照すると，東京市における会社総数は 16,904 社あり，そのうち資本金 5 万円未満 11,363 社，5 万円以上 1,421 社，10 万円以上 2,307 社，50 万円以上 636 社，100 万円以上 802 社，500 万以上 375 社という分布となっている（5 万円以上の会社数は 5,541 社）。よって，データの年次にややズレがある点は留意する必要があるが，資本金 5 万円以上の法人営業者については 90% 近くカバーできているものと考えられる。

　名鑑に採録されている情報は，営業品目，営業者名と屋号・商号（会社名），資本金（千円）又は営業収益税額（円），営業所（住所），備考[11] である。なお，営業品目については「営業品目又は種目の多種多様に亘るものは画然分類すること困難」と述べていることから，営業者の自己申告に基づくものと考えられる。

　名鑑において，土地建物業者は「土地，建物賃貸並売買，有価証券取扱業」に分類されている[12]。掲載されている業者（278）の内，土地・建物の売買・賃貸・管理に一切関わりがないと思われる業者が 56 おり（全体の 20%），これを除外して，222 名を本章末尾の付表にまとめた。なお，名鑑において営業者名は五十音順で掲載されていたが，付表では資本金規模の大きい順に並べた。この点，再度『東京市産業統計年鑑』（第 9 回）で東京市全体のデータと比較すると，「土地，建物賃貸業」の会社数は 403 社となっていることから，過半数の業者は補足できているといえる。それは他方で法人組織の半数近くが資本金 5 万円未満だったことを意味し，土地建物業者の

零細性が伺える。また名鑑において土地建物業に関わる個人営業者の数は少なく，わずかに7にとどまる。したがって，法人よりも経営規模の零細性が強い傾向にある個人営業者において，営業収益税50円未満の者は相当数に上ると思われ，この点で名鑑のデータには大きな制約がある。

3　戦前期東京市における土地建物業者の特徴

　それでは，戦前期東京市における土地建物業者の特徴を把握していきたい。付表を資本金規模別，所在地別に集計し直したのが表2－1である。資本金規模別の間隔は1,000千円を境にして，それ未満は100千円刻み，それ以上は1,000千円刻みとした。対象となった業者の平均資本金は863千円，最頻値は100千円である。分布全体は右に歪んでおり（図2－1），資本金1,000千円未満を中小事業者とみなすならば，名鑑が補足できていない層も含め，東京市の土地建物業は中小の事業者が分厚く存在していたといえよう。

　次に，業者の所在地分布については，付表から所在地ごとに集計し，上位5位までの地区（5位の神田区・小石川区が同数のため6地区表記）を表出し，それ以外の地域に所在する業者は「その他（旧市域）」と「その他（新市域）」に分類した。上位5位の業者数の内訳は麹町区40，京橋区34，日本橋区30，芝区13，神田区10，小石川区10となっており，特に麹町には三菱地所株式会社（15,000千円），株式会社久原用地部（10,000千円），箱根土地株式会社（7,550千円。後のコクド），昌栄土地株式会社（7,300千円。後に九州鉄道の子会社化。現在の西鉄不動産）など，資本系列や人的関係において財閥系，鉄道系の土地建物業者が拠点を構えていた。名鑑第7回版と時代はやや異なるが，土地建物会社を論評した，東京朝日新聞経済部（1926）によれば，「土地会社経営には旧式の大地主主義と，新式の分譲主義との二種類」（113頁）。があるとし，前者の例として三菱地所部[13]

表2－1　戦前期東京市における土地建物業者の資本金規模・営業所別分布

資本金規模 (千円)	業者数	麹町	京橋	日本橋	芝	神田	小石川	その他 (旧市域)	その他 (新市域)
営業収益税	7	0	1	1	1	0	1	0	3
5-100	41	3	5	1	3	3	5	8	13
100-200	44	3	7	3	1	3	3	12	12
200-300	22	2	5	3	1	0	0	6	5
300-400	10	0	1	1	0	1	0	3	4
400-500	7	2	2	1	1	1	0	0	0
500-600	28	4	4	9	2	2	1	4	2
600-700	5	1	0	1	2	0	0	1	0
700-800	3	0	2	1	0	0	0	0	0
800-900	1	0	2	1	0	0	0	0	0
900-1,000	0	0	0	1	0	0	0	0	0
1,000-2,000	29	13	4	4	1	1	0	5	1
2,000-3,000	9	3	1	3	0	0	0	1	1
3,000-4,000	4	2	0	0	0	0	0	1	0
4,000-5,000	1	1	0	0	0	0	0	0	0
5,000-6,000	6	2	1	1	0	0	0	2	0
6,000-7,000	0	0	0	0	0	0	0	0	0
7,000-8,000	2	2	0	0	0	0	0	0	0
8,000-9,000	0	0	0	0	0	0	0	0	0
9,000-10,000	0	0	0	0	0	0	0	0	0
10,000-	3	2	0	0	0	0	0	1	0
合計	222	40	35	31	12	11	10	44	41

出所：本章，付表より作成。
注1：名鑑に資本金ではなく，営業収益税を記載している業者は「営業収益税」にすべて集計した。
注2：資本金規模の階級値について。「5-100」は「5千円以上－10千円未満」を意味する。
注3：資本金規模1,000千円以上の業者数はそれほど多くなく，また規模の分布にバラつきがあることから，1,000千円以上から階級値の取り方を変えた。

や東京建物株式会社[14]を挙げている。この大地主主義の経営とは「金融中心で行く土地経営の方法」（同上）とし，未開発の土地又は担保流れの土地をまとめて取得して，「地価騰貴で不労増収を計る経営方法」（同上）としている。

　ここで「旧式の大地主主義」と関連して，本章の分析の限界面に言及しておきたい。本章では，戦前期の東京市における大土地所有

図2-1　戦前期東京市における土地建物業者の資本金規模別分布

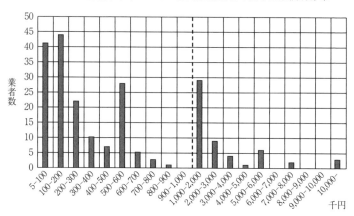

出所：本章，表2-1より作成。

者である「保全会社，同族会社，投資会社」（名鑑の分類）について
は分析しえなかった。第7回版ではこれらのうち土地・建物に関係
すると見られる業者は72名おり，その資本金平均は7,529千円，と
極めて大きい。代表的なところでは，三井合名会社（200,000千円），
株式会社三菱社（120,000千円），合名会社大倉組（50,000千円）など
が挙げられる。すでに言及した粕谷（2017a, 2017b）が戦前期の東京
市（旧市域内）の土地所有を検討し，これらの大土地所有者の所有
傾向はやや減少傾向にあったことを指摘している。それでも財閥や
大事業家たちによって所有された都市の土地が手放されるのは，第
2次世界大戦後の財閥解体や財産税によってである。戦前期におけ
る土地建物業は，都市の大土地所有を前提としながら，新市域（郊
外），関東大震災の発生とその後復興事業過程における土地変動な
どで徐々に増加した土地・建物取引を対象とした，新たな「市場」
において成立し得る業態であったといえる。
　また，箱根土地株式会社については田園都市株式会社（名鑑には
掲載なし），東京土地住宅株式会社（資本金1,500円）などと併せて，

「新式の分譲地主義」(東京朝日新聞経済部 (1926), 113頁) の会社とし, 関東大震災前は市内の大名屋敷を「買つぶし, 之に道路其他の市街地設備を施し分割売りを実行」(114頁) していたが, 震災後は郊外開発に乗り出したと, としている。なお, 「分譲地の経営には買ひつぶしと委託」(115頁) があり, 箱根土地と田園都市などは「(土地を—引用者) 買つぶして自分の計算でやり」(同上), 東京土地住宅などは「委託が主であるが, 委託の方は資金は土木費だけで済むから, 資金の固定は少ない, 然しごたごたが起きる事が多く」(同上), 土地会社の収入は手数料のみなので, 儲けは少ないとしている。同書は最後に, 「群小土地会社は, 土地ブローカーの文化的になった位のものと思へば大した間違はない」(同上) としている。

　ここまでは名鑑と東京朝日新聞経済部 (1926) に依拠しながら大規模業者の特徴を見てきたが, 両者のあいだにある変化にも注目したい。特に東京朝日新聞経済部 (1926) は同時代の数少ない業界レポートだが, 主として取材をベースに記述されたものと思われることから, 経営手段や業務を単純化しすぎている嫌いがある。例えば, 三菱地所については, この時期の三菱地所はビル経営の先駆的業者としてビル管理や設計監督を行うようになり (橘川・粕谷 (2007), 鈴木 (2020)), 必ずしも土地取得ばかりの経営ではない。分譲地主義とされる箱根土地なども営業品目に仲介と賃貸の文字が見られる。

　土地建物業者全体の傾向としては, 資本金が小規模のところでは不動産賃貸・貸家 (貸室) などの賃貸を行い, その他業種との兼業 (保健代理, 有価証券, 他の商工業), を行っている。この点は, 鈴木博之の経営特性の分類が1930年代にいたっても一定の有効性を持っているといえよう。ただし, いうまでもなく, 名鑑の営業品目は文字のみで, 実際の経営指標 (売上高, 経常利益など) との照合が出来ず, どの項目が経営の主軸となっているかは不明である[15]。この点に関連して, 満薗勇が中小小売商の商外所得において, 特定の業種に限らず, 地代及家賃収入が発生していたことを指摘しているこ

とから（満薗（2013），129-131頁），戦前期の土地建物業は都市商工業者の副業という性格も有していた。

　また資本金400千円未満の業者では，上位地区以外の，その他の市域（旧市域，新市域）に所在する者が多く，特に100千円未満では新市域が多くなっている。東京市の市域拡張および郊外展開に伴う土地・建物需要を反映して，新たな業者の叢生が確認できる。

　ここで，本章の目的の一つである，戦前期東京市の土地建物業における福井家の位置づけを確認する。付表において福井家に該当するのは，105番目の坂井屋商事株式会社（福井たけ），資本金300千円，京橋区，営業品目「土地建物管理，同売買，有価証券の取得，利用，金融」である。福井家では1920〜30年代当主を務めた久信が1937年に病死した後，久信の母たけが相続税対策のために，上記会社を発足させたとされる（塩﨑（2013），鈴木（2013））。また，福井家の第三種所得については，京橋税務署の通知書から1924〜37年分が判明する。関東大震災（1923），金融恐慌（1927），昭和恐慌（1930）などの経済または自然ショックを受けた時期の前後を除き，1934年以降の第三種所得金額を見ると，1934年17,170円，1935年15,340円，1936年14,860円，1937年15,640円となっている。

　以上のことから，福井家は資本金規模，第三種所得金額，営業品目の点からみて，東京市では多く見られた，中小事業者の一人であった。また，鈴木（2013）や拙稿（2015a）では先行研究に依拠しながら，東京において土地所有者と家主とが分離する傾向にあることを踏まえ，持地上の貸家を行う福井家をやや例外的に位置づけていた。しかしながら，付表において福井家が営業品目として回答している「土地建物管理，同売買」を含む（あるいは類似の品目の）業者は少なくとも30以上あり，必ずしも例外ではなかったといえる。

　最後に福井家の経営的特徴について触れよう。すなわち，戦前期において福井家は，一貫して生業的な「貸地貸家業者」だったのか否かについてである。注目すべきは，福井家の営業品目の中で，特

に土地・建物について,「土地建物管理」と記載されている点である。この点,付表の他の業者,とりわけ資本金規模が小さな業者に目を向けると,営業品目において「貸家」や「貸地」と記載されている業者が散見される。この点からも,営業品目は自己申告と判断できる。すなわち,福井家が自らの営業品目を「貸地」「貸家」としていない点や,相続目的だったとはいえ,株式会社化したことは,江戸・明治期から続いた,生業としての「貸地貸家業」という性格を脱しつつあったと判断できよう。他方で,拙稿 (2015a) で明らかにしたように,福井家の契約者の多くは「鉄砲洲」の住民たちとの関係性を有していたことから (契約の保証・被保証関係を有したこと),取引関係においては,なお非匿名的な契約 (取引) が主であったといえる。これらの点から,福井家はその経営規模,特徴からみて,戦前期東京市の中小事業者の普遍的な事例であり,「貸地貸家業」と「不動産業」の狭間にある,「土地建物業者」そのものであった。

4　おわりに

本章では,戦前期東京市における土地建物業者の特徴の一端を明らかにしてきた。戦前期の土地建物業は,明治期以来の旧市域における大土地所有を前提としながら,東京市が拡大する中で,徐々に広がる土地と建物の匿名的な取引市場において成立する業態であったといえよう。それが旧来の非匿名的な (顔の見える)「貸地貸家業」から,徐々に匿名性を獲得していった「土地建物業」への変化であった。そして,第2次世界大戦後,都市の土地と建物の市場において匿名的な取引が支配的になった時,日本における「不動産業」が成立したと考えられる。今後の課題として,福井家などの中小事業者の経営構造や業務実態,大土地所有者との関係を解明することで,戦前期の「土地建物業」の実相に迫っていきたい。

付表　戦前期東京市における土地建物業者（1939年）

番号	屋号・商号	営業者名	資本額（千円）	営業所	営業品目
1	三菱地所株式会社	赤星陸治	15,000	麹町	不動産の所有売買並賃貸，不動産の管理並貸借の受託，建物設計監督
2	株式会社久原用地部	高橋鑓三郎	10,000	麹町	土地に関する諸経営
3	安田ビルデイング株式会社	森広蔵	10,000	丸ノ内	土地建物売買並賃貸
4	箱根土地株式会社	中島陟	7,550	麹町	不動産の取得売買，仲介並其賃貸借
5	昌栄土地株式会社	進藤甲兵	7,300	麹町	土地建物売買，賃貸借其他
6	株式会社大庄商店	西川庄六	5,000	京橋	不動産売買，賃貸
7	株式会社大阪ビルヂング	中橋武一	5,000	麹町	貸室
8	蓬莱不動産株式会社東京支店	村田為七郎	5,000	麹町	不動産の所有，売買，其他の業務
9	株式会社千歳商会	伊東秀之介	5,000	日本橋	有価証券，不動産売買，公債，社債，株式の引受，応募，各種事業に対する投資
10	東京湾土地株式会社	門野重九郎	5,000	深川	埋築土地分譲（工場並住宅用）
11	東京興産株式会社	吉野伝治	5,000	本所	有価証券売買，不動産取得処分
12	大成殖産株式会社	今井修二	4,000	麹町	不動産，有価証券取得処分及賃借，不動産
13	鶴見臨港鉄道株式会社	白石元治郎	3,800	麹町	鉄道，自動車運輸，不動産売買，賃貸，投資
14	株式会社九曜社	望月軍四郎	3,750	麹町	動産，不動産の取得並利用
15	磯野合資会社	磯野長蔵	3,000	麻布	不動産の売買賃貸業並有価証券の売買
16	東信商事株式会社	飯島文之助	3,000	京橋	不動産所有，賃貸並金融
17	日本ビルデイング株式会社	川崎栄	2,500	日本橋	土地建物売買賃借
18	蓬莱殖産株式会社	西野元	2,000	京橋	不動産及有価証券売買，賃貸
19	熱海埋立株式会社	原安三郎	2,000	麹町	熱海市海面の埋立，地所の売買，賃貸
20	三信建物株式会社	井上信	2,000	麹町	耐火建築物賃貸
21	福富興業株式会社	安井治兵衛	2,000	麹町	土地管理
22	東京運河土地株式会社	尾崎勇次郎	2,000	城東	土地売買，賃貸借，埋築，運河通航料取得
23	尾張屋土地株式会社	峯島茂兵衛	2,000	日本橋	不動産の所有並売買貸付
24	遠山偕成株式会社	遠山元一	2,000	日本橋	有価証券，不動産売買
25	東京三興株式会社	三野村利三郎	2,000	深川	土地家屋の売買，賃借及管理，有価証券の売買
26	東京土地株式会社	小高義一	1,500	牛込	不動産売買
27	京橋ビルヂング株式会社	武末祐三郎	1,500	京橋	土地，建物賃貸，売買，金融，各種事業の設計，調査，仲介，代理，整理，有価証券の取得
28	横須賀埋立土地株式会社	飛鳥文吉	1,500	麹町	土地埋立
29	台湾地所建物株式会社	浅野総一郎	1,200	麹町	台湾に於て土地建物を有し売買，賃貸借並埋立をなし必要且有益なる付帯事業
30	株式会社東日館	奥村信太郎	1,200	麹町	建物賃貸
31	杉本合名会社	杉本鶴次郎	1,100	牛込	不動産売買及賃貸
32	三野村合名会社	田村謹寿	1,050	深川	土地家屋の売買及管理，有価証券の売買
33	株式会社二徳商会	町田徳之助	1,000	浅草	土地家屋賃貸
34	株式会社東京大信社	甲levels通	1,000	神田	土地建物管理
35	土木興業株式会社	城民雄	1,000	京橋	貸室，土木建築請負
36	共立不動産株式会社	林貞雄	1,000	京橋	不動産，売買並仲介，管理
37	高橋商事株式会社	高橋保	1,000	京橋	有価証券，不動産の取得利用，鉄鋼，人組，機械器具販売，各種保険代理，各種事業に対する投資
38	内外ビルヂング株式会社	赤司初太郎	1,000	麹町	貸室
39	東京不動産株式会社	竹原友三郎	1,000	麹町	土地建物の経営，売買，賃貸借，建築土工の設計，監督，施行，金銭貸付並債務の保証，有価証券の取得，保険代理業
40	仙石原地所株式会社	佐々田彰夫	1,000	麹町	土地売買
41	朝鮮不動産株式会社	原安三郎	1,000	麹町	不動産売買，管理
42	共立株式会社	打田録郎	1,000	麹町	不動産，機械器具取得処分，保険業，代理業

43	石井証券株式会社	石井太吉	1,000	麹町	不動産，有価証券の取得売買並一般投資，前項に付帯する事業
44	泉商事株式会社	垣見八郎右衛門	1,000	麹町	不動産及有価証券売買，各種保険代理並仲介
45	株式会社早川商会	早川輿三郎	1,000	麹町	不動産所有及有価証券の取得利用
46	百貨店土地建物株式会社	櫻内辰郎	1,000	麹町	不動産売買，経営
47	常楽社	小酒井五一郎	1,000	麹町	有価証券，不動産の所得及利用
48	町田合名会社	町田敬助	1,000	下谷	土地建物の賃貸及金融
49	東京土地埋立株式会社	村吉幹造	1,000	芝	土地建物の売買並賃貸，鉱業
50	株式会社 きん藤ビルヂング	小林藤右衛門	1,000	日本橋	貸室業
51	大和興業株式会社	安藤竹次郎	1,000	日本橋	土地建物，有価証券の所有，売買並賃貸借及其利用
52	塚越商事株式会社	塚越正司	1,000	日本橋	不動産及有価証券取得売買
53	東明証券株式会社	渡邊豊	1,000	日本橋	有価証券，不動産の売買
54	共立土地建物株式会社	福室郷次	1,000	淀橋	不動産賃貸並売買
55	海東土地建物合資会社	高木こふ	820	日本橋	不動産経営管理
56	株式会社築地ビルデング	黒田保次	700	京橋	貸室
57	福原合名会社	福原信三	700	京橋	有価証券並不動産の売買
58	江戸橋商事株式会社	神田源七郎	700	日本橋	不動産有価証券の取得利用，金融並保証，財産の整理又は清算，債権の取立並債務の履行及代理事務
59	第一興業株式会社	植村泰二	650	四谷	建物賃貸
60	甲子合資会社	富岡清行	640	芝	不動産賃貸
61	伴田土地合資会社	伴田六郎	600	麹町	不動産の賃貸借，売買
62	株式会社 宇都宮徳蔵回漕店	白田均	600	芝	海陸運送業，運送取扱，保険代理業，貸家貸室業
63	佐壽多恵合資会社	渡邊豊	600	日本橋	有価証券，不動産売買
64	土志田合資会社	土志田興助	570	京橋	土地建物賃貸
65	松竹映画都市株式会社	大谷竹次郎	550	京橋	不動産売買
66	吉田合名会社	狩山金三郎	530	赤坂	土地貸付，売買
67	山路合名会社	山路咄夫	500	荏原	土地賃貸
68	株式会社梅岡本店	梅岡平七	500	神田	不動産の売買及賃貸，有価証券売買，金融，保険代理業
69	光正不動産株式会社	駒澤文一	500	神田	不動産売買，仲介
70	共同建物株式会社	竹下伴助	500	京橋	不動産賃貸
71	京浜住宅株式会社	小川理太郎	500	京橋	不動産売買及管理
72	新栄不動産株式会社	今野精一	500	小石川	不動産売買，金融
73	合資会社田中地所武	田中武兵衛	500	麹町	土地建物管理
74	永楽土地建物株式会社	村田為七郎	500	麹町	不動産，有価証券取得，売買
75	三谷合資会社	三谷てい	500	麹町	不動産賃貸
76	甲子不動産株式会社	古宇田巌	500	麹町	不動産売買
77	昭和土地株式会社	小川一郎	500	下谷	土地建物売買，賃貸借其他
78	第一ビルヂング株式会社	江藤直輔	500	芝	貸ビル
79	大正産業株式会社	栄山寿太郎	500	芝	不動産売買
80	日鮮起業株式会社	多賀谷岩次郎	500	日本橋	建物賃貸
81	日之出商事株式会社	武田明	500	日本橋	建物賃貸
82	長井合名会社	長井九郎左衛門	500	日本橋	土地家屋売買，賃貸
83	宮崎合名会社	宮崎庄太郎	500	日本橋	土地建物売買，有価証券売買及利用，綿布売買の仲介
84	萬興業株式会社	神田源七郎	500	日本橋	不動産，有価証券取得利用，金融
85	土井合資会社	土井彦治郎	500	日本橋	不動産の売買，賃貸，有価証券売買
86	株式会社細田協佑社	細田安兵衛	500	日本橋	不動産売買
87	神明土地株式会社	片岡達次郎	500	日本橋	不動産売買，仲介，賃貸
88	深田合名会社	深田謙介	500	日本橋	有価証券，不動産の売買
89	新宿土地建物株式会社	塩原徹	500	四谷	土地建物の賃貸，金融
90	都市住宅株式会社	猪俣眞造	500	四谷	土地建物売買，賃貸

91	旭組商事株式会社	市島敬造	500	淀橋	不動産貸付及管理，有価証券ノ取得及投資，金銭貸付及保険代理
92	株式会社湖月	長谷部ひさ	480	芝	食料品の売買（料理店），建物の賃貸
93	原合名会社	原雅胤	450	神田	不動産売買及金融
94	永代企業株式会社	福島繁太郎	450	麹町	土地賃貸，有価証券投資
95	柳津温泉興業株式会社	島崎正一	400	京橋	温泉の供給，土地建物の売買，賃貸
96	皆川合資会社	皆川広恭	400	京橋	建物賃貸
97	二本松土地株式会社	飛鳥文吉	400	麹町	土地売買
98	荏原土地株式会社	綿貫要之助	400	日本橋	不動産売買及仲介
99	古川合名会社	古川馬治郎	350	牛込	不動産及有価証券の売買，不動産賃貸
100	千代田土地興業株式会社	奥田重兵衛	350	葛飾	土地分譲
101	有田合名会社	有田善吉	350	本郷	不動産賃貸及売買
102	阪本合資会社	阪本豊太郎	310	中野	土地貸付
103	九鬼商事株式会社	九鬼紋七	300	赤坂	不動産の売買，賃貸借，金融
104	花菱殖産株式会社	本間千代吉	300	神田	不動産，諸公債，有価証券，株式の所有並利殖に関する一切の業務
105	坂井屋商事株式会社	福井たけ	300	京橋	土地建物管理，同売買，有価証券の取得，利用，賃貸
106	株式会社北辰社	田澤廉	300	渋谷	貸室，土地賃貸
107	帝国桐華株式会社	橋本長俊	300	渋谷	土地建物賃貸
108	株式会社開運ビルデイング	鈴木圭三	300	日本橋	貸室業
109	永井合資会社	永井甚右衛門	270	下谷	土地建物賃貸
110	合資会社土地建物会社	小林里吉	270	四谷	土地建物の賃貸，売買
111	三ツ喜合資会社	喜多博	265	京橋	不動産の売買，管理，金融
112	小坂商事株式会社	小坂順造	250	麹町	不動産，有価証券の並売買
113	野村合資会社	野村五郎	250	品川	家屋賃貸
114	カタバミ株式会社	黒田市之助	250	日本橋	不動産賃貸
115	和田木合資会社	和田木勘七	250	本所	土地建物貸付，売買
116	合資会社松尾地所部	松尾鶴太郎	210	京橋	土地建物の売買及其の利用
117	升本合名会社	升本喜兵衛	200	牛込	不動産管理
118	東京郊外土地株式会社	福井安住	200	荏原	土地建物の所有並貸借
119	日本荘園株式会社	鈴木三郎	200	大森	土地家屋売買及賃貸
120	銀座ビルヂング合資会社	皆川勘一郎	200	京橋	貸室業
121	合資会社八百松	八木直次郎	200	京橋	不動産，有価証券の取得利用
122	赤羽不動産株式会社	赤羽房兵衛	200	京橋	不動産売買並管理，金銭貸付
123	釜山南濱土地株式会社	飛鳥文吉	200	麹町	土地売買
124	庚午殖産株式会社	小林巳喜三	200	下谷	不動産の売買，賃貸，有価証券の売買並金融
125	株式会社紫雲社	浅野良三	200	芝	不動産，有価証券の取得及利用
126	大塚共益株式会社	和田俊郎	200	豊島	土地建物賃貸
127	東北開墾株式会社	片岡晴次	200	日本橋	土地開墾売買
128	株式会社土地商会	綿貫要之助	200	日本橋	不動産売買，仲介
129	橋本商事株式会社	橋本照治	200	本所	土地家屋の売買
130	大木戸住宅株式会社	高橋常三郎	200	四谷	不動産管理
131	共成土地株式会社	山崎喜作	160	中野	土地売買，賃貸，金融
132	株式会社藤井商店	藤井誠造	150	赤坂	ブルデイング経営並工作機械製作販売
133	岡田合名会社	岡田一郎	150	荒川	土地家屋管理及売買
134	東華土地建物株式会社	高木光教	150	京橋	不動産管理，保険代理業
135	田中合資会社	田中阿歌麿	150	小石川	土地賃貸
136	甲商事株式会社	小林弥之助	150	品川	小型活動写真機の販売，不動産売買並管理
137	千代田土地合名会社	立石知満	150	品川	土地建物の売買，仲介及賃貸借，金融
138	橘殖産合資会社	林田武太郎	150	世田谷	土地建物賃貸及売買
139	帝都建物地所株式会社	神品茂作	150	豊島	土地に対する投資，売買，賃貸借，土木建築工事の請負，設計
140	株式会社両国会館	木村耕治	150	本所	建物の賃貸及付帯業務

141	千代田土地建物株式会社	糟太磯平	150	本所	土地賃貸
142	大三合資会社	木内次郎	145	小石川	不動産の売買
143	細川合名会社	細川力蔵	144	芝	土地建物賃貸, 土木請負
144	合資会社三ツ星商店	岩本佐助	137	渋谷	土地家屋売買, 管理
145	生保土地管理株式会社	玉木為三郎	125	麹町	土地売買, 賃貸
146	株式会社建築会館	桜井小太郎	120	京橋	貸室
147	合資会社帝国博品館	平野皓一	120	下谷	建物賃貸
148	テーエム商事株式会社	手塚守二	108	神田	土地建物貸付
149	中西商事株式会社	中西敏二	100	赤坂	土地建物賃貸
150	大日本土地住宅株式会社	東山義司	100	浅草	土地建物の売買, 賃貸, 管理, 賦払建築, 土木建築, 不動産投資, 火災保険代理業
151	木村商事株式会社	木村基之助	100	浅草	不動産管理, 委託取立
152	合資会社木村簾次商店	木村健次	100	浅草	不動産賃貸借
153	新興不動産株式会社	小川美明	100	板橋	土地建物の売買及賃貸
154	赤倉新温泉土地株式会社	駒澤辰明	100	牛込	土地分譲賃貸
155	梅岡本店殖産合資会社	梅岡平七	100	神田	不動産有価証券売買取得
156	株式会社八洲商会	齋藤末知	100	京橋	事務室賃貸
157	積善不動産株式会社	下瀬憲造	100	京橋	土地家屋管理
158	小島合名会社	川田嘉平	100	京橋	不動産取得及其利用
159	日満不動産商事株式会社	中島芳蔵	100	京橋	不動産の売買, 賃貸借, 金融
160	熱川温泉土地株式会社	河村基	100	京橋	不動産の売買, 賃貸借及担保資金, 不動産の評価鑑定, 工事監督, 土地測量, 建築の設計
161	興眞土地建物株式会社	古谷精一	100	小石川	土地, 家屋賃貸, 売買
162	日東不動産株式会社	北條俊蔵	100	麹町	アパート及住宅賃貸
163	株式会社不動産興信所	佐藤忠吾	100	麹町	不動産売買及付帯事業
164	有泉株式会社	小泉為一	100	下谷	不動産業
165	東京不動産株式会社	夏目喜次郎	100	芝	土地建物担保貸付, 売買, 管理
166	東京不動産株式会社	大庭運次	100	渋谷	住宅経営
167	株式会社藤井商店	藤井茂	100	日本橋	建物賃貸
168	明和不動産株式会社	加藤新右衛門	100	日本橋	不動産売買
169	東京土地家屋株式会社	鵜瀞平三	100	日本橋	不動産売買及賃貸, 貸地, 貸家の賃料代理立, 金銭貸付, 土木建物の設計監督
170	帝国不動産株式会社	渡邊武雄	100	本所	不動産の管理, 金融, 月賦売
171	建物商事株式会社	鈴木要	100	本所	不動産売買, 管理, 金融
172	八千代保養株式会社	長谷川小作	100	淀橋	貸家
173	郊外土地合資会社	小川泰顯	100	淀橋	土地分譲
174	三晃企業株式会社	渡邊光章	100	淀橋	不動産の売買並賃貸, 株式, 公債, 社債の売買
175	大都興業株式会社	塩坂浅次郎	90	小石川	アパート兼貸家, 土木建築請負
176	三崎興業合資会社	関口鉄之助	80	神田	不動産賃貸
177	木田合名会社	木田浅次郎	80	京橋	不動産売買, 仲介
178	株式会社九段会館	永井玄暢	80	麹町	建物賃貸
179	小笠原合資会社	小笠原熊太郎	75	小石川	貸家業
180	新田合名会社	新田岩男	75	中野	有価証券, 不動産売買
181	中村合名会社	中村英太郎	75	日本橋	土地家屋の管理及売買
182	荻野合資会社	荻野七五郎	70	豊島	不動産賃貸
183	株式会社内堀商会	内堀誠	70	淀橋	不動産の売買及賃貸, 畜大の飼育及売買, 前各号に付帯する一切の業務
184	大岩合資会社	大岩豊治	65	小石川	土地売買
185	一樹合資会社	本庄忠治	60	牛込	有価証券, 不動産所有収益
186	鬼怒川温泉株式会社	桜田壬牛郎	60	京橋	土地売買, 賃貸, 旅館業
187	民衆タクシー株式会社	大矢秀雄	60	小石川	自動車車庫賃貸
188	禮叡合名会社	井手口三代市	60	小石川	土地家屋の売買, 賃貸, 其他之に付帯する業務
189	久利満津合資会社	栗田治郎	55	豊島	貸家
190	合資会社三共社	内田孝雄	52	麹町	不動産売買及賃貸

191	虎之門建物株式会社	北村繁	51	芝	建物賃貸及売買
192	鶴菱合資会社	菱沼繁枝	50	牛込	貸家
193	箱根宮城野土地株式会社	高橋せい	50	牛込	不動産売買
194	合資会社昭和商会	石川政次郎	50	牛込	不動産売買及管理
195	一心不動産株式会社	大庭琢磨	50	荏原	土地家屋売買，仲介
196	昭和不動産管理株式会社	酒井熊次郎	50	大森	土地家屋管理
197	西牧合名会社	西牧保市	50	神田	土地家屋の管理
198	鈴木合名会社	鈴木弥吉	50	神田	土地賃貸及売買
199	三富株式会社	井田忠治	50	京橋	貸室
200	田中企業合資会社	田中徳五郎	50	京橋	諸機械据付基礎工事請負，不動産の取得管理
201	銀座館株式会社	宮田謙一	50	京橋	土地，家屋賃貸
202	千代田土地合資会社	多々良常吉	50	麹町	土地家屋の売買，管理
203	大井不動産管理株式会社	倉本彦五郎	50	品川	土地家屋の管理及売買，仲介，火災保険代理業
204	福岡商事株式会社	福岡孝太郎	50	品川	不動産賃貸
205	合資会社凌雲社	赤松範一	50	品川	不動産の取得利用
206	見田合資会社	見田重次	50	芝	土地貸付，土地分譲
207	関東土地建物株式会社	井戸田国松	50	芝	土地分譲
208	小林合名会社	小林久七	50	渋谷	土地建物有価証券売買，賃貸，金融
209	五島合名会社	五島昇	50	渋谷	有価証券の売買及仲介，土地建物の賃貸及売買，保険代理業
210	株式会社飯田百貨店	飯田信助	50	瀧野川	土地，建物賃貸
211	合資会社二人社	池田富次郎	50	中野	貸家
212	株式会社弥生アパート	渋谷啓助	50	本郷	貸室
213	総万殖産合資会社	坂部由太郎	50	本郷	土地建物有価証券売買，金融
214	高村不動産業合名会社	高村国策	50	本郷	不動産の売買，賃貸借
215	大和商事株式会社	中根幸吉	50	本所	土地家屋管理
216	吉澤亭		収243	芝	建物賃貸，金融
217	堺井商店	堺井房子	収165	日本橋	土地，建物管理，商品券，諸公債売買
218	酒井良雄		収116	豊島	土地，家屋賃貸
219	銀友荘石井自動車商会	石井周作	収92	京橋	貸室，自動車運輸
220	齋藤才治		収65	小石川	土地家屋賃貸並金融
221	酒井宗太郎		収52	豊島	不動産貸付
222	合資会社興善会	加藤惣兵衛	収50	豊島	不動産賃貸

出所：東京市（1939）：『東京市商工名鑑　第7回』より作成。
注1：番号は資本金規模が大きい順で，筆者が便宜的に振った。
注2：営業品目の表記は旧字・カナを適宜，新字・ひらがなに直した。
注3：営業収益税の単位は円である。

【注】

1）本章における「土地建物業」とは，「土地会社」，「土地建物業」，「土地建物賃貸業」，「土地建物仲介業」を含む用語とし，土地・建物の取引（売買，賃貸借）と管理を行う業者をさす。

2）試みに朝日新聞データベース（聞蔵Ⅱ）で戦前（記録がある1879年）から戦後（1950年代まで）のあいだで，「不動産業」に関する記事を調べた（検索対象を「見出し」で設定）。記事は1950年代に2件となっている。同様の方法で，「土地会社」をみると，1910年代4件，20年代129件，30年代29件，50年代1件である。また，「土地建物」は1900年以前が30件，1900年代80件，10年代103件，20年代100件，30年代7件，40年代21件，50年代7件である。また山口（2007）によれば，戦前の不動産仲介業者の呼称は一般に「紹介業」であったとある（25頁）。そこで，上記と同じ方法で調べたところ（「紹介業」のみでは職業紹介なども含まれるため，「家＆紹介業」と指定），関係するものは1920年代1件にとどまった。

3）和光大学付属梅根記念図書・情報館所蔵。

4）この点，拙稿では福井家の事業を，経済史・経営史研究で用いられている産業分類を踏まえて，「不動産業」として位置づけた。その後，塩﨑氏らより，福井家は「貸地・貸家業」を生業としていたと考えているとのコメントをもらった。その意味で，本章は塩﨑（2013）および拙稿（2015a）で位置づけが揺らいでいた，福井家の事業の性格付けを改めて行うという側面がある。

5）この類型は，鈴木博之によるもので，鈴木は戦前の都市の土地所有形態と経営特性との組み合わせを，集中型大土地所有―都市・住宅地開発，集積型大土地所有―貸地経営，小規模土地所有―貸家経営，の3つに分類した（鈴木（1999→2012），180-192頁）。

6）なお，これに続いて「その位置取りを考えれば，鹿嶋地所部（鹿嶋清平／乃婦）や安井地所部（安井治兵衛）のような大規模経営者の下で差配人を務めながら，2,000坪に及ぼうとする持地に家作を自営する貸家業者であり，かつ貸地経営をする地主であるという，都市中間層と呼ぶに相応しい家である」（鈴木（2013），326頁）としている。塩﨑らがいう「都市中間層」は定義や引用もないため，いかなる経済的条件を有する層を指すのかが不明であるが，鹿嶋家や安井家のような豪商・資産家と，零細な家主層との「中間」といった意味合いで用いられていると推察する。

7）近年の消費史や生活史に関する研究のサーベイについては，満薗（2014b）や中西・二谷（2018）を参照のこと。

8）1920〜30年代の東京市の商工行政は山口（2014），第4章に詳しい。

9）国立国会図書館の蔵書検索及びCiNii Booksで確認した。

10）戦時住宅問題については高岡（2011），第3章を参照。

11）この「備考欄」は本章の付表には反映しなかった。備考欄には取引銀行名が記載されているものが散見される。これは第6回版までは取引銀行についての照会欄があったのが，第7回版では取引銀行についての照会がなくなったため，引き続き回答があった者については備考に記載したのだと思われる。項目を削除した理由は，第6回版で取引銀行についての回答状況が芳しくなかったため，第7回版で項目を削除したものと推察される。

12）名鑑の各版において，「土地建物業」の名称は微妙に変化している。第6回「土地建物賃貸並賣買」，第7回「土地，建物賃貸並賣買，有価証券取扱業」，第8回「土地，建物」となっている。第7回版のみ有価証券取扱業も併記されているが，これは東京市が独自の分類を行おうとしたのではなく，巻頭の例言において「関係分類中に同一営業者を重複掲載して通覧の便に努めた」とあることから，同年の回答者の営業品目に有価証券（株式）の記載が多かったことを反映しているのだと推察される。

13）三菱地所株式会社は1937年に三菱合資会社地所部が独立して発足した。したがって，1926年時点では独立していない。

14）周知の通り，東京建物株式会社は現代においても代表的な総合不動産会社の一つである。名鑑第7回版にはデータの掲載はされていないが（理由は不明），第6回版には記載があり，資本金10,000千円となっている。東京朝日新聞経済部（1926）では「安田系の不動産金融機関である東京建物株式会社等が之で，何れも数十年来の旧い経験を有し，全国に広い土地を所有し，金利計算から見ても，相当高利回りになって居る」（113頁）としている。

15）この点は今後の課題といえるが，先験的には自らの主業とする営業品目を挙げているものと推測する。

【参考文献】

［1］小野浩（2007）:「戦時住宅政策の確立と住宅市場の変容」『立教経済学研究』第60巻第3号，立教大学経済学研究会

［2］小野浩（2014）:『住空間の経済史』日本経済評論社

［3］粕谷誠（2017a）:「都市の土地所有と不動産経営」深尾京司，中村尚史，中林真幸編著『近代1（岩波講座 日本経済の歴史 第3巻）』岩波書店

［4］粕谷誠（2017b）:「都市の土地所有と不動産経営」深尾京司・中村尚史・中林真幸編著『近代2（岩波講座 日本経済の歴史 第4巻）』岩波書店

［5］加瀬和俊（2015）:『戦間期日本の家計消費』東京大学社会科学研究所研究シリーズNo.57

［6］加藤諭（2019）:『戦前期日本における百貨店』清文堂出版

［7］加藤由利子（1990）:「戦前における借地上貸家経営について」『青山学院女子短期大学紀要』第44号，青山学院女子短期大学

［8］橘川武郎・粕谷誠（2007）:『日本不動産業史』名古屋大学出版会

［9］齋藤邦明（2015a）:「都市家計の居住行動と生活水準」加瀬和俊編著『戦間期日本の家計消費』東京大学社会科学研究所研究シリーズNo.57

［10］齋藤邦明（2015b）:「戦前日本における家計調査の特質」『立教経済学研究』第69巻2号，立教大学経済学研究会

［11］Kuniaki Saito（2016）: "Book Review "Jūkūkan no keizaishi: Senzenki Tokyo no toshi keisei to shakuya, shakuma shijō（Economic History of Dwelling Space: City Formation and the Rented House/Rented Room Market in Tokyo during the Pre-war Period)"", *Social Science Japan Journal*, Vol.19, No.2.

［12］塩崎文雄（2013）:「江戸の地霊・東京の地縁」塩崎文雄監修『東京をくらす』八月書館

［13］鈴木努（2013）:「「福井家文書」解題」塩崎文雄監修『東京をくらす』八月書館

［14］鈴木智行（2020）:「「一丁倫敦」の経営史」『三菱史料館論集』第21号，三菱経済研究所

［15］鈴木博之（1999→2012）:『都市へ（シリーズ日本の近代）』中公文庫

［16］住田昌二（2015）:『現代日本ハウジング史』ミネルヴァ書房

［17］高岡裕之（2011）:『総力戦体制と「福祉国家」』岩波書店

［18］高嶋修一（2013）:『都市近郊の耕地整理と地域社会』日本経済評論社

[19] 谷内正往，加藤諭（2018）：『日本の百貨店史』日本経済評論社
[20] 寺西重郎（2017）：『歴史としての大衆消費社会』慶應義塾大学出版会
[21] 東京朝日新聞経済部（1926）：『経営百態』日本評論社
[22] 中西聡（2006）：「商業経営と不動産経営」石井寛治・中西聡編著『産業化と商家経営』名古屋大学出版会
[23] 中西聡・二谷智子（2018）：『近代日本の消費と生活世界』吉川弘文館
[24] 名武なつ紀（2007）：『都市の展開と土地所有』日本経済評論社
[25] 中村隆英（1993）：『家計簿からみた近代日本生活史』東京大学出版会
[26] 松山恵（2014）：『江戸・東京の都市史』東京大学出版会
[27] 満薗勇（2013）：「昭和初期における中小小売商の所得構造」『社会経済史学』第79巻第3号，社会経済史学会
[28] 満薗勇（2014a）：『日本型大衆消費社会への胎動』東京大学出版会
[29] 満薗勇（2014b）：「消費史研究というフロンティアの可能性」『歴史と経済』第57巻第1号，政治経済学・経済史学会
[30] 山口由等（2007）：「両大戦間期の都市化と近代的不動産業の成立」『愛媛経済論集』第26巻第2号，愛媛大学経済学会
[31] 山口由等（2014）：『近代日本の都市化と経済の歴史』東京経済情報出版
[32] 山口由等（2015）：「不動産経営と市街地形成」中西聡・井奥成彦編著『近代日本の地方事業家』日本経済評論社
[33] 湯澤規子（2018）：『胃袋の近代』名古屋大学出版会

第3章

マレーシアの労働政策と国家戦略

加藤　巌

1　はじめに

　マレーシアは多民族の複合社会といわれる[1]。こうした国の労働政策をつぶさに観察することは，多様な民族を抱える国や移民労働を考える社会にとって学ぶことの多い好事例となり得る。

　以下では，まず，マレーシアの複合社会が生み出された欧米列強による植民地支配を振り返る。そして，独立後のマレーシアで複合社会を安定させる国家戦略とそれに伴う労働政策はどういったものであったのかを時系列で見ていく。

2　近世マレー社会の成立

（1）初期の移民労働と民族コミュニティの誕生

　マレー半島とその周辺は長くヨーロッパ列強の支配を受けた。ポルトガル，オランダに続き，18世紀後半からはイギリスがマラッカやペナン，そして，シンガポールを交易拠点として開発した。

　これらの貿易港は，野間が提示した「港市から発展したヌガラ」を引き継いだものといえる[2]。ヌガラとはマレー語で一般には国を意味する[3]が，桃木は歴史的には「農業基盤を持たない港市国家」

のことを示すとしている[4]。

　イギリスはヌガラを支配し貿易拠点を整える一方，マレー半島内陸部ではゴム農園や錫鉱山の開発をすすめた。このため，人口が少なかったマレー半島へ，近隣地域にとどまらず，中国やインドからも大勢の労働者を連れて来ることになった。

　この時，労働者にはIndenture Labourer（債務移民）が含まれていた。債務移民は渡航費用を雇用主から前借りして来て，債務返済のため３年間の労働契約を結び，厳しい条件下で働かされた。過酷な労働，不衛生な環境が重なって死亡者も多かった。そもそも移民の勧誘に際して十分な説明もなく，騙されるように送り込まれた人もいるなど，実質的には奴隷制に近いものであったとされる[5]。

　労働移民の流入は，現在のマレーシア社会の原型を形作った。初期の移民たちは仲間の結束を固め，相互扶助的な関係を築いていった。やがて，民族集団への帰属意識や身内優遇が強まる一方，異なる人々への無関心や排除が生まれたといわれる。宗教や言語，そして，生活習慣の異なる（互いに不干渉の）民族コミュニティがマレー半島内に生まれたのである。

　こうしたイギリス領マラヤにおける移民社会の生成に関しては，東南アジア史の弘末が以下のように述べている[6]。

　"イギリス領マラヤで人々はムラユ人（マレー系），中国人，インド人，その他で分類され，このように分類されることによって各民族の結束が高まっていった。（中略）これらの民族はそれぞれ住み分けをし，おおまかにいってムラユ人は海外沿いや農村部，中国人は錫鉱山や都市部，インド人はゴム農園に居住した。これらのそれぞれの民族は，さらに出身地によって細分化され，言語も文化も違う社会を形成した。この分断した社会は，それぞれの民族が結束して反植民地運動に立ち上がらないために（イギリスにとって）好都合だった。また，地域的には，インド洋側の西海岸に錫鉱山やゴム農園が集中し，植民地開発の影響に著しい差が生じた。"

　こうした労働移民のコミュニティがつぎつぎと誕生したことを，移民が集団として移転を繰り返したことと結びつけて説明することがある。例えば，社会人類学の川崎はつぎのように指摘している[7]。

　"中国人コミュニティの形成につづいて起こったのは，マラッカ在住の中国人たちのペナン，シンガポールへの移住による発展であった。フランスのインドシナ地域進出に付随してサイゴン，プノンペン，ヴィエンチャンという都市にも中国人たちは進出していった。"

　結局，先行研究からわかることは，イギリス領マラヤでは海外からの労働移民たちはそれぞれに民族コミュニティを形成したこと，それは排他的な性質を持っていたこと，また，移民の集団が移動することで新しい都市が形成されたことである。

　これらは現在のマレーシア社会に反映されている。弘末が「植民地開発の進んだ」と指摘したマレー半島西海岸は，現在も経済的な先進地である。逆に，東海岸では田園が広がり，ムラユ人の昔ながらの暮らしが色濃く残っている。

　また，よく引き合いにだされるのは「中華系とインド系の住民は町に住み，商売に励む。一方，マレー系住民は田舎に住む。地方公務員になる人も多い」といった棲み分けの様子である[8]。

　確かに，中華系やインド系住民が住む場所は商業地であり，所得水準の高いことが多い。一方，マレー系住民が住む周辺地域は，昔ながらの高床式住居が点在し，家のまわりにはヤシを植えたような農村が広がっていたりする。

　こうした地域間の表面的な相違を眺めるだけでも，いまも都市の中華・インド系住民と農村のマレー系住民の間に社会的断絶が存在すると認識できる[9]。この点，史家の菊池はマラヤを含む現代東南アジアは恣意的な分割によって形成されたと指摘している[10]。

（2）イギリス領マラヤにおける労働法の誕生

　先行研究にあるとおり，マラヤでは分割され断絶した民族集団が生まれた。ただし，異なる民族が交わることなく，それぞれ完璧に分かれて歩みを進めたというわけではない。前出の弘末も「マラヤの地図に民族別の分布を色分けし，人口密度を濃淡であらわすと，（中略）極めて不均一なモザイク模様が描けることになる」と述べている[11]。

　また，弘末はヨーロッパ人とムラユ人の混血であるユーラシアンと呼ばれる人々や，中国からイギリス領マラヤに来て現地人と婚姻したことで中華とムラユの融合文化を持つようになったババ（男性）やニョニャ（女性）と呼ばれる人々，さらにはその子孫でムラユ語を話し，その慣習に従うプラナカンと呼ばれる人々のことを紹介している。こうした民族融合的な区分が生まれていることからも明らかなように，マレー半島の移民たちは複数の文化を重ね合わせるようなコミュニティも誕生させている。

　そこでは，移民と土着文化の融合した生活習慣も生まれている。例えば，星野・森枝は，外食習慣をその一つとして紹介している[12]。いまでも，マレーシアの，とくに都市部では朝から屋台で食事をする人が多い。これは，大勢で一緒に食事をする生活習慣を持つところへ，外の世界からやって来た労働者たちがいちどきに集まって食事をとることで育まれた食習慣という。

　同様に，マレー文化論のミューナンは，多くの屋台が集まったフードコートではマレー料理はもちろんのこと，マレー風にアレンジされた中華料理やインドには存在しないインド料理などといった，文化の混淆から生まれたものが数多く見られると指摘している[13]。

　こうして，中国やインドからやって来た，あるいは連れてこられた労働者たちは移住先で独自のコミュニティを構築しながら，一部に現地化や文化的融合も進めつつ暮らすようになった。

　そして，彼らとその子孫は共通して自らの権利や労働環境の整備

を訴えるようになっていった。すなわち，労働者集団として一定の勢力となった中国とインドから来た移民たちに共通の権利意識が芽生える中で，1912年にはイギリス統治のマラヤ連邦政府にLabour Department（労働省）が設置された。同時にLabour Code（労働法）も施行された。これは，鉱山とプランテーションで働く（主として中国人やインド人）労働者の保護を目的としたものであった。同法は，イギリス領マラヤで初めて「すべての人種」が適用対象となった労働法であった[14]。

　また，前述の債務移民も奴隷制度に近いと批判が集まり，ようやく1916年に廃止された。廃止後は，植民地政府の指導下で雇用主と労働者が雇用契約を結ぶようになった。結局，植民地政府も海外から労働力を安定的に確保するには，労働移民へ一定の保護を与えることが有効と判断したのである。

　ついで1955年には，イギリス領マラヤにおける最初の包括的な労働法規といわれる雇用に関するEmployment Act 1955（1955年雇用法）が誕生した。上記の1912年労働法は，工場労働者を対象に含まなかった。この点が改善され，1955年雇用法は「肉体労働に従事するすべての労働者に適応される」とされた。この1955年雇用法はいまでも生きており，「月額2,000リンギ以下の収入を得ているすべての労働者に適応される」となっている[15]。

　そして，イギリス領マラヤの人々は，第三世界の台頭に後押しされ，1957年にマラヤ連邦として独立を果たした。1963年にはシンガポールとボルネオ島のサラワクおよびサバが連邦に加わった[16]。ただし，1965年にはリー・クアンユー率いるシンガポールがマラヤ連邦から離れて独立した。すなわち，現在のような形のマレーシアは成立してから半世紀ほどの歴史を持つ。

　独立後，先の1955年雇用法を基に労働関連の法律が整えられていった。ただし，多様な労働者に対する法整備であり，その成文化には困難が伴った[17]。厚労省（2013）の報告書は「マレーシアの法

制度は，旧宗主国である英国の影響を受け，コモン・ローの法体系を採用しており，成文法の他に非成文法の判例法も法源とされる」としている[18]。つまり，マラヤ連邦建国の為政者たちは非成文法の判例も柔軟に用いることが適切と考えたのである。

さらに，1970年代以降，歴代政権は低所得者の雇用促進をはかるための各種施策も立案してきた。この一環として生まれたのが，マレー系住民を優遇するブミプトラ（Bumiputera）政策である。以下，国家ビジョンに組み込まれたブミプトラ優遇策を概観する。

（3）ブミプトラ優遇策のはじまりと変遷

ここまで見てきたように，マレーシアは人工的に作られた複合社会である。そして，いま，マレーシアは自国民を人種別に大きく2つに分類している。1つは先述のブミプトラである。ブミプトラとはマレー語で土地の子を意味しており，マレー系住民と先住民を包含している。一方，非ブミプトラは文字通り「ブミプトラではない人たち」を意味し，中華系やインド系，ユーラシアンなどを含んでいる。経済的に豊かな階級は非ブミプトラに多く，とくに中華系の平均所得はマレー系よりも3割から5割近く高いといわれる[19]。

1957年の独立当初から，各民族集団どうしの関係は不安定なものであった。とくに経済格差もあってマレー系と中華系は対立を深めた。両者の対立は，既述のように中華系が多数派を占めるシンガポールの分離独立（1965年）を生む要因ともなった[20]。

そして，ついに1969年にはクアラルンプールでマレー系と中華系住民の間で大規模な衝突（5月13日事件）が起こり，双方あわせて死者が200名近くでた。この事件の引責をする形で，マレーシア建国の父と称された初代首相ラーマンが退陣し，政権は第2代首相ラザクに引き継がれた。

事件を受けてラザク首相は「民族間の経済的・社会的な不均衡を是正する」という方針を打ち出した。これは，貧しいマレー系住民

の不満を和らげることを狙っていたとされる。生み出されたのが
NEP（新経済政策）であった。

　同政策は（ブミプトラの）人口に占める民族割合を反映した雇用比
率の実現や大学入学枠の設定，公務員への積極登用など，多数派の
マレー系住民を実質的に優遇している。起業の際にはブミプトラ資
本の30%出資も義務付けられた。こうしたブミプトラ優遇策のねら
いを労働政策研究・研修機構は以下のようにまとめている[21]。

　"独立以来，最大の社会的かつ政治的危機を引き起こした1969年
5月13日の「人種暴動」後の社会不安を収拾する決め手として打
ち出されたNEP（新経済政策）は，よく知られているように「人種
暴動」の真の原因を人種間の経済的格差に対する不満にあると捉え，
これを除去することなしには多人種国家マレーシアの社会的，政治
的安定，ひいては経済開発，国家開発も望めないとの認識に基づき，
国民の統合（National Unity）を最大の政策課題に掲げながら，具体
策としてつぎの2点を骨子としていた。すなわち，①人種，地域に
関係なく貧困を撲滅することと，②マレー人の資本所有比率，雇用
水準を高めるために社会構造を再編成することである。"

　このNEPこそが，ブミプトラ優遇策を体現したものに他ならな
い。実は，ブミプトラ政策といった用語はマレーシアにおいて正式
な政策名称として使われたことはない。あくまでもブミプトラ優遇
策は国家戦略に含まれる「貧困層の救済」といったビジョンの一つ
にすぎない。ただし，ブミプトラ優遇策を額面とおりに捉えること
はできない。労働政策への影響も大きい。そこで，次節では，ブミ
プトラ優遇策を組み込んだ国家戦略の推移を見ていく。

3　マレーシアの国家戦略

（1）国家戦略の変遷
　図3-1はマレーシアの国家戦略の変遷を示す。図内の横軸は

図3-1 マレーシアの国家戦略の変遷

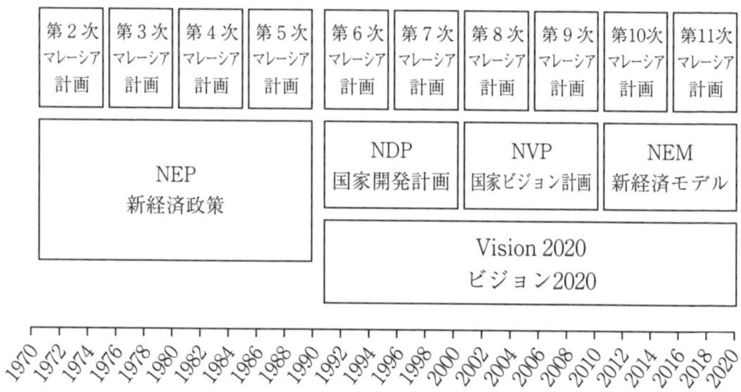

注：マレーシア計画は5年ごと。第1次計画は1966年に始まった。
出所：著者作成。

「年」を表している。したがって，最も左に位置するNEP（新経済政策）は1970年に始まり，1990年に終了したとわかる。

　先述のように，NEPの骨子は，人種や地域に関係なく貧困を撲滅することを標榜しつつ，ブミプトラの雇用水準および資本所有比率を高めるために社会構造を再編成することであった。

　1990年にNEPが終了すると，当時のマハティール首相の下でVision 2020が策定された[22]。これは同国が2020年に先進国入りを果たすという長期目標であった。政策というよりは，国家ビジョンを示したものである。

　実現に向けての具体的な政策は10年ごとに設けられたNDP（国家開発計画）やNVP（国家ビジョン計画），そしてNEM（新経済モデル）として提言されている。さらに，詳細な政策目標は5年ごとの「マレーシア計画」で示されている。

　国家ビジョンとしての「先進国になる」といった標題は分かりやすく，広く国民からの関心を集めた。と同時に当時のマハティール政権は，長期の大きな目標を持つことで，国民の間に統一感を醸成

しようとしたといわれる。

　マハティールは回顧録の中で，1991 年 2 月 8 日にクアラルンプールで開催された Malaysia Business Council で Vision 2020 を発表した際の演説冒頭をつぎのように記している[23]。

　"まず，私たちは一つに統合されたマレーシア国家を打ち立てなければなりません。異なった人種として生まれても，すべてのマレーシア人は，自らを一つの同じ国の国民として考えられるようにならなければなりせん。また，政治的に異なった立場であったとしても，国家に対する忠誠や献身はゆるぎないものでなければなりません。"

　Vision 2020 の価値観は，マハティール以降の歴代の政権に引き継がれ，マレー語の Bangsa Malaysia，すなわち「マレーシア国民」の育成がスローガンの 1 つとなった。標語としての Bangsa Malaysia は，先述のラザク第 2 代首相が唱えた National Unity やナジブ第 6 代首相の唱えた One Malaysia とほぼ同義とみなされる[24]。

　国民統合が叫ばれる中，目指すべき国家像を国民に分かりやすくしようと，「先進国入り」を単純化して唱えることも増えている。すなわち，先進国 ＝ 高所得国とする見方である。最も喧伝されている目標は，1 人あたり国民所得を 15,000 ドルにするといったものである。こうした目標は明快で，国民にも受け入れられてきた。

　マハティールに続く歴代政権も中長期の経済政策を実行した。後継者と目されたナジブ元首相らも所得向上を重視した NEM を策定した。とくに民間セクターを高度転換することをねらった。このため，低廉な外国人労働者に依存する低付加価値の産業構造を抜本的に改めていく必要があるとした。

　ナジブ政権の NEM に関して，労働政策研究・研修機構は以下のようにまとめている[25]。

　"2011 年に実施を開始した NEM は中所得国の罠を抜け出し，2020 年までに先進国になることを戦略目標に掲げている。中所得

国の罠を抜け出すためには産業を高度化し知識集約型産業への転換，イノベーションを実現するとの構想を描いている。(中略)

　NEMの論理は要約するとつぎのようになる。①製造業においては労働集約型業種から知識集約型への転換が不可欠だ。②だが，現状は短期的な利益を追求する企業の姿勢に拒まれている。③企業のこうした姿勢を可能にしているのは，大量に供給される低賃金外国人単純労働者の存在だ。④外国人労働者に頼った経済から脱却しなければならない。⑤製造業に限らず天然ゴム，オイルパームのプランテーション，建設業，サービス業も外国人に頼っている。産業ごとに労働力需要を厳密に精査し，対応していく。"

　こうしたNEMを達成するため，5年ごとに区切られた「マレーシア計画」には細かな政策目標が並んだ。例えば，「第10次マレーシア計画（2011～2015）」では年平均6％の実質GDP成長率を維持し，2015年には1人あたりの所得を38,845リンギ（約11,000ドル弱）まで上昇させるとした[26]。

　さらに，2015年5月には第11次マレーシア計画（2016～2020年）が発表された。この新たな5か年計画では，平均所得の向上（1人あたり54,000リンギ）の達成を目指し，①平等社会に向けた包括性の強化，②社会福祉の改善，③人的資源の開発促進，④環境に配慮した成長の追求，⑤経済拡大を支えるインフラ構築の強化，⑥一層の繁栄に向けた成長の再構築という6つの政策目標が示された[27]。

　また，2020年までにジニ係数を2014年の0.401から0.385に低下させることを掲げ，そのために270万の低所得世帯（所得層下位40％）を中間層へ引上げるとした[28]。具体的には，中途退学の抑制や低所得層へ技能訓練を施すことのほか，150万人分の雇用を生み出すこと，技能労働者の労働人口に占める割合を35％に引き上げること，その内の60％をブミプトラが占めることを目標としている。

　さらに，労使紛争の多くがIndustrial Court（労使関係裁判所）の

調停・仲裁に持ち込まれて解決に時間がかかり過ぎているため，先述の1955年雇用法や1959年労働組合法，1967年労使関係法の改正を行うとした。そして，熟練労働者育成のために産業界や教育現場と連携し，技術職業教育訓練を受ける人数を2013年の164,000人から2020年には225,000人へ増加させるとした。

（2）マレーシアの国家戦略の現在

　マレーシアでは国家戦略の策定が連綿と続き，上述のように4期にわたる国家戦略はNEP → NDP → NVP → NEMの順番に推進されてきた。これまでの優遇策によって，マレー系住民の社会・経済的地位は改善されている。

　事実，長年マレーシアを訪れていると，マレー系住民の暮らしの向上には驚かされる。例えば，ボルネオ島サラワク州の州都クチンでは，マレー系と中華系の居住地が明確に2つに分かれているが，過去15年の間，前者の居住地へ集中的な公共投資が行われ，その住民の生活環境は大きく改善されている[29]。

　一方で，国家戦略にブミプトラ優遇策を組み込み続けることは，非ブミプトラへの差別（の常態化）であるという批判が絶えない。また，国内の健全な競争を阻害しているという指摘もなされる。優秀な中華系やインド系の学生が海外へ留学をして，そのまま帰国しないといった，いわゆる頭脳流出も問題視される。

　そこで，2009年4月に政権の座に就いたナジブ元首相は，民族の調和と国民統合をあらためて訴えるOne Malaysiaと名付けたキャンペーンを始めた。ワン・マレーシアというキャッチフレーズは各種メディアや企業広告でも大々的に取り上げられてきた。

　人が集まる場所には，One Malaysiaを標語とするモニュメント（数字の1を模した立像）が設置された。同国の石油・天然ガス会社ペトロリアム・ナショナル社[30]は，ワン・マレーシアを啓蒙するためのテレビCMまで作成した。中でも中華系男児がマレー系女児

のことを好きだと打ち明けると，そのマレー系少女も彼のことを好きだったことが分かり，お互い，嬉しそうに微笑み，手を取り合って歩いていくといった，（意見）広告が人気となった[31]。広告の最後には「子どもたちは肌の色の違いなど気にしません。このまま，子どもたちを成長させましょう」といったキャッチフレーズが表れる。

　こうした啓蒙活動と合わせて，現実面でもNEMにおいてはサービス産業の27業種でブミプトラ資本の30％出資義務を撤廃するなど，ブミプトラ政策の見直しも行われてきた。また，マレーシアを国際金融と情報技術産業の先進地にすることが標榜されており，これまで海外へ頭脳流出した専門家たち（多くの中華系とインド系国民が含まれる）に，マレーシアへ帰って来るよう促している。

　上記のような新たな政策は，ブミプトラ優遇策に慣れ親しんできたマレーシア国民には驚きを持って迎えられた。当時の様子を時事通信社の特派員だった梅澤は以下のように報告している[32]。

　"マレーシアが中所得国から高所得国に移行することを目指して2010年3月に発表した「NEM＝新経済モデル」には，ブミプトラ政策を「より透明で，市場に適した」ものに見直す方針が盛り込まれ，「ブミプトラ政策の廃止とも読めかねない表現」が議論を呼んだ。"

　確かに，NEMはマレーシア経済を高付加価値化させていくにはブミプトラ優遇策の見直しも辞さないという政権の決意にも見えた。同国が中所得国の罠に陥らないためには，産業の高度化や労働生産性の向上が不可欠である。そのためには，人種民族にこだわらず人材を育成・確保する必要がある。適材適所を根本とする労働政策が国内産業の競争力を高めるのは自明のことである。

　一方で，政治状況がナジブ政権の労働政策へ影響を与えたという見方もある。実はナジブは第2代首相ラザクの長男である。長年，政界のプリンスとして注目を浴びてきた。ところが，前任の第5代

首相アブドラが総選挙で歴史的大敗を喫したこともあり，自らの首相就任時には政権与党のマレーシア統一国民組織（UMNO）は議席占有率が史上最低の状況であった[33]。このため，中華系やインド系に対して融和的にならざるを得なかったともいわれる。

　このためナジブ政権は民族間の融和を図るような姿勢を保持してきた[34]。労働政策の面でも，2013 年 7 月には民間企業の定年年齢を公務員と同等の 60 歳に引き上げている。企業の定年年齢が法定となったのは，建国以来はじめてのことである。こうしたことは，民間部門で働く非ブミプトラ住民の労働環境の向上にナジブ政権が乗り出した表れともされた。同時に，平均寿命の伸長や出生率低下への対処，さらには，国内労働力の確保，外国人労働者への依存度引き下げといったねらいがあることも指摘された。

　ただし，前述のようにナジブ首相の政権基盤は脆弱であった。また，早くから政権中枢の汚職が取りざたされていた。汚職の話題に事欠かない国情とはいえ，ナジブ首相をめぐる醜聞は酷かった。

　2015 年にはイスラム金融や IT 産業の基盤整備などを目指して設立された国有の投資会社 1MDB（ワン・マレーシア開発公社）から，ナジブ首相の個人口座へ多額の入金が不正になされた疑惑が持ち上がった。これには首相退陣を求めるデモも発生した。2016 年にも醜聞は続き，ナジブの義理の息子が 1MDB の資金を米国で不正に蓄財していることを米国司法省から訴えられた[35]。また，ナジブ自身も中華系財閥と謀って 1MDB の公金を私的に費やしたと報じられた。

　疑惑に対し，ナジブ首相は内閣改造で政権イメージの一新をねらったり，司法当局から 1MDB 資金の不正流出はなかったと発表させたりした。また，批判的なジャーナリストを拘束するなど強権的なやり方も見せた。

　こうした専横は反発を受け，ついに 2018 年の選挙で，ナジブ率いる与党 UMNO が敗北，その後に不正蓄財などの罪でナジブ逮捕

へ至った。選挙後には93歳のマハティール氏が首相に返り咲き，汚職一掃と国民各層，各民族への融和的な施策を行うと約束した[36]。

　さて，ここまで見てきたように，マレーシアはマラヤ時代からその時々の中心的産業を育てながら，労働法規を整えてきた。1980年代半ばからはマハティール元首相の下，産業の重工業化が推し進められ，製造業やサービス業で労働需要が高まった。これに伴い，それまでの移民とはまったく異なる形（短期滞在・労働需給連動）で多くの外国人労働者を受け入れるようになった。

　しかし，その後，ナジブ政権下で外国人労働者への依存度の引き下げと国内労働力を中心にした産業の高度化の方針が示された。次節では，近年の国内の高度人材育成策について見ていこう。

4　新しい労働・雇用政策

（1）タレント・コーポレーション（TCMB）の取り組み

　2011年1月，マレーシアの首相府傘下に幅広い人材育成を担う公社 Talent Corporation Malaysia Berhad（TCMB：タレントコーポレーション）が誕生した[37]。翌年4月には同公社の目的を明確化するため，Talent Roadmap 2020 が発表された。

　その主要なものは3点である。まず，A. マレーシア国内の人材育成と活用，ついで，B. 海外にいる人材のマレーシア企業への就労支援，最後がC. 外国人の高度技能人材の活用である。

　以下，各具体策について，厚労省（2015）から概要を示す[38]。

A－1：ファストラック（FasTrack）

　電子・電気工業部門のエンジニアの育成を目的としたプログラムである。プログラム受講者は12ヶ月間にわたり，受入企業で徒弟制度による実践訓練を受け，かつ，職業訓練センターでの補助的なトレーニングの機会を与えられる。プログラム終了後に受入企業に採用されることが期待されている。

A－2：構造化インターンシッププログラム（SIP）

　TCMBと高等教育省が共同で作った企業インターンシッププログラムである。学生らが希望する企業での就労を体験でき，その能力を証明する機会ともなり得る。参加企業には，要した費用が税控除として認められる。また，企業はインターンシップ生の能力や適性を確認できる。これらは雇用のミスマッチを防ぐと期待される。

A－3：フレックス・ワークライフ・マレーシア（FWLM）

　TCMBが女性・家庭・地域社会開発省と共同で，主に女性労働者向けのプログラムを提供している。

　女性がワークライフバランスを適切に保てるように，企業の積極的な関与を目指している。同プログラムのポータルサイトでは，柔軟な働き方（フレックスタイム，テレワーク）やファミリー・フレンドリーな施設（保育所等）を求める求職者と，それらを提供する企業が登録され，両者のマッチングを可能としている。

　また，子育てなどの理由で2年以上職場を離れていた女性を雇用し，TCMBが認証した訓練プログラムを提供する企業は，雇用から12ヶ月以内の訓練コストに対して税控除を受けることができる。

B－1：専門家帰国プログラム（Returning Expert Programme）

　海外在住の専門家の帰国を目的としている。申請時点で少なくとも3年間継続して海外に在住，雇用されているマレーシア国民で，一定以上の学位及び実務経験を有する人が帰国し，国家重点経済分野（New Key Economic Areas＝NKEAs）に貢献する場合，さまざまな優遇措置を受けることができる。

　NKEAsの12分野は以下のとおりである[39]。①石油と天然ガス（国際市場展開の強化），②パーム油と関連製品（パーム油のグローバルハブの形成），③金融サービス（国際イスラム金融センターの強化），④卸売・小売（規制緩和や小売業の近代化），⑤観光（エコツーリズムの振興），⑥情報通信技術（ICT利用促進），⑦教育（産学連携促進，職業訓練センターや中小企業向けインキュベーターの設立），⑧電気・電子（産

業の高度化，エンジニア・専門家の優遇），⑨ビジネスサービス（環境技術関連），⑩民間医療（医療観光の振興），⑪農業（IT活用を通じた農業振興），⑫クアラルンプール地域振興（KL国際金融地域の創設や公共交通機関の整備）。

B－2：スタースカラーシップ（STAR Scholarship）

　TCMBが公共サービス局（Public Service Department）と共同で作成したプログラムで，公的奨学金を得て海外で学ぶ学生に対して（上記の）国内産業の重点12分野に属する企業へ勤務する機会を与えることを目指している。

B－3：キャリア・フェア・インセンティブ（CFI）

　海外で就職フェアを実施して，在外マレーシア人専門職の帰国就労を促している。海外の（TCMB後援の）就職フェアに参加した企業は，旅費，参加費など関連費用の税控除を受けられる[40]。

C－1：レジデンス・パス（Residence Pass）

　従来の就労許可Employment Passに加えて，優秀な外国人の誘致を目指し2011年4月にResidence Passが設けられた。レジデンス・パスを取得した労働者はマレーシアで最長10年間の就労が可能であり，パスを更新することなく就労先を変更することもできる。また，その配偶者もマレーシア国内での就労を認められる[41]。

（2）その他の取り組み

　その他の取り組みには2012年11月に始まったThe National Graduate Employability Blueprint（就業支援情報紙）がある。教育と就労をリンクして考えるよう促し，学生らが学んだ専門知識や技術を活かした職業生活を送るための道筋を示したものである[42]。

　これまでマレーシアでは求職活動が個人に委ねられてきた。日本人学生の就活とは異なっている。ブループリントが若い層へ就活から将来のキャリアプランまでの道筋を示したことは評価される。

5　おわりに

　イギリス領マラヤでは1912年に労働移民の保護を目指した労働法が作られた。以降，すべての人種と業種業態で労働者保護を目的とした法整備が進んだ。1955年には最初の包括的な労働法規とされるEmployment Act 1955（1955年雇用法）が誕生した。

　1957年の独立後にはブミプトラ優遇策が始まり，マレー系住民の社会的地位の向上が図られた。その後，優遇策を残しつつも人種融和の方針が打ち出され，現在は実質的に中華系とインド系住民を包含する全人種対象の高度人材育成策も始まっている。

　現在のマレーシアは中進国の罠に陥らないためにも産業構造の高度化が求められる段階にある。この点からもタレント・コーポレーションなどの人材育成・労働政策は時宜を得たものといえる。

　ただし，マレーシアには懸念材料もある。まず，同国の出生率の低下が著しい。2050年代には生産年齢人口の減少が始まる[43]。つまり，新たな労働力の確保と労働生産性の向上の必要がある。この点に関しては，いま逼迫する労働需給に対処している日本企業の知見が参考になると思われる[44]。

　さらに，2020年2月にはマハティール首相が辞任した。後継者はムヒディン内務相だが，これは禅譲ではない。首相就任に際して，ムヒディンは（ナジブが率いていた旧与党）UMNOからの協力支援を取り付けた。国家戦略の更新時期を迎えていることもあり，揺り戻しも含めて今後の同国の労働政策の行方には注意を要する。

【注】

1）社会学者Furnivall pp.110-115は，1つの政治体制内に2つ以上の集団が隣接して存在しながら，互いに融合することが少ない社会を複合社会（Plural Society）と呼んでいる。

2）野間 pp.44-64 によれば，港市国家には 3 タイプある。まず，交易ネットワークを支配するが，後背地を持たないタイプ。典型はマラッカ。つぎに，スマトラやジャワのシアク，パレンバン，レンガットなど内陸の生産・居住域と港が河川や水路で結ばれている。あるいは河口に外港をもって内陸の都市と港湾が結合する中部ジャワのマラタム王国のようなタイプ。最後はアユタヤに代表される広大な農林業生産の後背域を持った王都である。

3）石澤・生田は，港市が国家機能を持った過程を示すことは困難という。

4）桃木 p.49 は，扶南，チャンパー，モン族の港市もヌガラとする。

5）厚生労働省（2013）pp.48-64.

6）弘末 pp.268-270. イギリス領マラヤの開発は 20 世紀に入り進んだ。人口も 1911 年の 267 万人から 1940 年には 550 万人へ増加した。

7）川崎 pp.22-23.

8）イギリスが多民族を分離して支配したことの名残ともいえるだろう。

9）各地の特性から一概にどちらが良いと判別することはできない。

10）菊池 pp.64-72.

11）弘末 p.270.

12）星野・森枝 pp.118-124.

13）ミューナン pp.196-211.

14）厚労省（2013）p.48 によると工場労働者等は対象ではなかった。

15）同上。1955 年雇用法の適応範囲からは公務員等一部が除外されている。また，1955 年雇用法は自治権の強いサバ州とサラワク州には適応されない。

16）マラヤ連邦は 1963 年にサラワクとサバを加えたことで，国土面積を倍増させ，かつ，豊富な天然資源（天然ガスや森林資源）を手に入れた。

17）いまも状況に大きな変化はないと思われる。

18）厚生労働省（2013）p.48.

19）住商総研を参照。現在の格差は 3 割程度に縮まっているという。

20）シンガポールの独立宣言の際，リークアンユーは目に涙を浮かべながら「マレーシアからの分離独立は苦渋の決断であった」と発言している。

21）労働政策研究・研修機構 p.7.

22）マレー語では Wawasan 2020 と呼ばれる。

23）Mahathir pp.597-598. 翻訳文は本稿著者による意訳。

24）労働政策研究・研修機構 p.27.

25）同上 p.49.

26) 2015年の実績は36,937リンギだった。円換算すると1,034,226円（1リンギ＝28円）となる。労働政策研究・研修機構（2013）p.49も参照。

27) 厚生労働省（2015）p.372.

28) 同上。2020年のコロナ感染症拡大の影響で達成困難が懸念される。

29) サラワク州における過去15年間のフィールドワークの観察による。

30) 最大株主はマレーシア政府。国内に1000以上の給油所を持つ。

31) 広告は男児の名前から「恋するタンホンミン」と呼ばれている。

32) 梅澤pp.170-173.

33) UMNOの下院の議席占有率は約62.6％であった。憲法改正に必要な下院の2／3（148議席）を獲得できなかったことが批判された。同時に行われた州議会議員選挙でもクランタン州の政権奪還に失敗。ケダ州，ペラ州，ペナン州，セランゴール州でも（地方）政権を失った。過去のUMNOの選挙についてはLoh pp.73-74を参照。

34) ただし，政治状況を鑑みながらという留保条件つきである。

35)「マレーシア流用疑惑」朝日新聞2016年7月22日。

36) ブミプトラ優遇へ揺り戻されていく可能性も否定できない。

37) 現在のマレーシアで労働行政全般を管轄しているのは，Ministry of Human Resources（人的資源省）である。近年は公的な職業紹介事業も行っている。労働者派遣に対するライセンス付与も担当している。

38) 厚生労働省（2015）pp.372-373.

39) 経済産業省p.23.

40) インセンティブが与えられる期間は2012年から2016年までであった。

41) 厚生労働省（2015）pp.375-376.

42) 同上p.374.

43) WHO（2016）を参照。

44) 国連の人口推計によると，今世紀中にシンガポールやタイ，ベトナム，インドネシアでも生産年齢人口が減少する。

【参考文献】

［1］石澤良昭・生田滋（1998）：『東南アジアの伝統と発展』中央公論社

［2］梅澤幸治（2011）：「マレーシアのナジブ政権，民族調和に腐心」外務省「外交」Vol.6

［ 3 ］川崎有三（2001）:『東南アジアの中国人社会』山川出版

［ 4 ］菊池陽子（2014）:「恣意的な分割－東南アジアの植民地化－」東京外国語大学東南アジア課程編『東南アジアを知るための50章』明石書店

［ 5 ］経済産業省（2014）:「エネルギー需給緩和型インフラ・システム普及等促進事業（次世代自動車分野（マレーシアに関する調査））」平成25年度調査報告書

［ 6 ］厚生労働省（2013）:「特集アジア 4 カ国の労働施策」厚労省『2013年海外情勢報告』

［ 7 ］厚生労働省（2015）:「東南アジア地域にみる厚生労働施策の概要と最近の動向（マレーシア）」厚労省『2015年海外情勢報告』

［ 8 ］住商総研（2008）:「ワールドフォーカス」2008年 5 月号No.27

［ 9 ］野間晴雄（1999）:「王権とその背域－東南アジア港市論と水利都市論の拡がりをめぐって－」『歴史地理学』41-1（192）

［10］弘末雅士（1999）:「近代植民地の展開と日本の占領」池端雪浦（編）『東南アジア史Ⅲ』山川出版

［11］星野龍夫・森枝卓士（1995）:『食は東南アジアにあり』筑摩書房

［12］労働政策研究・研修機構（2013）:『マレーシアの労働政策』JILPT海外労働情報13-11

［13］ミューナン　ハイディ・増永豪男訳（1998）:『マレーシア人』河出書房

［14］桃木至朗（2003）:『歴史世界としての東南アジア』山川出版

［15］Furnivall, S. John（1939）: *The fashioning of leviathan : the beginnings of British rule in Burma*, Ed. Gehan Wijeyewardene, The Journal of the Burma Research Society, v. 29, no. 1.

［16］Mahathir Mohamad（2011）: *A Doctor in the House*, MPH Group.

［17］Loh Kok Wah Francis（2009）: *Old vs New Politics in Malaysia*, Strategic Information and Research Development Centre.

［18］WHO（2016）: *World Health Statistics*, 2016.

第 **4** 章

社会復興に向けた社会的費用論および
被害構造論の問題点

森下直紀

1　はじめに

　公害被害の包括的把握と補償問題に関する解決に向けて，環境経済学の分野では，K.W.カップ，宮本憲一，除本理史らによる社会的費用論が展開されてきた。そこでは有形・無形の被害の実態と金銭換算可能な被害の差を直視し，その差を最小化するための努力がなされてきた。近年の福島第一原発事故に起因する原子力公害や日本の四大公害訴訟に代表される公害事件や足尾などの大規模な公害は，きわめて広範囲の自然生態系に影響を及ぼしてきた。こうした公害事件の解決に向けた議論の回帰点は，公害発覚以前の元の生活全体にある。そして，この時点を原初状態とし，そこからの被害実態を「実物レベル（素材面）の被害」として捉え，現実の賠償・補償額との差を明らかにすることで，被害補償の不完全さと環境経済学が追求すべき到達点が示されてきた[1]。この「実物レベルの被害」には，「不可逆的かつ代替不可能な絶対的損失」や「金銭で事後的に回復不可能な相対的損失」が含まれており，これら「支払われざる被害」の「完全救済」や「完全賠償」は容易ではない[2]。

　他方，社会的費用論として，被害の原初状態を検討する際に，その状態を適切に認識することの困難さと関連し，環境社会学では飯

島伸子らによる被害構造論が展開されてきた。環境社会学における被害構造論は，「被害」を公害等における身体的被害やそれに伴う経済的損失のみならず，社会的差別や阻害による生活構造被害を総合的に捉えようとするものである[3]。環境経済学が捉えるところの「支払われざる被害」のみならず，被害の進行に伴って当該地域社会が内在的に生成してくる副次的な被害を含めた構造を明らかにしようとするところに特徴がある。実物レベルの被害は，この生活被害構造の解明なくしては把握できない。

　上記の学問的議論を踏まえ，本論は，カナダ・オンタリオ州北部のグラッシー・ナローズとヴァバシムーンと呼ばれる２つの保留地（図４−１参照）に住むアニシナベ先住民に注目し，公害被害確認前後の地域の社会経済状況を検討する。この地を流れる河川の流域が水銀によって汚染されていることが発覚するのは1969年の末のことであるが，それ以降の約半世紀に渡って，その影響は地域コミュニティーの自律の脅威となり続けていた。この被害の構造を明らかにしながら，社会復興に向けた社会的費用論および被害構造論の問題点を検討しようとするものである。

2　アニシナベ先住民の被害

　アニシナベ先住民の社会経済状況の変化を大まかにまとめると以下の３つの変化があると思われる。それぞれの変化のほとんどはその開始や変化の終了時期を確定できない。アニシナベたちへの社会経済的変化は，常にカナダ連邦政府をはじめとする外部からの介入に起因するものといって良い。社会経済的変化は，こうした外力に対する地域社会の適応やそれに対する伝統的価値観からの反発を常に引き起こしながら，時間をかけて生じたものであるからである。

図4－1　イングリッシュ＝ワビグーン水系[4]

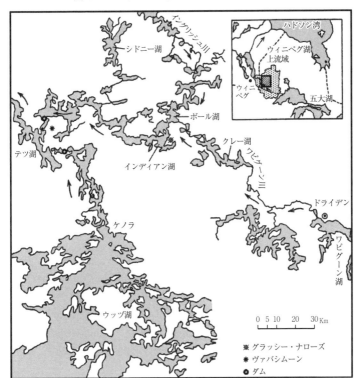

（1）西洋白人との接触

①　アニシナベの伝統的生活

　アニシナベたちは，アメリカ合衆国北部からカナダのオンタリオ州から西部の内陸部に広く居住する先住民族で，湖，川，森林とともに生活を営んできた。本論が対象とする2つの保留地に住むアニシナベたちは，広大なハドソン湾水系の上流部のイングリッシュ川とワビグーン川と豊かな森林からの恵みによって自給自足の生活を続けてきた。

図4−2　グラッシー・ナローズの狩猟網を示した地図[5]

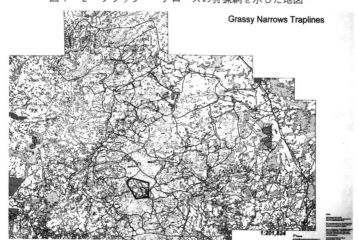

　人々はムース，シカ，ビーバー，マスクラット，様々な鳥を狩った。彼らはカワカマス，マス，ホワイトフィッシュを釣り，ブルーベリー，ラズベリー，イチゴ，ワイルドライスを採集した。また，カブ，タマネギ，ジャガイモ，カボチャ，トウモロコシを自分たちの夏用の畑で育てた。新鮮なまま食べたり，半ダースほどの自然の方法で保存食としたりしていた[6]。

アニシナベたちは，今日の保留地のように近距離に集まって過ごすことはほとんどなく，一年のほとんどの期間を家族単位で狩猟ルート（図4−2参照）を移動しながら生活していた。しばらく訪れていないキャンプ地やルートは，行動するためには道を新たに切り開かなければならない場合もあるが，彼らはそうすることで自然の意図やユーモアを感じ取ることができるのだという。また，旧保留地では人々は死者を地中に埋めたが，祖先の霊は川や木の霊など自然のあらゆるものと結びついて，自然界を個性で満たすと考えていた。人々がこうした超越的な力のすべてと調和するために，場所の雰囲気を理解し，その力に相談しなければならなかった[7]。

② 貨幣経済の侵入

こうした生活に最初の変化が起こるのは，この地に遠くヨーロッパから毛皮貿易商がやってきたことに始まる。18世紀初頭のこの出会いによって，アニシナベたちに貨幣経済が持ち込まれた。19世紀にはいってからノースウェスト・アンド・ハドソンベイ・カンパニーが，彼らの土地に進出してからは，彼らは狩猟者，漁師，ガイドとして対価を得ることによって，持ち込まれた新たな経済社会に適応した[8]。

彼らの生活基盤はそれ以前のものと変わらなかったが，1867年にカナダが成立すると，ウィニペグ湖の上流地域のアニシナベたちはTreaty No.3と呼ばれる条約に署名した（1873年）。この条約は，保留地における教育，保留地外での狩猟および漁業権，そして一時金と引き換えに55,000mile^2（約14万㎢）の土地を譲渡するというものであった[9]。この条約の内容は，口承で伝わっているものとは異なっており，今日の先住民の権利回復運動の主要な論点となっている[10]。

これに加え，大陸横断鉄道がこの地域にまで延伸し，人と物の移動が増加した一つの結果として，1919年にこの地方でインフルエンザが流行し，75％のアニシナベが死亡することもあったが，20世紀中盤頃まで彼らの社会経済的自律は維持された[11]。

買い物をするための食料品リストには，小麦粉，ラード，ベーキングパウダー，塩，砂糖，紅茶，レーズンなどが含まれていたが，それ以外については森が十分な食料源であった[12]。

（2）リロケーション

① 産業育成の代償として

1920年代の大陸横断鉄道の開通により，その後の主力産業となる林業，パルプ産業，鉱業がこの地にやって来ることになった。それに伴って，カナダ連邦政府はこれらの産業が必要とする電力を生

み出すための水力発電用ダムの建設に着手した。これらのダムは，1958年にイングリッシュ川およびマニトバ川に完成した（図4－1）。グラッシー・ナローズの旧保留地と，現在のヴァバシムーンの地に移住することになる3つの保留地がダム建設に伴う増水の影響を受けた。アニシナベたちの住む地域は，広大なハドソン湾水系に位置しており，最終氷期に形成されたローレンタイド氷床が約1万年前に後退することによって形成された。そのため流域内の起伏は非常に緩やかとなっており，ダムによる水位の上昇は，広範囲の土地を水面下に没する帰結をもたらすこととなった。アニシナベたちのかつての保留地は，ダムによる水位上昇の影響を受け，移転を余儀なくされることとなったのである。

　このダム建設に伴うカナダ連邦政府の移住政策による社会的・経済的な影響を，首長在任時に調査した故サイモン・フォビスターは，以下のように回想している。

　　移住政策の実行は，先住民のコミュニティーと話しあいもせずにやってはいけない。コミュニティーを，移住に適していない環境のわるいところに移住させたのは，あのインディアン省です。われわれのコミュニティーは最初に住んでいた居住地よりも土壌が悪いところに移住させられました。内陸部へうつり住んでただひとつよかったことは，材木を運ぶための道にちかくなってケノラ市まで交通の便がよくなったということだけです。移住はハドソン湾会社にとっては，好都合でした。彼らは道路のちかくに本拠地をうつして利益をえやすいようにしました。移住したあと，わたしたちは外の世界との接触をするようになり，また外の世界もこちらと接触するようになりました[13]。

また，こうした証言もある。

　　［我々は］人々が住みにくい地域があると信じていた。すべてのものに霊が宿り，すべての生命は大いなる霊から来る。動物も，木も，川も，石も，人間と同じように生命を持っている。［中略］

そのため，他よりも住みやすい場所があるのです。生命力の強い場所，人と自然が精神的に交わる場所。引っ越しのことになると，私たちの長老たちは新しい保留地の土地について知る方法を持っていた。彼らは，新しい保留地は悪い場所だと言いました。土地があまりにも痩せているので何も育てられず，道路に近すぎて，狩りは上手くいかないだろうと言った。新しい保留地は生命を維持できないと言い，人々に移住しないように注意しようとした。でも選択の余地はなかった[14]。

② 狩猟権の変化

保留地の移転には，カナダ連邦インディアン局の定住型農業の導入という別の目論見もあった。しかし，長老たちが予測したように，定住型農業はおろか夏の期間だけ行なわれていた季節限定の畑も，新たな保留地では行なわれなかった。

移転してからも狩猟活動が行なわれていたが，以前のように家族単位で狩猟網を移動しての狩りは行なわれなくなった。その理由の一つに学校の存在がある。1920年代から60年代にかけて，子どもたちを強制的に親元から離れたレジデンシャル・スクールと呼ばれる寄宿学校に連れていき，カソリック神父による教育を受けさせた。そこでは，アニシナベ語を話すことは禁じられた。文字を持たないアニシナベたちへの文化的破壊力は計り知れない[15]。レジデンシャル・スクールへ子どもたちを送ることを辞めさせる代わりに，新たな保留地では学校が建設されたが，子どもたちの通学のため家族は保留地に留まらなくてはならなかった。したがって，保留地からあまり遠くに狩猟に出かけられないので，保留地周辺の獲物はすぐにいなくなってしまった。

カナダ当局はおそらく，人々をその圧縮された空間に引き込みたいと思う理由をいくつか持っていただろうが，そのうちの1つは，明らかに，彼らを固定して静止させることだった。1885年

に布教所の設立について書いていたある先住民省の役人は，「先住民は徐々に，そして永続的に市民社会の規模にまで発展するだろう」そして 「彼の移民習慣と放浪への愛着が癒され，興味深い仲間が堕落から救われることを望んでいた。」[16]

現在に至るまでのカナダ連邦政府のアニシナベたちに向けられた様々な政策には，このようなパターナリスティックな思惑が透けて見える。

この間の変化として，それまでの罠猟を中心とした鳥獣の狩猟は大幅に減少し，畑作も行なわれなくなった。また，1950年代にブルーベリーやワイルド・ライスなどの採集品が市場で取引されるようになると，オンタリオ州政府は採集品目に免許制を導入し，この免許をアニシナベ以外にも発行するようになった[17]。狩猟免許は，疾病や家庭の事情で活動を休止すると更新することができず，再取得が困難であることから，徐々に免許を失うアニシナベが増加した。Treaty No.3 に基づく権利が侵害されたと彼らは考えている[18]。

他方で，1940年代以降この地域に観光ロッジが相次いで建設され，アニシナベたちは，彼らの卓越した狩猟技術によってフィッシング・ガイドとして雇われた。彼らの多くは家族とともに住み込みで働いた。グラッシー・ナローズの近くでロッジを経営し，後にアニシナベたちの窮状をカナダ社会や日本に発信することになるラム夫妻は，毎年総額で30万ドルをガイドたちの給料として支払っていたという[19]。ガイドやロッジでの雇用に加え，商業漁業は，アニシナベたちの現金収入の柱となっていった。カナダ連邦政府が目論んだ生活様式とは異なるものの，アニシナベたちは，自給自足の生活から定住消費型の社会経済に徐々に移行することとなった。

（3）水俣病

①　水銀汚染の発見

1960年代末までのアニシナベたちの社会経済状況の変化の一方

で，伝統的生活からあまり変化していないものとして魚食文化がある。漁村集落に住む人々によくあるように，彼らは毎日のように魚を食べていた。一日700gの魚を食べる者も珍しくはなかったとされる[20]。

しかし，魚も安泰ではなかった。1969年にイングリッシュ＝ワビグーン水系の河川が水銀に汚染されており，水俣病の原因とされるメチル水銀が魚に多量に含まれていることが判明した。水銀を排出したのは，両保留地の上流のワビグーン川沿岸に位置するリード・インターナショナルの関連会社であったドライデン製紙社であった。当時同社をはじめとするカナダ国内の製紙工場では，紙の漂白剤用の塩素の製造過程において水銀が，また木材加工の過程で殺菌剤として酢酸フェニル水銀が広く用いられていた。カナダ連邦政府は直ちに漁獲された魚を検査し，基準値を超える魚の流通を止め，以後3年間の漁業を禁止した[21]。また，観光ロッジはキャッチ・アンド・リリースを行なうスポーツ・フィッシングであるとの理由から営業を認めたが，観光ロッジへの影響は免れなかった。

この水銀汚染の影響により，アニシナベたちの雇用のほとんどが失われ，現金収入は途絶した。この補償の基準となった問題発覚以前の5年間の平均所得に関するデータを見ると，グラッシー・ナローズの平均が$10,785，ヴァバシムーンの平均が$16,528となっている[22]。また，具体的な数字は得られていないが，水銀問題前後で失業に伴う生活保護受給者が80倍に急増したとの報告がある[23]。

② 公害による健康被害の補償

カナダ連邦政府は河川の水銀汚染を認識するのとほぼ同時に，そこに住む魚や野生動物を主食とする先住民社会への影響を認識していた[24]。また，定住型の経済社会を推進してきたにも関わらず，初期の対策においては魚を食べないように指導を行なうのみで，その魚を食べざるを得ない文化的，社会的，経済的な理由に目を向け

ようとはしなかった。その後，1975年頃の連邦政府の対策では，以前の指導プログラムに加えて代替食品の提供と産業の転換支援が盛り込まれたが，成功していない[25]。この食品代替プログラムは，レジデンシャル・スクールで彼らの言語文化を消し去ろうとしたように，彼らの食文化への同化政策としての役割を果たすものだった。そのためこのプログラムに対するアニシナベたちの反発には激しいものがあった[26]。

　その後の粘り強い運動の末，アニシナベたちの健康被害リスクが認められた。1986年に一括補償金として1,600万ドルが支払われ，この中から200万ドルを拠出して健康被害者の補償のための基金が設けられた。しかし，水銀を排出したリード製紙は，法律に基づいて操業していたとして加害責任を認めていない[27]。

3　公害被害からの地域社会の再生の方向性について

　これまで公害被害に至るアニシナベの社会経済的な被害の構造をみてきた。若干のデータで補足すると，人口は1975年の飯島調査で517人という数字が挙げられているが，最近の2回の世論調査では，635人（2006年調査）と640人（2016年）となっており，近年は人口に変化があまりない。オンタリオ州の他の先住民地域の平均はこの2つの調査で10%程度の伸びを示している。就学状況は，64%が学歴なしとなっており，学士取得者が4.5%（2006年は0%）である。学士取得率は26%が平均である。就業状況においても他の地域との違いが鮮明であり，労働力率は45.6%，雇用率36.7%，失業率22.0%となっており，平均のそれぞれ7割，6割，そして3倍となっている。これに伴い所得状況は，$16,410（社会保障費込で$22,277）となっており平均の$47,915（社会保障費込で$47,369）の3分の1程度の水準となっている。驚くべきことに，1960年代後半の所得と同水

準である[28]。

　こうした状況は，公害が確認された70年代以来ほとんど変化しておらず，主な仕事は政府関係の仕事，教師，役場の職員，福祉の仕事，バンド関係の事業に関わる仕事となっている[29]。これはグラッシー・ナローズもヴァバシムーンもあまり変わらない。歴代首長は，いかにして仕事を増やすかということに頭を悩ませ続けてきた[30]。こうした状況を踏まえて，公害被害からの地域社会の再生をどのように検討するべきであろうか。金銭的な賠償・補償では不十分なことは言うまでもないが，行政的な被害の修復・緩和に要する適切な対策が必要である。

　アニシナベの長老たちは，カナダ連邦政府やオンタリオ州政府当局に事態打開のため粘り強く働きかけてきた。近年，いくつかの局面において，彼らの主張が受け入れられ始めている。

（1）加害責任の認定

　1986年から始まった被害者救済制度により，公害による健康被害を認定する「水銀障害委員会」が設置された。しかし，日本における水俣病患者認定問題と同様の問題がカナダにおいても見られた。このため，日本の水俣病患者を診察してきた医師たちが，現地を何度も訪れ臨床調査を行なっている。2014年の調査においても，大多数の住民に健康被害がみられるという結果は，現地メディアにおいても大きく報道された[31]。

　認定基準の改善は，地域全体の被害を認めさせるという意味において重要である。筆者は，2016年にカナダ連邦政府，オンタリオ州政府，両地域の代表者からなる「水銀障害委員会改革委員会」に出席し，情報提供を行なった。様々なレベルで改革に向けた交渉が続けられている。

　また，健康被害をきちんとケアする体制の要求に対して，近年病院の設立に向けた動きが開始された[32]。

（2）河川浄化プロジェクト

　ドライデン製紙から水銀の排出が停止したのは1975年頃と言われているが，それから半世紀近くを経ても，水系は汚染されたままである。オンタリオ州のフィッシング・ガイドにおいても地域別に摂取可能な魚の種類やサイズなどが細かく記載されている。

　近年，汚染されたイングリッシュ＝ワビグーン水系の環境浄化プロジェクトに州政府が動き出した。2013年に熊本市及び水俣市で採択された「水銀に関する水俣条約」に対して，2017年4月にカナダ連邦政府が批准した。このことと無縁では無いかもしれないが，同年6月，オンタリオ州政府が，10年間の総額で8,500万ドルを基金として，河川浄化に拠出することを決定した[33]。現在は，パイロット・プログラムが進行中であり，浄化のための技術的な検証をおこなっている。

　また，本論では詳細を言及しないが，アニシナベ保留地周辺での営林業社による森林の皆伐と，その後の遺伝子組み換えと思われる単作的な植林により，森の生態系が破壊されていることが長年批判され，抗議運動が展開されてきた。近年，グラッシー・ナローズは，彼らに森の主権があり，その森の伐採を禁止する旨の声明を出している[34]。

　河川の浄化による，商業漁業の再開の期待に留まらず，森を元の姿に戻し，かつての生活様式の回復に向けた行動である[35]。

4　おわりに　現代における伝統的生活へ向けて

　復興やもやい直しと呼ばれるものが，往々にして戻る場所がないところで議論されている一方で，アニシナベたちには復興に向けたイメージが存在するところに大きな差異がある。

　保留地やその周辺地域というアニシナベたちの伝統的地域をベースに，地域の社会経済を復興するためには，かつての自給持続的社

会経済状況を再開するしか道はない。加えて，汚染された水系の浄
化により，商業漁業を再開し，少なくとも1970年水準にまで雇用
や所得を回復させることで，自給自足による生活を基盤にした豊か
な社会経済状況を復興できるものと思われる。

　カナダ水俣病の解決の方向性は，アニシナベたちの伝統的な生活
の回復無くしては決して実現しない。それは，公害などの被害が加
害の構造において生じているからである。その加害の側から救済が
なされていたとしても，それが加害をさらに深めるという構図があ
る。汚染魚に対する食品代替プログラムはその典型である。

　つまるところ，環境破壊の解決はその環境破壊の完全復興無くし
ては，決して実現できないということを示している。

謝　辞

　本論は，科学研究費助成金「先住民族とカナダ水俣病の環境正義
をめぐる環境史」（課題番号25870912）および，「アニシナベ先住民の
食の同化政策をめぐる生活環境史」（課題番号20K02121）による研究
成果の一部である。

【注】

1 ）除本（2017）pp.4-6
2 ）除本（2017）p.6
3 ）飯島（2006）p.196
4 ）原田・赤木・藤野（1976）p.6を元に加筆・修正を加えた。アニシナベの
　伝統的な生活地域の大半は，ハドソン湾水系に存在するウィニペグ湖のさ
　らに上流域に位置する。図内の矢印は河川の水の流れを示している。
5 ）図内の枠線で囲まれた部分が保留地を示している。2014年の現地調査に
　て猟師会館に掲示されていた地図を著者撮影。
6 ）Erikson（1994）p.51
7 ）Erikson（1994）p.54
8 ）Erikson and Vecsey（1980）pp.152-3

9 ）Vecsey (1987) p.289

10）Orui (2009)

11）Erikson and Vecsey (1980) p.153

12）Erikson（1994）p.52

13）まくどなるど・磯貝（2004）p.326-7

14）Erikson（1994）p.54

15）Orui (2009)

16）Shkilnyk (1985) p.110

17）Vecsey (1987) p.290

18）Orui (2009)

19）まくどなるど・磯貝（2004）p.236

20）Shephard (1976) p.470

21）水産森林相ジャック・ディヴィスの連邦議会答弁。連邦議会議事録，1970年10月15日，第28期議会第3セッション，163頁。

22）宮本（1976）p.3

23）飯島（1976）p.34

24）森下（2017）pp.187-8

25）森下（2017）p.192

26）森下（2017）p.193

27）まくどなるど・磯貝（2004）p.146

28）グラッシー・ナローズおよびヴァバシムーンの両保留地の社会経済状況について，以下のカナダ連邦政府のウェブサイトから取得した。Statistics on Indigenous peoples, https://www.statcan.gc.ca/eng/subjects-start/indigenous_peoples, last retrieved on 5 June 2020.

29）まくどなるど・磯貝（2004）p.116

30）元首長ビル・フォビスター，2014年9月の現地調査でのインタビュー調査。

31）Hanada, Masanori, et al. (2016)

32）free Grassy Narrows, "Grassy Narrows Wins Historic Mercury Home Contract: Press Release," on 3 April 2020

33）Canadian Broadcasting Corporation, "Ontario Announces $85M to Clean up Mercury near Grassy Narrows, Wabaseemoong First Nation," on 28 June 2017

34）The Star, "Declaring Sovereignty over Land, Grassy Narrows First Nation Leaders Ban Clear-Cut Logging," on 10 October 2018

35）シンポジウム「カナダ・オジブエ先住民：水銀被害の歴史と現在：カナダの水俣病」記録（未公開資料）における，サイモン・フォビスターの発言，和光大学ポプリホール鶴川，2017 年 2 月 22 日。

【参考文献】

［ 1 ］飯島伸子（1976）：「生活と水銀汚染による破壊：カナダ・インディアン集落予備調査報告」，『公害研究』，第 5 巻第 3 号，pp.27-36.

［ 2 ］飯島伸子（2006）：「職業に関する損失および被害の総体」，飯島伸子・舩橋晴敏編著：『新版 新潟水俣病問題：加害と被害の社会学』，東信堂.

［ 3 ］原田正純・赤木健利・藤野糺（1976）：「疫学的・臨床学的調査」，『公害研究』，第 5 巻第 3 号，pp.5-18.

［ 4 ］まくどなるど，あん・磯貝浩（2004）：『カナダの元祖・森人たち(オジブワ・ファースト・ネーションズ)：グラシイ・ナロウズとホワイトドッグの先住民』，清水弘文堂書房.

［ 5 ］宮本憲一（1976）：「なにが問われているか」，『公害研究』，第 5 巻第 3 号，pp.1-4.

［ 6 ］森下直紀（2017）：「千の湖に生きるひとびと：水をめぐるオジブエたちの半世紀」，渡辺公三・石田智恵・冨田敬大編著：『異貌の同時代：人類・学・の外へ』，以文社，pp.171-207.

［ 7 ］除本理史（2017）：「福島原発事故における被害の包括的把握と補償問題：社会的費用論の視角から」，『一橋経済学』，第 11 巻第 1 号，pp.3-14.

［ 8 ］Erikson, Kai (1994)：*A New Species of Trouble: Explorations in Disaster, Trauma, and Community*, W.W. Norton & Company.

［ 9 ］Erikson, Kai T. and Vecsey, Christopher (1980)："A Report to the People of Grassy Narrows", Vecsey, Christopher and Venables, Robert W. (eds.), *American Indian Environments: Ecological Issues in Native American History*, New York: Syracuse University Press.

［10］Hanada, Masanori, et al. (2016)："2014 Report on Research Results for Minamata Disease in First Nations Groups in Canada (Preliminary Report)", 『水俣学研究』第 7 号，pp.19-34.

[11] Orui, Tadashi (2009)：*The Scars of Mercury*, Winnipeg: Sou International Ltd.

[12] Shephard, David A.E. (1976)："Methyl Mercury Poisoning in Canada", *CMA Journal*, No. 114, pp.463-72.

[13] Shkilnyk, Anastasia M. (1985)：*A Poison Stronger than Love: The Destruction of an Ojibwa Community*, New Haven: Yale University Press.

[14] Vecsey, Christopher (1987)："Grassy Narrows Reserve: Mercury Pollution, Social Disruption, and Natural Resources: A Question of Autonomy", *American Indian Quarterly*, Vol. 11, No. 4, pp.287-314.

第**5**章

英国におけるホームケアサービスの展開

樋口弘夫

1　はじめに

　先進諸国において，高齢者に対する社会サービスの提供は共通する課題である。これまで公的サービスに依存していた一定数の高齢者が「自立」した生活を「回復」し，それを維持するようになるなら，施設ケアや入院といった費用のかかるサービスを回避ないしその利用を先延ばしすることが可能になる，こうしたアイデアからホームケアサービスの見直しがなされてきた。

　本稿では，英国を中心にこうしたホームケアサービスの見直しの潮流を概観し，医療情報に定評のある英国のコクラン（Cochrane）により実施されたレビューを中心に，その問題点を検討する。

2　ホームケアサービスの展開

（1）英国における新たな社会的ケアサービスの導入

　1990年代，英国における高齢者の社会サービスは，「自分の能力のすべてを活用している人びとが必要とする支援」を提供するというより「自立している人びとのために」サービスを提供しているとして，保健省からの批判にさらされていた[1]。同時に，高齢者によ

るパーソナルケアサービス（Personal Care Service）への需要は増加しつつあり，これが社会的ケア政策への主要な課題のひとつとされた[2]。

　すでに解決策として挙げられた，急性期病院における高齢者に対するリハビリテーションの提供，および，ヘルスケアを病院から自宅に近接するコミュニティへとシフトする施策，この双方が一向に前進していないことが明らかとなり，社会的ケア政策の見直しは喫緊の課題であった。

　2003年，公的支出による高齢者の社会的ケアサービスが，公的部門の効率化に関する中心的テーマとなっていた。この見直しにより「ホームケア・リエイブルメント」（Homecare re-ablement）（以下，リエイブルメントと略記）が英国政府により選択され，定められた効率のターゲットを達成するための介入策として地方政府により実施されることになったのである[3]。

　2007年，保健省は，高齢者のケアサービスを実施する地方当局からの資料から明らかになった知見を共有することを狙った報告書を発表した。このなかで，リエイブルメントは「身体的ないし精神的に不健康な人びとにたいし，日常生活に必要なスキルを身につける，または，学び直すことにより，自らを自らの不健康に適応できるよう援助するサービス」と定義され，リハビリテーションと区分された。リハビリテーションとは「身体的ないし精神的に不健康な人びとにたいし，かれらが快方に向かうよう援助するサービス」と明記された[4]。さらにリエイブルメントは「（高齢者が）自立を取り戻す（または維持できる）ために，日常生活を構成する諸活動を回復できるよう人びとを支援する比較的あたらしいアプローチ」と述べられた[5]。

　リエイブルメントの目標は，ホームケアサービスを利用する人びとに自立して生活することを促し，入院や長期の施設ケアへの需要を減少させ，同時に，ホームケアという特定の高齢者の社会的ケア

の利用者により大きな選択と抑制をもたらすことであった。リエイブルメントとは，事後的に対応するホームケアから，早期の介入とリエイブルメントへの積極的な参加による予防的かつ積極的なサービス提供というモデルへのシフトと考えられたのである。

（2）リエイブルメントの内容

　保健省が，リエイブルメントに関する報告書をまとめた2007年頃，英国において，伝統的なホームケアは，高齢者に「してあげること」を重視する傾向が強く，高齢者に自らできることを可能にさせるというより，むしろ周囲への依存を増やし，身体機能を低下させるとみなされ，さらに，ホームケアを無限に続けさせると非難されるようになった[6]。伝統的なホームケアは，リエイブルメントにより代替されるべきとの意思が徐々に浸透してきたと考えられる。

　英国でリエイブルメントに関する大規模調査（2010）を実施したグレンディニング（Glendinning C.）は，その内容を次のようにかなり具体的にまとめている。「リエイブルメントはパーソナルケアを提供する。日常生活の活動とその他の日常の実務に関する短期間の支援により，利用者に自信とこうした日常生活の活動を自分自身で遂行できる実務能力を身につけられるようにするのである。」[7] 従来の社会サービスのように，高齢者にたいして食事の配達サービス（meals-on-wheels service）を提供するのではなく，高齢者に昼食を自力で用意できるスキルを身につけさせ，自信を回復させることができるだけでなく，支援技術と肉体的運動の利用を促せると主張されたのだった。

　従来のホームケアサービスでは，たとえば，食事の準備などはすべてケアワーカーが引き受けたが，リエイブルメントサービスでは，高齢者自身が自ら調理できるように支援することが求められた。それゆえ，リエイブルメントプログラムは高齢者のADL（Activities of Daily Living）の能力を最適化するよう設計されており，行動の変

化，自己管理と健康な加齢に関する教育，環境調整，器具の用意と地域資源の利用を支援するための運動と訓練などが含まれた。このため，高齢者を中心に，自立の回復に向けた日常の活動に関する目標を設定して，所定の期間内に，高齢者が一定の日常活動を再度身につけられるように，作業療法士（OT: Occupational Therapist），理学療法士（PT: Physical Therapist），そして看護師が必要に応じて積極的に参加することとされた[8]。

　これとは異なる視点から，デンマーク社会研究センター（SFI）によるヨーロッパの9カ国（英国，オーストリア，デンマーク，フィンランド，ドイツ，アイルランド，イタリア，ノルウェー，そして，スウェーデン）におけるホームケアの改革に関する調査を主導したロスガード（Rostgaard T.）は，その報告書のなかで，自身の議論を展開した。英国を含む国々でホームケアサービスに関する改革が進められたが，そこに共通したのは，一連の市場と消費者関連の仕組を導入したことであったとして，まずは，ホームケアの供給に係わる市場指向の導入を指摘した。それゆえ，高齢者にたいする長期ケアの費用が「2050年には2倍ないし3倍になるという推測」にたいして，各国の政府政策は，高齢者の健康および社会的ケアのニーズに応えられより効果的かつ財政的にも維持可能なアプローチとして「施設ケアから在宅ケアへのシフト」を積極的に推進したのである[9]。こうした政策の背景には，高齢者の多くが自宅での暮らしを希望しているという事実があり，さらに，将来における，より多くの選択，より個人的なサービスとより質の高いホームケア支援を求める高齢の消費者が控えている，という議論がなされた[10]。しかしながら，加齢により変化する高齢者のニーズに応えるために十分な支援を得られるなら，という条件づきであることはいうまでもないし，これにはかなりの費用が必要となることも忘れてはならないのである。

　各国ともにこうした将来の推測に応えるために，医療と社会サービスの提供に関する見直しを求められたが，英国では保健省が医療

と社会サービスの統合に関するヴィジョンを明らかにして，個人の
ニーズに即した予防的なサービスに力点が置かれるようになり，よ
り費用のかかるケアを回避する，ないし，それらを引き延ばすよう
な措置がとられた。つまり，個人のQOL（quality of life）を改善す
ること，それもコミュニティの力によってである[11]。施設への入
所はできる限り先延ばしにして，自宅での生活を維持できるように
するが，同時に，自宅においても高齢者は従来のようにホームケア
サービスに依存するのではなく，できるだけ自立した生活を維持で
きるような新たなサービスが求められる，これもまたリエイブルメ
ントの別の側面なのである。

　2016年までの10年間を通じて，英国政府はリエイブルメントと
関連する介入策に5億ポンド以上を投じた[12]。後段でとりあげる
レッグ（Legg L.）は，リエイブルメントに対する自らの系統的レビ
ューの導入部で「これだけの巨額な資金が投じられたのであるなら，
その有効性を支持する強力なエビデンスがあると誰もが考えるだろ
うに」と皮肉交じりに述べている[13]。

（3）"Successful Aging" パラダイムと高齢者の可能性

　リエイブルメントが促される背景には，"Successful Aging" と
いう考え方が見え隠れする。高齢期にあっても積極的であり続け，
自立を継続することが可能であるという考え方は，英国にとどまら
ず，西洋の福祉国家に共通する。自立を失うなら，西洋社会の「個
人」あるいは，大事な「個人主義」が崩壊してしまう。この
"Successful Aging" の考え方には，高齢者のポテンシャルを動員
することへの強い政治的な関心が加わったという指摘もある[14]。
ヨーロッパ委員会は，2012年の『活動的な高齢化と世代間の連帯
に関するEUの貢献』のなかで次のように述べた。「人口の変動は
高齢者グループのポテンシャルに注目する積極的アプローチを通
じ，上首尾に取り組むことが可能である。」[15] 国際保健機構

（WHO）は，高齢化に関する政策文書において，高齢化についての
こうした理想が，「人びとに，人生を通じての身体的，社会的ない
し精神的安寧と社会に参加するポテンシャルを気づかせる」と称揚
したのである[16]。

　高齢者のポテンシャルを強調する考え方は，"Successful Aging"
の理念と結びついて，高齢者に向けられる期待をさらに拡張してい
く。つまり，高齢者は，活動的に自立し続けるために自らのケイパ
ビリティを用いるよう期待されるだけでなく，年齢や病状にかかわ
らず，失ったケイパビリティを回復するために，リエイブルメント
等の介入策に積極的に参加することを求められるようになる。

　これに対して，ロスガードは，政策策定者と専門家の間に存する
リエイブルメントに関するある種の楽観主義の存在を指摘して，
「（Successful Agingに関する）定義と概念が曖昧であるにもかかわら
ず，今や高齢化に共通する政治的ディスコースとなり，高齢者社会
にたいする政策的対応としてとりわけ国際機関，WHO，OECD加
盟諸国そして米国（ロスガードは，あえて米国をここに加えている）に
より用いられてきた」と問題視した[17]。

　また，2014年，英国の国立保健医療研究所の肝いりによるリエ
イブルメントの調査を主導したアスピナル（Aspinal F.）も，次のよ
うにこの問題をめぐる狂騒に対して釘を刺した。「未だ証拠が明ら
かになっていないのに，リエイブルメントは全く『正しいこと』の
ように考えられている。さらに，高齢者に最適な自立を回復させよ
うとしないことは，かれらにとり悪いことであり，社会の希少資源
の無駄遣いをしているとまで言われてしまう。」[18]

3　コクランによるレビュー

（1）コクラン（Cochrane）とコクランレビュー
　1992年に設立されたコクランは，現在世界50か国・地域に支部

をもち，130か国・地域を超える37,000人の人々が協力し，医療や
健康に関して，信頼できる情報を集めてまとめWeb上で公開して
いる国際的な医療者，研究者，市民の集まりであり，グローバルネ
ットワーク（www.cochrane.org）を形成している。

　コクランの概要は，以下の英国のガーディアン誌（The Guardian）
の記事に集約されている。

　「グローバルな非営利グループであるコクランが，ヘルスケアの
介入に関するすべてのエビデンスをレビューし，得られた知見を要
約することで，皆さん，皆さんの主治医，医療ガイドライン作成者
が，難しい意思決定をするときに，個々の研究論文を読むことから
始めなくても，偏りのない情報を利用できるようにする。」ガーディ
アン誌（14 Sep 2016）

　エビデンスに基づく医療（evidence-based medicine）において，医
療関係者，患者，政策策定者は，臨床研究の結果であるエビデンス
を，データベースから検索する。その際，医療の効果を評価するた
めに最も優れ，エビデンスの強い研究デザインが，ランダム化比較
試験（RCT）である。

　ある課題に関するRCTの研究論文を可能な限り集めて，それら
を統合し，エビデンスとしてまとめて報告するのが「系統的レビュ
ー」（systematic review）である。

　つまり，系統的レビューとは，ある課題に関連する研究を蓄積し
た文献データベースを基に検索を行い，その文献の情報の質，つま
り，その研究の質を系統的に評価し，一定の情報の質をもつものだ
けを残し，個々の研究結果を可能な範囲で統計学的に統合したもの，
ということになる。「コクランは，メタ解析という統計的解析手法
を系統的レビューに応用し，系統的レビュー作成のための手法を標
準化し，この標準化手順にのっとったものを『コクランレビュー』
というようになった。」[19)] これらを公開したデータベースが「コク
ラン・ライブラリ」である。

　なお，「系統的レビュー」を作成するためのハンドブックが，コクランHPに公開されている[20]。

　本稿が取り上げるレビューでは，コクランがリエイブルメントをとりあげた理由が以下のように明らかにされた。

　個人のニーズに応じた人間中心のケアと身体機能の保全といった政策目標が，各国で表明され展開されてきたが，いずれも，医療と社会的ケア制度に集中する圧力を低下することを視野に入れていた。つまり，今後予想される高齢化の進行による財政負担の増加を前にして，「財政的にも維持可能なアプローチ」が求められたのである。しかしながら，本レビューの著者によるなら「こうした変化にもかかわらず，異なる地理的，社会経済的なコンテキストをまたいだケア提供のモデルの有効性と費用対効果については，ほとんど知られていない」[21]。すなわち，リエイブルメントという新たなモデルが，とくにその費用対効果を明らかにした調査はこれまで存在するのか，そもそも，各国で実施されている「異なる地理的，社会経済的コンテキスト」を背景にした新たなモデルは，明確に定義されているのだろうか，といった問題提起である。

　アスピナルからも，「リエイブルメントに関する根拠は不足している。リエイブルメントの効果に関する知識のギャップ，とりわけ個人的な健康の成果に関するギャップを低下させるためにより多くの調査がもとめられる。また，すべての成果に関するより質の高い調査が必要である。すでにいくつかの調査が進行中であり，近々公表されるリエイブルメントに関するコクランレビュー・・・」として，「コクランレビュー」への期待が表明された[22]。以下では，アスピナルにならい，コクラン（Cochrane A.）らによるレビューを，コクランレビューと記述する。

（2）コクランレビューの結果

　本レビューのフローは以下のようであった。

　2015 年，4 月から 7 月の間のデータベースを検索，11,507 の抄録が得られた。ここに含まれた文献とこれまでのレビューのなかの参照リストについて人手で検索を行い，809 の参照文献が得られた。3,464 の重複をはじいた後，題名と抄録によるスクリーニングを行い，研究疑問に対応する絞り込み作業を行い，33 文献が選ばれた。これらの論文について全文を評価し，場合によっては研究著者に接触したのち，コクランの適格性基準に合致するものとして，2 文献が採用された。

　11,507 もの文献のなかで，コクランの基準を満たしたものがわずか 2 本であったことに驚かされる。

　① 排除された研究

　題目と抄録をスクリーニングした結果から得られた 33 の研究のなかで，進行中の 3 件を除いたうえで，28 件が排除された。排除された理由ごとに以下のようになる。「個人ないしクラスターレベルでランダム化がなされなかった」もの 10 件。「介入の期間とその強度（またはその双方）が基準を満たさなかった」もの（期間が 6 ヶ月を過ぎる，または，自宅訪問の回数が少ないなど）7 件。「介入が自宅だけに限定されなかった」もの 4 件。「介入がソーシャル・ケアというより医療的なものであった」もの 5 件。「主要転帰（Primary outcome）を測定しなかった」もの 1 件。さらに，「対照群が，（通常のサービスではなく）代替的介入を受けた」もの 1 件。また，「不適格な研究にもとづく費用データを含む経済的研究」も排除された。

　② 採用された研究のバイアスのリスク

　二つの研究の特徴は RCT を含むことである。オーストラリア西部パースでの研究（Lewin 2013）[23] と，ノルウェーの地方における研究（Tuntland 2015）[24] である。以下では，コクランレビューにならい，各々を Lwein 2013，Tuntland 2015 と記述する。

　採用された2つの調査について，Cochrane Handbookに示されたガイドラインに従い，バイアスのリスクが測定された。具体的には，以下の7つのリスクに係わり，各々の研究について評価がなされた。

　　1．ランダム割付け順番の生成（選択バイアス）
　　2．割付けの盲検化（選択バイアス）
　　3．研究参加者とケア提供者の盲検化（施行バイアス）
　　4．アウトカム評価者の盲検化（検出バイアス）
　　5．不完全なアウトカムデータ（症例減少バイアス）
　　6．選択されたアウトカムの報告（報告バイアス）
　　7．その他のバイアス

この結果，Lewin2013について「すべてのバイアスのリスクが高い」と厳しい評価がくだされた。特定の参加者（たとえば，独り暮らしの人びと）が有利になるような仮説に基づいて，「少数の」オペレータが意図的に割付けを操作した可能性があり，参加者が調査途中に減少したため，実施されたデータ収集の手続きも適切ではなかったからである。これにたいして，Tuntland2015については，施行バイアスと検出バイアス，またその他のバイアスについてのみ問題があるものの，ほぼ適切であるとみなされた[25]。

　さらに，こうした介入の性質上，調査参加者とケア提供者を介入グループと対照グループに割り付ける過程のブラインディングは困難であったため，「いずれの研究も参加者個人について適切にブラインディングできていない」だけでなく，成果査定者のブラインディングも完全に成功したとはいえなかった，と指摘した[26]。

　コクランレビューにおいて，RCTを含まない試験はすべて排除されたことについて，それらを加えることによりリエイブルメントの有効性に関するより広範な分析が可能になったのではないか，との考え方を紹介したうえで，「（RCTを含まない）研究デザインが，RCTより高いエビデンスとして認められることはありえず，それ

ゆえ，調査結果に加えられる必要もなかった」と断じた。さらに「私たちの基準により，検討する試験の数は制約されたが，それが本レビューにバイアスをもたらしたとは考えない」としてその正当性を確認している[27]。

（3）調査結果の概略

　採用された2つの調査に関するメタ解析から，リエイブルメントには身体機能の状態をわずかに改善する可能性があるが，高齢者のQOLや9ヶ月ないし12ヶ月後の死亡率についてほとんど，または，全く効果がないことが明らかにされた[28]。その他の項目はLewin 2013と，これに関連する費用調査（Lewin 2014）によるものであった。生活環境（または施設ケアへの移行）と計画外入院（または救急診療受診）に関するリエイブルメントの効果は，12ヶ月および24ヶ月後の追跡調査において不確実とされ，死亡率については24ヶ月後の追跡調査でこちらも不確実とされた。さらにこれらのエビデンスの質はとても低いことが加えられた[29]。

　また，Lewin による2つの調査（2013, 2014）は，リエイブルメントにより，従来のホームケアまたは，パーソナルケアに関する新たなニーズが，12ヶ月後の追跡調査で低下する可能性，また，24ヶ月後に高度なケア（施設ケアやそれと同等のホームケア）の必要性がわずかでも低下する可能性を示唆したが，「それらのエビデンスの質はとても低かった」ことが繰り返された。さらに，通常のケアを受ける場合と比較して，介入グループによる一人あたりの診療と社会サービスの費用が24ヶ月後の追跡調査で低かったことが指摘され，介入グループでの一人あたり費用が低いことが示唆されたが，ここでも改めて「費用に関する添付資料の質もとても低かった」ことが問題視され，こうした調査結果に関するいずれのエビデンスの質も極めて低く，「こうした調査結果の効果の大きさおよび重要性については確信がもてない」と結論づけられたのである[30]。すな

わち，調査結果の内容について何かを述べる前にもっと基本的で大きな問題がある，という厳しい指摘である。

　以上の調査結果に関するエビデンスの質の評価は，研究デザインGRADE基準により行われた。調査結果である，身体機能の状態，死亡率，計画外入院，QOL，新たなパーソナルケアニーズのレベル（より高度なケアを認められる），生活環境（施設ケアへの移行），費用対効果のすべての項目について，最下位のvery low，「判断について非常に不確かである」との評価がなされた[31]。

（4）著者の結論

　コクランレビューの著者たちは，リエイブルメントの有効性に関する確信が得られなかった，と結論づけた。「（すべての結論にたいする）エビデンスが，わたしたちのGRADE評価に照らしてとても低い品質だったからである。」[32]

　徹底的な調査にもかかわらず，本レビューに採用された研究は2本だけであったことが大きなインパクトをもたらした。また，採用された調査結果も非常に低い品質にあり，それゆえ，本レビューでは，「なんらかの確実性をもって決定的なエビデンスを提供できなかった」と主張して，「よりロバストなエビデンスが利用できるようになるまで，リエイブルメント・サービスの有効性を支持したり否定することはできないが，本レビューが提起した論点には十分な注意が求められる」と結んでいる[33]。

　すでに述べたように，リエイブルメントは政策決定を踏まえ実施の段階に入っている。英国政府は実際に，2016年までの10年間に，5億ポンド以上を投じてきた。その効果と費用対効果について疑問を投げかける，という水準に留まらず，その証拠を否定したのがコクランによる本レビューなのである。そのインパクトは大きかったといわざるをえない。

　最後に，「この分野でRCTが著しく欠けていることは，現実世界

のコミュニティを背景とした社会的ケアに関する着実な調査研究の実施に潜むいくつかの課題を指している」として，この分野における調査の課題について付言している[34]。

　たとえば，コミュニティにおける虚弱な老人を募集する調査において，健康を損なったり，入院や施設入所といった理由で多くが追跡できなくなる可能性があるといった課題である。また，様々な条件により，介入群や対照群に適切な高齢者を割り付けることも難しくなるだろう。しかしながら，こうした課題が存在しているとしても，「RCTは高価であり（かつ時間がかかり），こうした研究への資金提供は制限されるかもしれないが，この分野での高品質のRCTが現在も求められている」と，高品質のRCTの必要性が繰り返されたのである[35]。

4　他のレビューと研究に関する議論

　本レビューでは，いくつかのレビューを取り上げ，その内容について検討を行った。そこでとりあげられた研究に関する本レビューの評価をもとに，本レビューの議論の展開について再検討を試みる。

（1）レッグ（Legg L.）らによるレビュー："A systematic review of the evidence on home care reablement services." [36]

　本レビューは，2000年から2015年2月までの関連文献について検索を実施，ヒットした70文献について，題名と抄録に関するスクリーニングののち，34文献について全文について詳細に評価した結果，「完全なランダム化比較試験による研究を見いだせなかった」という結論にいたった[37]。

　コクランレビューにおいて，レッグらのレビューの進め方は「私たちの考え方に沿っている」と評価されており，コクランレビュー

では採用された２つの調査研究が排除されたことについても「興味深い」とされ，その厳しい判断も半ば認められているように感じられる。さらに，「リエイブルメントが自立を改善する，ないし，パーソナルケアサービスの利用を減少するために有効であることを示すエビデンスがなかった」とその結論を肯定的に紹介している[38]。

　コクランレビューの記述はここまでであるが，レッグらのレビューは，ここからさらに踏み込んで，リエイブルメントが，「確たる理論的ないし概念的基盤のない，不明確な介入であること」を発見し，これらの研究が英国の医学研究審議会がまとめた「ベストプラクティス」に反しているという刺激的な論点を提起している[39]。

　つまり，リエイブルメントに関する研究で採用されたエビデンスベースは，医療の領域で新たな介入を正当化するために必要とされる基準をはるかに下回っており，これを社会で実施するなど考えられない・・ということになろう。

　「確たる理論的ないし概念的基盤のない」とは具体的に何を意味するのか。レッグらは，リエイブルメントに関する英国保健省の定義「身体的ないし精神的に不健康な人びとにたいし，日常生活に必要なスキルを身につけるないし学び直すことにより，自らを自らの病気（不健康）に適応できるよう援助するサービス」を指して，これはリハビリテーションの定義でもあり，「日常生活に必要なスキルを身につけるないし学び直し」を支援するプロセスに他ならないとして，その根本的な定義をひっくり返してみせたのである[40]。

　さらに，「リエイブルメントサービスにより提起される問題はリハビリテーションサービスが直面する問題に一致する」として，「リエイブルメントサービスのターゲットとなる人びとは，高齢で，異なる死亡率，疾病率のリスク，多疾患罹患，予後転帰，様々な症状，障がいを患っており」こうした人びとのニーズに関して，個々の事例に合わせた広範なサービスが必要となるはずだ。そうであるなら，リエイブルメントという「何にでも使える」（かのような）モ

デルは誰にもフィットしないのではないか，と追い詰める。自立の増進とはまさしくリハビリテーションそのものであり，公共医療サービスの責任において提供されるべきと主張したのである[41]。つまり，すでに有効性，安全性と品質が確立されているリハビリテーションこそが基盤となるべきだ，と主張したのである。

コクランレビューでは，系統的レビューの基準をケアの領域における調査研究にも導入する必要性が主張されたのであるが，その振り子をさらに医療サイドに振ってみせたのが，レッグらによるこのレビューであった，といえよう。まさに，理論的側面からサービスの実施，さらに財政的側面にわたる，医療と介護の対立が透けて見えるのである。

（2）テシエ（Tessier E.）らによるレビュー：
"Effectiveness of Reablement: A Systematic Review" [42]

本レビューは，検索により，621文献。題名と抄録により，43文献。さらに全文の審査により，10の試験による論文13本を採用した[43]。

13論文を精査したのち，「リエイブルメントの効率性について，3つの調査結果において検証された」と結論づけた。また，2カ月後から，「ホームサービスの利用」が減少し，「1年間で22％，2年間で30％低かった」と長期的にも有効であると主張された。レッグらのレビューとは対照をなす結果である[44]。

結論としては，「保健相による2015年から2020年のアクションプランの目標の一つは，高齢者のニーズと治療計画に関する制度的な評価を通じてホームケアサービスを改善することであった」が，「リエイブルメントがこの目的に即しており，施設サービスより地域社会での自立した生活に重点を置く点でも一致する」として政府方針を全面的に賞賛した[45]。

コクランレビューによるなら，限定された期間（6週間から10週

間）を超えた試験を採用したこと，長期にわたる考察を加えたことについて批判したうえで，「RCTに基づかない研究を採用するなら，調査結果に一定のバイアスと不確実性を生じる可能性がある。この場合，予想された効果を誇張してしまった可能性もある」と厳しい評価が加えられた[46]。

（3）ランゲラン（Langeland E.）らによる調査：
"A multicenter investigation of reablement in Norway: a clinical controlled trial" [47]

コクランレビューが「大規模かつ多角的な取り組みがノルウェーにおいて，Tuntland2015と同様なデザインで進められており，2017年にはデータが利用できるようになる」と述べ，その公開への期待を表明した調査である[48]。

本調査は冒頭で，リエイブルメントに関する研究とレビューを概観して「かくのごとく，リエイブルメントが健康関連QOLを改善させたかどうかに関する確たる結論は得られない」と述べ，「これらの研究はリエイブルメントを支持する傾向を明らかにするとしても，QOLに関しては結論に至っていない」と明記した[49]。

そして，「リエイブルメントは，心身一体的な，健康を改善するアプローチ」と捉え，健康のリスクファクターを排除するという考え方とは逆に，「健康生成論」の主要な概念であるsense of coherence（以下，SOCと略記）の改善に関する研究が不足している，と捉え，本調査の目標は「自宅で暮らす成人の，日常の活動，身体的機能，健康関連QOL，そしてSOCに対するリエイブルメントの影響」であるとした[50]。

本調査はノルウェーの47自治体を含んだ大規模な多施設にわたる比較臨床試験（CCT）であり，介入グループにはリエイブルメントサービスが，対照グループには標準的ケアがそれぞれ提供された。ランゲランによるなら，本調査は「われわれの知る限り，これまで

取り組まれたリエイブルメントの効果に関する最大規模の多極的研究」であった[51]。また，補助看護師，理学療法士，作業療法士，看護師とホームヘルパーからなるチームによりサービスが実施された。個々のニーズに沿ったtailoringを重視したため，その内容は「基本的特徴は同じであっても，参加者の間で異なった」のである[52]。

　主要転帰において，10週間の利用期間と6ヶ月後の追跡調査で，リエイブルメントを実施したグループ（介入グループ）の活動成果と満足度を支持する結果が得られたが，12ヶ月後の調査では大きな相違はなかった。具体的には，ベースラインで，介入グループのスコアは対照グループより明らかに低かったが，10週間後，対照グループを大きく上回って上昇し，それ以降も優位を維持した[53]。

　「この大規模な多極的研究において」，6ヶ月後にリエイブルメントによる顕著な効果が発見されたことは，「日常の活動に関するリエイブルメントのプラス効果の根拠を明らかに強化した」と著者たちは結論づけた[54]。この点ではコクランレビューとは明らかに相反する結果となっている。ただし，それまでの5件の主要な調査結果を支持したうえで，「リエイブルメントの内容，期間と強度が研究間で異なる」ことを挙げ「これらの比較には注意が必要」として留保条件を加えている[55]。冒頭でも述べられたように，本調査では，個々のニーズに沿ったtailoringが重視されており，その内容は参加者の間でかなり異なっていたからである。

　また，本調査では，「サービス内容は個人の目標に沿ったということであったが，リエイブルメントの介入の期間は，4週間から6週間であり，訪問頻度は，一週間に5回が48％，3回から4回が33％」であり，他の国々に比してかなり手厚いようである[56]。リエイブルメントの実施に係わり，諸国間の相違が大きいであろうことは容易に想像できる。

　そこで，ランゲランは冒頭で，コクランレビューにおけるリエイブルメントの定義を踏襲したうえで，リエイブルメントは「一般的

特徴」からなるが，「その目標，介入の期間と強度」は個人的なオーダーメイドによるため異なっており，「介入の内容」も大きく異なる可能性」を指摘した。さらに，介入の要素，スキルミックスとリハビリテーションの背景が，諸国間のみならず国内でも異なる可能性を明示した。「それゆえ，コクランレビューによる基準に適合するとしても，介入には様々な局面があること」を強調して，リエイブルメントそのものの内容に関する検討の必要性を示唆している[57]。

　国家間のみならず，国内の地域間においても，実施されるリエイブルメントの内容はかなり異なること，とりわけ，上質な介入であればそうした可能性が高いことに注目したランゲランの指摘は，今後の研究に重要な論点を提供していると考えられる。

　本調査がCCTであってRCTでないことは，冒頭，その題目からも明らかである。ランゲラン自身「本研究はRCTではない」ことを認め，リエイブルメントの効果は，より大規模なランダム化比較試験により探求されるべきとしてさらなる研究の深化を求めたのであるが，そうした試験を実施するハードルをますます高めてしまっているようにも思えてしまう結論である。

5　おわりに

　医療分野では「エビデンスに基づく（実証的）政策と実践」が重視され，新たな医療的介入については，系統的レビューとランダム化比較試験による質の高いエビデンスが求められる。「しかしながら」とアスピナルは続ける。「（ケアに関する）分野での政策と実践は公式のエビデンスのはるか先方を進んでおり，調査が追いつくのにしびれを切らしてしまっている。こうした状況で，私たちは常にエビデンスを持つことができないでいる。」[58] リエイブルメントは地域ないし国民的サービスに関連しており，その都度の調査による

証拠をふまえなければならないが，他方，現場での専門家と高齢者
の体験に基づいて，どんなサービスを実施するかに関する意思決定
を求められる。アスピナルによるなら「そうした混乱のなか，進み
ながら学ばなければならない，という強い意識が生じる」[59]。確か
に，ケアの現場には，固有の事情なり考え方があった。

　また，身体の状態が日々死に向かって推移している高齢者をサン
プルとする調査ゆえの困難について考慮すべき点が多いことがコク
ランレビューによっても指摘された。しかしながら，質の高いエビ
デンスが不足している状況を放置したまま，リエイブルメントに期
待される効果を立証することは難しい。とりわけ，医療と近接ない
し重複する介入である場合，質の高いエビデンスが不可欠となる。
これこそ，コクランレビューが示した重要な論点といえよう。

　Lewin013の調査において，リエイブルメントサービスを全く受
け入れない利用者がいたので，サービス開始から 2 週間後，従来の
ホームケアを再度割り付けたというエピソードが紹介された[60]。
たとえば，掃除や調理といった日常生活の活動に関する訓練を含ん
だリエイブルメントを受け入れようとしない利用者がいることにつ
いて，グレンディニングは，かれらがむしろ伝統的なホームケアの
支援を期待しているか，または，リエイブルメントの狙いを理解で
きていない（あるいはその双方）可能性を指摘した[61]。

　これに対して，ロスガードは，従来のホームケアから自立させよ
うとする社会の強制に対して高齢者が直接的に抵抗している可能性
を示唆した。デンマークにおいて「リエイブルメントが導入されて
から，ホームケアを利用する高齢者が減少」して，「クリーニング
サービスといった援助の提供も減少した」と報告されるが，「これ
には多くの要因」が含まれるというのである。「ホームケアサービ
スへの申請数が減少した」理由として，申請をするなら「関連する
スキルの訓練を求められることをみんなが知っている」ことを考慮
すべきではないか。すなわち，「高齢者はリエイブルメントの訓練

が嫌いなのだ」と付言して，かれらが，必ずしも自立への意思を有していないことに着目し「もはやできなくなってしまったから」ホームケアサービスを申請しているという現実にも目を向けるべきと主張したのである[62]。

　効率が生じるメカニズムを探求するには，定性的研究により，様々な固有のリエイブルメントが各地域においてどのように機能するかについて検討する必要性を指摘する研究者もいる[63]。本稿を通じ，筆者もそうした考え方の端緒を見つけたように考えている。

　コクランレビューによれば，「既存の通常のケアのパラダイムを変化させる時，とりわけ重要になる」のは「利用者，現場の専門家そしてサービス提供者の間で両立する期待を」実現できるような新たなサービスの開発に参画しているという意識を相互に促すことだとしている[64]。リエイブルメントは，もはや経費削減の手段というだけでなく，ホームケアにおけるパラダイムシフトをもたらすことを期待されている。筆者にとり，これもかなり示唆に富んだ指摘である。

　利用者の動機と現場の専門家が期待する動機が異なる場合，どのようにしてリエイブルメントが実現できるか，または，できないかといった問題が今回のレビューを通じて筆者が得た新たな論点でもある。

【注】

1 ）Department of Health. *Modernising social services: Promoting independ-ence, improving protection, raising standards*. London: The Stationary Office, 1998, p.14. (para 2.5)

2 ）Joffe J and Lipsey D. '*Note of dissent*', in *Royal Commission on long term care, with respect to old age: Long term care ? rights and responsibilities*. London: The Stationary Office, 1999.

3 ）Department of Health. *Homecare re-ablement: Efficiency delivery, sup-*

porting sustainable transformation. London: Department of Health, 2007.

4) Care Services Efficiency Delivery (CSED) Programme. *Homecare re-able-ment workstream, discussion document* HRA 002. London: Department of Health, 2007.

5) Aspinal F, Beresford B, Faria R et al. Models of Reablement Evaluation: a mixed methods evaluation of a complex intervention (The MoRE project) (https://www.researchgate.net/publication/327050747_Models_of_Reablem ent_a_mixed_methods_evaluation_of_a_complex_intervention_The_MoRe_p roject), p.1.

6) Montgomery P, Mayo-Wilson E, Dennis J. *Personal assistance for older adults (65+) without dementia.* Cochrane Database of Systematic Reviews 2008, Issue 1, p.4.

7) Glendinning C, Jones K, Baxter K, Rabiee P, Curtis LA, Wilde A, Arksey H, Forder JE. *Home care re-ablement services: investigating the longer-term impacts (prospective longitudinal study).* In York/Canterbury: social policy research unit (SPRU)/personal social service research unit (PSSRU); 2010, p.1

8) *Ibid.,* p.48.

9) Rostgaard T, Glendinning C, Gori C, Kröger T, Österle A, Szebehely M, et al. *LIVINDHOME: Living independently at home. Reforms in home care in 9 European countries.* Copenhagen: Danish National Centre for Social Research, 2011, p.25.

10) *Ibid.,* p.7

11) Xie C, Hughes J, Sutcliffe C, Chester H, Challis D. Promoting personaliza-tion in social care services for older people. *Journal of Gerontological Social Work* 2012; 55(3): pp.218-32, p.219.

12) Department of Health and Social Care. *Extra money to help people leav-ing hospital.* News Release issued by the COI News Distribution Service on 04 January 2011, Last accessed 7th March 2020. これは，グレンディニングの調査報告「要旨」の冒頭で，英国において，リエイブルメントが幅広く実施されていることの証左として用いられている。(Glendinning, op cit., vii)「保健省では医療と福祉の連携を図るための予算を2010年度のNHS予算に追加し，その一部でリエイブルメント事業を奨励するとともに，その後も

予算を追加投入した‥」井上恒男『英国における高齢者ケア政策－質の高いケア・サービス確保と費用負担の課題』67頁。明石書店（2016）

13）Legg L, Gladman J, Drummond A. Davison a. A systematic review of the evidence on home care reablement services. *Clinical Rehabilitation*. 2016; 30(8): pp.741-9, p.742.

14）Borker M. Potentiality made workable - exploring logics of care in reablement for older people, *Ages and Society*, 2018, Apr. 38(1) pp.2018-2041, p.2019

15）European Commission. *The EU Contribution to Active Ageing and Solidarity Between Generations*. Publications Office of the European Union. Luxembourge. 2012, p.3

16）World Health Orgaization. *Active Ageing: A Policy Framework*. World Health Orgaization. Geneva. 2002, p.12.「Successful Aging」の主唱者の一人である，ロウ（Rowe）は，これを定義する3要素として，「3つの要素：疾病と疾病による障がいの可能性が低いこと，認識機能と身体機能に関する高い能力，そして，人生にたいする積極的な関与」を挙げた。（John W. Rowe, Successful Aging, *The Gelontrogist*, Vol.37, No. 4, 1997, pp.433-440, p.433）

17）Rostgaard T, Socially investing in older people - Reablement as a social care policy response? KORA - Danish Institute for Local and Regional Government Research. *Research on Finnish Society*, Vol. 9 (2016), pp.19-32, p.20

18）Aspinal F, Glasby J, Rostgaard T, Tuntland H, Westendorp RG. New horizons: Reablement - supporting older people towards independence. *Age Ageing*. 2016; 45(5): pp.574-8, p.577.

19）森臨太郎「コクラン　医療と研究における意思決定と患者一般参画」，『情報管理』，2018年60巻12号，国立研究開発法人科学技術振興機構，pp.855-564, https://doi.org/10.1241/johokanri.60.855　p.857

20）（https://training.cochrane.org/handbook：2020年3月17日）現在，バージョン6.0が公開されている。（2019年8月更新）

21）Cochrane A, Furlong M, McGilloway S, Molloy DW, Stevenson M, Donnelly, M. *Time-limited home-care reablement for maintaining and improving the functional independence of older adults*. Cochrane Database Syst Rev. 2016; 10: CD101825, p.6.

22）Aspinal F, et al., op. cit., (2016) p.577

23）Lewin G, De San Miguel K, Knulman M, Alan J, Boldy D, Hendrie D, et al. A randomised controlled trial of the Home Independence Program, an Australian restorative homecare programme for older adults. *Health & Social Care in the Community* 2013; 21(1): 69-78.

24）Tuntland H, Aaslund MK, Espehaug B, Førland O, Kjeken I. Reablement in community-dwelling older adults: a randomized controlled trial. *BMC Geriatrics* 2015; 15: 145, [DOI: 10.1186/s12877-015-0142-9]

25）Cockrane et al., op cit., p.16. その他のバイアスは，研究対象となっている以外のその他の介入と，実施の忠実度に関するものであった。

26）Ibid.

27）*Ibid.*, p.21

28）Ibid.

29）Sofの標準化平均値（SMD），リスク比（RR）による各項目の効果測定値は以下のようになる。身体機能の状態：SMD -0.3（95％CI, -0.53〜-0.06），死亡率：RR 0.97(95％CI, 0.74〜1.29)，計画外入院:RR 0.94（95％CI,0.85〜1.03），QOL: SMD -0.23（95％CI, -0.48〜-0.02），新たなパーソナルケアニーズのレベル（より高度なケアを認められる）：RR 0.87(95％CI,0.77〜0.98)，生活環境（施設ケアへの移行）：RR 0.92（95％CI,0.62〜1.34），費用対効果:介入グループの平均費用は，従来のケアにたいし，2869（AUD）低かった。

30）Cchrane, op cit., p.20.

31）*Ibid.*, pp.20-21.

32）*Ibid.* p.21.

33）Ibid.

34）*Ibid.* p.22.

35）Ibid.

36）Legg L, Gladman J, Drummond A, Davidson A. A systematic review of the evidence on home care reablement services. Clinical Rehabilitation. 2016; Vol. 30, issue 8, pp.741-9.

37）正確には，採用基準を満たす可能性のある進行中のレビューを 1 だけあげている。このレビューはコクランレビューでもとりあげられ，リエイブルメントの効果を支持するエビデンスは限定的との結論はコクランレビューに一致したが，採用基準が緩いためにリエイブルメントの異質性がかな

り高くなってしまったことが問題とされた。(Cochrane A, et al., p.21)

38) Cockrane et al., op cit., p.21.

39) Legg L, et al., op cit., p.746.「ベストプラクティス」とは以下の内容を指している。MRC. *Developing and evaluating complex interventions: New Guidance.* London: Medical Research Council, 2015, P.6

40) *Ibid.*

41) op. *cit.*, P.747

42) Tessier A, Beaulieu MD, McGinn CA, Lautulippe R. Effectiveness of reablement: a systematic review. Healthcare Policy. 2016; 11(4): 49-59.

43) *Ibid.*, p.52

44) *Ibid.*, p.55

45) *Ibid.*, p.58

46) Cochrane et al., op cit., p.21.　本レビューで採用された10試験のなかで4件がRCTとされたが，コクランレビューでは，期間限定を超えた，ないし，施設内で実施されたという理由で3件が排除された。(*Ibid.*, pp.31-32)

47) Langeland E, Tuntland H, Folkestad B, Førland O, et al., A multicenter investigation of reablement in Norway: a clinical controlled trial. *BMC Geriatrics. 19(29)* 2019, https://doi.org/10.1186/s12877-019-1038-x.

48) Cochrane et al., op cit., p.20.　本調査には，Tuntlandも参加しており，著者に名前を並べている。

49) Langeland, op cit., p.20.

50) Ibid.

51) Ibid.

52) Ibid., p.2.

53) Ibid., p.9.　ただし，「平均値への回帰が生じた可能性を排除できない」との指摘もある。対照グループにおいても同様な負の相関が見られたからである。(P.9R)しかし，二次転帰でも，身体機能に関するSPPBについて，12ヶ月後の総スコアでリエイブルメント・グループを支持する結果が得られ，健康関連QOL（EQ-5D-5L）についても，6ヶ月後，移動，パーソナルケアと日常の活動と現在の健康に関連してリエイブルメント・グループを支持する結果が得られた。(p.3R)

54) Ibid., p.2.

55) Ibid.

56) Ibid.,p.4. コクランレビューで採用された研究（オーストラリア，ノルウェー）の間でも，ノルウェーでの調査参加者は，オーストラリアに比して「毎週 2 倍の自宅訪問を受けていた」と記された。（Cochrane et al., op cit., p.14L）また，英国におけるグレンディニングの調査においても，リエイブルメントの専門家に含まれたのは，ホームケア・スタッフが93％，ホームケア・マネジャーが35％，OTが29％，看護師19％，PT10％であり，OPやPTがかなり不足している様子がうかがわれた。（Glendinning et al., op. cit., p.24）

57) Langeland, op. cit., p.3.

58) Aspinol, New horizons, p.577.

59) Ibid.

60) Cochrane et al., op cit., p.21.

61) Glendinning et al., op cit., p.130.

62) Rstgaard, op cit., p.21.

63) Borker, op cit., p.2021.

64) Cochrane et al., loc. cit.

【参考文献】

［ 1 ］井上恒男（2016）『英国における高齢者ケア政策-質の高いケア・サービス確保と費用負担の課題』明石書店

［ 2 ］森臨太郎（2018）「コクラン　医療と研究における意思決定と患者一般参画」，『情報管理』，60 (12)，国立研究開発法人科学技術振興機構，https://doi.org/10.1241/johokanri.60.855　pp.855～864.

［ 3 ］Aspinal F, Beresford B, Faria R et al. (2014) Models of Reablement Evaluation: a mixed methods evaluation of a complex intervention (The MoRE project).

［ 4 ］Aspinal F, Glasby J, Rostgaard T, Tuntland H, Westendorp RG. (2016) New horizons: Reablement - supporting older people towards independence. *Age Ageing.* 45(5) pp.574-8.

［ 5 ］Borker M. (2018) Potentiality made workable - exploring logics of care in reablement for older people, *Ages and Society*, 38(1) pp.2018-2041.

［ 6 ］Care Services Efficiency Delivery (CSED) Programme. (2007) *Homecare re-ablement workstream, discussion document* HRA 002. London: Department of Health.

[7] Cochrane A, Furlong M, McGilloway S, Molloy DW, Stevenson M, Donnelly, M. (2016) *Time-limited home-care reablement for maintaining and improving the functional independence of older adults.* Cochrane Database Syst Rev. 10:CD101825.

[8] Department of Health. (1998) Modernising social services: Promoting independence, improving protection, raising standards. London: The Stationary Office.

[9] Department of Health. (2007) *Homecare re-ablement: Efficiency delivery, supporting sustainable transformation.* London: Department of Health,

[10] Department of Health and Social Care. (2011) *Extra money to help people leaving hospital.* News Release issued by the COI News Distribution Service on 04 January 2011, Last accessed 7th March 2020.

[11] European Commission. (2012) *The EU Contribution to Active Ageing and Solidarity Between Generations.* Publications Office of the European Union, Luxembourge.

[12] Glendinning C, Jones K, Baxter K, Rabiee P, Curtis LA, Wilde A, Arksey H, Forder JE. (2010) *Home care re-ablement services: investigating the longer-term impacts (prospective longitudinal study).* In York/Canterbury: social policy research unit (SPRU)/personal social service research unit (PSSRU)

[13] Joffe J and Lipsey D. (1999) '*Note of dissent*', in *Royal Commission on long term care, with respect to old age: Long term care - rights and responsibilities.* The Stationary Office, London.

[14] Langeland E, Tuntland H, Folkestad B, Førland O, et al., (2019) A multi-center investigation of reablement in Norway: a clinical controlled trial. *BMC Geriatrics. 19(29)* https://doi.org/10.1186/s12877-019-1038-x.

[15] Legg L, Gladman J, Drummond A. Davison A. (2016) A systematic review of the evidence on home care reablement services. *Clinical Rehabilitation. Vol.30, issue 8.* pp.741-9.

[16] Lewin G, De San Miguel K, Knulman M, Alan J, Boldy D, Hendrie D, et al. (2013) A randomised controlled trial of the Home Independence Program, an

Australian restorative homecare programme for older adults. *Health & Social Care in the Community.* 21(1), pp.69-78.

[17] Montgomery P, Mayo-Wilson E, Dennis J. (2008) *Personal assistance for older adults (65+) without dementia.* Cochrane Database of Systematic Reviews, Issue 1.

[18] Rostgaard T, Glendinning C, Gori C, Kröger T, Österle A, Szebehely M, et al. (2011) *LIVINDHOME: Living independently at home. Reforms in home care in 9 European countries.* Copenhagen: Danish National Centre for Social Research.

[19] John W. Rowe, (1997) Successful Aging, *The Gelontrogist,* Vol.37, No. 4, pp.433-440.

[20] Rostgaard T, (2016) Socially investing in older people - Reablement as a social care policy response? KORA - Danish Institute for Local and Regional Government Research. *Research on Finnish Society, Vol. 9,* pp.19-32,

[21] Tessier A, Beaulieu MD, McGinn CA, Lautulippe R. (2016) Effectiveness of reablement: a systematic review. *Healthcare Policy.* 11(4). pp.49-59.

[22] Tuntland H, Aaslund MK, Espehaug B, Førland O, Kjeken I. (2015) Reablement in community-dwelling older adults: a randomized controlled trial. BMC Geriatrics;15:145. [DOI: 10.1186/s12877-015-0142-9]

[23] World Health Orgaization. (2002) *Active Ageing: A Policy Framework.* World Health Orgaization, Geneva.

[24] Xie C, Hughes J, Sutcliffe C, Chester H, Challis D. (2012) Promoting personalization in social care services for older people. *Journal of Gerontological Social Work;* 55(3), pp.218-32.

第 **6** 章

経済成長とボラティリティの非線形相関：

G7パネルを用いた実証分析[1]

坪井美都紀

1　はじめに

　ボラティリティの上昇は，経済成長にどのような影響を与えるのであろうか。もしこれらの間に負の相関があるならば，経済を安定化させる政策は，経済成長を促進する。逆に，もしこれらの間に正の相関があるならば，景気安定化政策と経済成長促進政策の両立は，不可能となる。したがって，経済成長とボラティリティとの関係を明らかにすることは，長期の経済成長を見据えつつ，短期の安定化政策を立案するために必要不可欠である。

　上記の問いに初めて答えた先駆的な論文がRamey and Ramey (1995) である。彼らは92カ国から成る全サンプルならびに24カ国から成るOECDサブサンプルのパネルデータを用い，Levine and Renelt (1992) の結果を踏まえたパネル推定を行うことで，経済成長率とボラティリティとの間に，明確な負の相関関係を見出した。この負の相関は，1960年から2003年までの128カ国を対象にパネル分析を行ったBadinger (2010) 及びトルコの1987年から2007年までの四半期データを用いてEGARCHモデルを推定したBerument et al. (2012) によっても確認されている。

　しかし，Norrbin and Yigit（2005）が指摘している通り，当該分野において頑健な実証結果を得ることは容易ではない。例えば，Dawson and Stephenson（1997）は米国の州レベルのデータを用いるとRamey and Ramey（1995）の結果は成立しないことを示している。また，Ramey and Ramey（1995）とは逆に，正の相関を指摘している研究もある。Caporale and McKiernan（1998）は100年以上に渡る米国の年次データを用いたARCH-Mモデルの推定を行い，正の相関を見出している。同様に，Fountas and Karanasos（2006）はG3（米国，日本，ドイツ）のデータを用いたGARCHモデルの推定を，Imbs（2007）は部門レベルの推定を，またLee（2010）は1965年から2007年までのG7のデータの推定を通して，経済成長率とボラティリティの間に正の相関があることを示している。

　このように，従来の研究では相関が正か負かに焦点が置かれ，暗黙の内に経済成長率とボラティリティとの間に線形の相関を仮定している。しかし，それらの関係は本当に線形なのであろうか。それを確認するために，図6－1を見よう[2]。図6－1は，1950年から2017年までのG7における経済成長率とボラティリティの関係をプロットしたものである。ここで，ボラティリティは，経済成長率の五年平均（リード二年，今年，ラグ二年）の標準偏差として計算している[3]。

　図6－1によれば，まず両者の相関はRamey and Ramey（1995）の指摘通り，負である。しかし，相関係数は－0.05と事実上無相関であり，また統計的にも有意ではない。次に，LOWESS（Locally Weighted Scatterplot Smoothing）を用いた非線形近似線を見ると，ボラティリティの水準に応じて，U字型ないしは逆U字型の非線形相関が観察出来る。したがって，少なくともG7における相関関係は，線形ではなく非線形のものであると推測される。もし，実際に非線形相関が存在するならば，従来の議論とは異なり，各国には一律ではなくボラティリティの度合いに応じ，異なった安定化政策の立案

図6－1　G7における経済成長率とボラティリティ

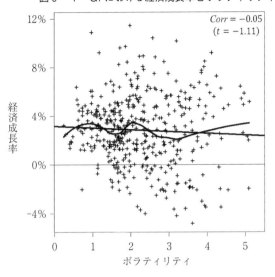

出所：Penn World Table 9.1 より筆者作成。

が求められることとなる。それゆえ，本稿の目的はG7において非線形相関が見出せるかどうかを，パネル分析で実証的に検証することにある。

　線形相関に関する論文は，上に挙げたもの以外にも存在し，列挙すると枚挙にいとまがない[4]。しかし，筆者のサーベイによれば，非線形相関に着目した論文はわずか二本のみで,非常に稀少である。まず，García-Herrero and Vilarrubia（2007）は1978年から2002年までの114カ国のデータを推定し，相関関係が逆U字型である可能性を示唆している。換言すれば，ボラティリティが小さい国では正の相関が成立する一方，それが大きい国では負の相関が成立するということである。これを踏まえ，彼らは経済成長率とボラティリティの相関関係がラッファー曲線のようであると述べている。次に，Alimi（2016）は1980年から2002年に渡る47カ国の発展途上国から

成るパネルデータを分析し，相関関係はU字型であることを指摘している。これら二本の研究と比べた本稿の貢献は，G7パネルを用いたシンプルな推定を行うことでU字型の頑健な非線形相関が認められることを示し，Alimi（2016）とは異なり，先進国でも非線形性が重要な役割を果たすことを証明する点にある。また，これからの当該分野の発展において，非線形性を扱う研究の蓄積を促すことも本稿の目的である。

　本稿の構成は，以下の通りである。第二節では，実証分析に用いるデータの概略を述べ，推定式を設定する。第三節では，推定結果の解釈とシミュレーションを行う。第四節では，結果のまとめ及びそれを踏まえた政策提言を行う。

2　データの概要と推定式

　本稿で用いるデータの出所は，人的資本の代理変数を除き，全てPenn World Table 9.1（PWT 9.1）である。記法について，以下ではi国におけるt期の変数Xを$X_{i,t}$と表記することにする。まずPWT 9.1から得られる経済成長率$g_{i,t}$のデータを用いれば，上述の通り，ボラティリティ$\sigma_{i,t}$は以下のように計算出来る：

$$\sigma_{i,t} = \frac{1}{5}\sum_{k=t-2}^{t+2} g_{i,k}. \tag{1}$$

　つまり，図6－1はこの式から得られた$\sigma_{i,t}$と$g_{i,t}$とをプロットしたものである。ただし，F分布を仮定した上での99%の信頼区間推定により，異常値と判定された12個の観測値は，図6－1ならびに以下の推定からは除いている[5]。

　次に，$g_{i,t}$を$\sigma_{i,t}$で回帰する際に制御しなければならない変数の選択は，概ねNorrbin and Yigit（2005）に倣って行う。すなわち，推定式には$g_{i,t}$と$\sigma_{i,t}$に加え，制御変数ベクトル$Z_{i,t}$も含める。$Z_{i,t}$は投

資（対GDP比）$(I/Y)_{i,t}$，政府支出（対GDP比）$(G/Y)_{i,t}$，人口成長率 $n_{i,t}$，期首のGDP（$Yinitial,i$），そして期首の人的資本（$Hinitial,i$）からなる。ここで，人的資本の代理変数として，本稿ではLee and Lee（2016）の標準修学年数を用いる。以上をまとめると，本稿の推定式は，以下の通りである：

$$g_{i,t} = \alpha\sigma_{i,t} + \beta\sigma_{i,t}^2 + \gamma Z_{i,t} + \delta_t + \varepsilon_{i,t}, \qquad (2)$$

ただし，δ_t は時間固定効果であり，$\varepsilon_{i,t}$ は誤差項である。ここで着目すべきは，分散 $\sigma_{i,t}^2$ の係数 β の有意性である。もし $\alpha>0$ かつ $\beta<0$ であれば $g_{i,t}$ と $\sigma_{i,t}$ との間には逆U字型の相関が，また，もし $\alpha<0$ かつ $\beta>0$ であれば $g_{i,t}$ と $\sigma_{i,t}$ との間にはU字型の相関が見出せることに注意されたい。第三節では（2）式を次の六つの期間に分けて推定する：(i) 1950年－2017年 (ii) 1960年－2017年 (iii) 1970年－2017年 (iv) 1980年－2017年 (v) 1990年－2017年 (vi) 2000年－2017年，つまり，期末を固定した上で，期首を十年ずつずらしていく方法である。これにより，ある期間に固有の相関関係を捉えることが出来ると考えられる。勿論，十年毎に1950年－1960年，1960年－1970年，…と推定する方法も考えられるが，長期の経済成長について論ずる以上，十年では不十分であると考えられるため，上記の推定方法を採用する。

表6－1は全期間 (i) 1950年－2017年の記述統計量である。

表6－1　記述統計量（全期間）

	$g_{i,t}$	$\sigma_{i,t}$	$\sigma_{i,t}^2$	$(I/Y)_{i,t}$	$(G/Y)_{i,t}$	$n_{i,t}$
平均値	2.84	2.27	6.19	27.1	15.2	0.69
標準偏差	2.84	1.03	5.39	4.96	2.98	0.55
最大値	11.4	5.11	26.1	43.2	29.2	3.44
最小値	−4.81	0.24	0.06	16.7	9.07	−0.26
観測数	429	429	429	429	429	429

出所：Penn World Table 9.1 より筆者作成。

3 推定結果

本節では，第二節（2）式を，上述の六つの期間（i）から（vi）に分けて，時間固定効果モデルで推定する。推定結果は，表6－2の通りである[6]。なお，全ての期間について時間固定効果δ_tを含めているが，これはRedundant fixed effects testsの結果に基づいている。

推定結果を見ると，期間（i）から（iv）については$\sigma_{i,t}$が全て統計的に有意ではないことから，Norrbin and Yigit（2005）の指摘通り，$g_{i,t}$と$\sigma_{i,t}$との間に頑健な相関関係を見出すことはやはり困難で

表6－2　推定結果：被説明変数 $g_{i,t}$

	(i)	(ii)	(iii)	(iv)	(v)	(vi)
$\sigma_{i,t}$	−0.70	−0.58	−0.50	−0.61	−1.17**	−1.14*
	(0.45)	(0.46)	(0.46)	(0.53)	(0.59)	(0.66)
$\sigma_{i,t}^2$	0.16*	0.16*	0.17**	0.19**	0.29***	0.26**
	(0.09)	(0.09)	(0.08)	(0.09)	(0.11)	(0.11)
$(I/Y)_{i,t}$	0.08**	0.06*	0.07*	0.03	0.05	−0.03
	(0.03)	(0.03)	(0.04)	(0.05)	(0.05)	(0.07)
$(G/Y)_{i,t}$	0.04	−0.02	−0.13**	−0.15**	−0.23***	0.07
	(0.05)	(0.05)	(0.06)	(0.06)	(0.08)	(0.14)
$n_{i,t}$	−0.08	0.27	0.08	0.21	0.69	0.82
	(0.28)	(0.31)	(0.38)	(0.59)	(0.55)	(0.55)
$Y_{initial,i}$	−0.00***	−0.00***	−0.00	−0.00	−0.00**	0.00
	(0.00)	(0.00)	(0.00)	(0.00)	(0.00)	(0.00)
$H_{initial,i}$	0.11	0.08	−0.08	0.03	0.09	−0.22
	(0.09)	(0.08)	(0.10)	(0.07)	(0.24)	(0.19)
δ_t	✓	✓	✓	✓	✓	✓
R^2	0.45	0.47	0.50	0.43	0.43	0.58
N	429	381	311	242	172	102

注：括弧内は標準偏差。***は1％有意，**は5％有意，*は10％有意を表す。

図 6 － 2　経済成長率とボラティリティ：シミュレーション

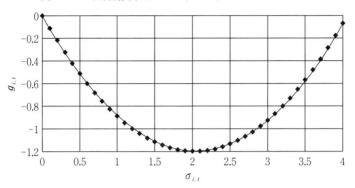

注：表 6 － 2 の推定期間（ v ）に基づくシミュレーション結果である。

あることが分かる。しかし，期間（ v ）と（ vi ）については，$\sigma_{i,t}$ の
係数こそ 1 ％有意ではないものの，$\sigma_{i,t}$ ならびに $\sigma_{i,t}^2$ の係数は統計的
に有意である。また，$\sigma_{i,t}$ の係数が負であるという点は，Ramey
and Ramey（ 1995 ）や Badinger（ 2010 ）らの結果と整合的である。
したがって，$\sigma_{i,t}^2$ の符号は正であるため，Alimi（ 2016 ）が発展途上
国のパネルデータから見出した U 字型の相関関係は，G7 という先
進国間でも存在することを，表 6 － 2 は示している。

　ここで，更なる政策的含意を導くため，表 6 － 2 の期間（ v ）の
結果を用いたシミュレーションを行う[7]。換言すれば，相関関係が
負から正へと転換する $\sigma_{i,t}$ の閾値を推定するということである。シ
ミュレーション結果は，図 6 － 2 に示されている通りであり，閾値
は $\sigma_{i,t}=2.03$ である。したがって，$\sigma_{i,t}$ が 2.03 より小さい国における
安定化政策は経済成長を促進するが，$\sigma_{i,t}$ が 2.03 より大きい国にお
いては，短期の経済安定化政策と長期の経済成長促進政策との間に，
トレードオフが存在することになる。

　それでは，このシミュレーション結果を G7 各国の政策立案に応
用しよう。図 6 － 3 は，各国における 1950 年から 2017 年にかけて

図 6 - 3　　G7 各国のボラティリティの推移：1950 年－2017 年

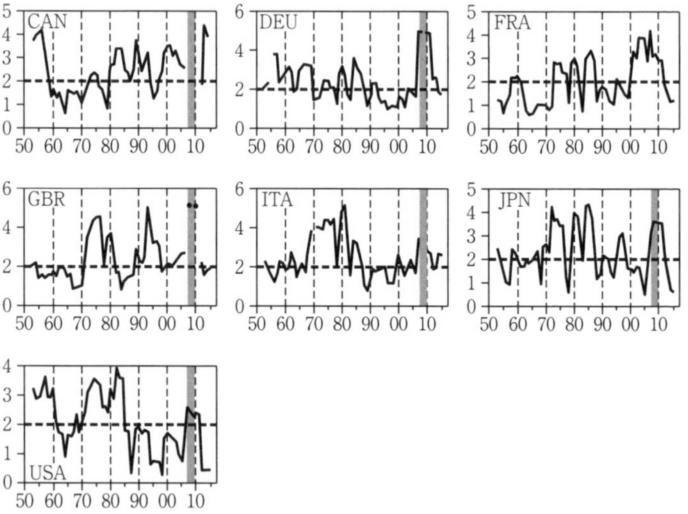

出所：Penn World Table 9.1 より筆者作成。

の $\sigma_{i,t}$ の時系列データを示したものである（なお，図を見やすくするため，閾値 $\sigma_{i,t}$ = 2.03 を点線で示している）。シミュレーション結果は（v）期に基づくものであるため，ここでは 1990 年代に焦点を絞った議論を展開しよう。まず，ドイツ，フランス，イタリア，及び米国では基本的に $\sigma_{i,t}$ の値は，閾値 $\sigma_{i,t}$ = 2.03 を下回っている。よって，90 年代にこれらの国で行われた安定化政策は，経済成長を促進するものであったと推定することが出来る。他方，イギリスにおける 90 年代の $\sigma_{i,t}$ の値は，閾値 $\sigma_{i,t}$ = 2.03 を上回っている。すなわち，90 年代にイギリスで行われた安定化政策は，経済成長を鈍化させた可能性があると推定される。このように，経済成長とボラティリティの非線形相関を勘案することによって初めて，どの国が経済成長促進政策と安定化政策のトレードオフに直面しているかを判定することが可能となるのである。これは，従来の線形相関のみに着目した

分析からは見出せない政策的含意である。

4　おわりに

　本稿では，1950年から2017年にかけてのG7パネルを用いた時間固定効果モデルを推定し，1990年から2017年ならびに2000年から2017年の二期間について，経済成長率とボラティリティとの間にU字型の非線形相関が確認されることを実証的に示した。また，前者の推定結果を用いたシミュレーションを行い，ボラティリティの水準によって，どの国が短期の安定化政策と長期の経済成長促進政策のトレードオフに直面するかを明らかにするとともに，その判断根拠となる閾値が2.03であると推定した。

　従来の線形相関のみに着目してきた研究においては，データが複数の国家をまたぐものであっても，ボラティリティの水準とは無関係に，各国一律の対応を求める結果が提示されてきた。しかし，非線形相関が存在する国（もしくは地域）については，そのような政策提言はミスリーディングであり，本稿の推定結果に照らせば，各国はそれぞれの国が直面するボラティリティの水準に応じて，安定化政策にトレードオフが伴うかどうかを判断すべきである，ということになる。

　もっとも，この結果自体は既にAlimi（2016）によって指摘されていたものではあるが，本稿の貢献は，その結果がAlimi（2016）が対象とした発展途上国のみならず，G7という先進国間においても成立することを示した点にある。また，第一節で指摘した通り，当該分野における非線形相関に着目した研究は未だ皆無に等しい。こうした状況を踏まえ，これからは線形相関のみならず，非線形相関も勘案した分析が蓄積される必要性がある，という点も指摘しておきたい。

　とりわけ，本稿ではG7のみを分析対象としたが，果たして非線

形相関はEUやOECDといった，より広範な地域でも観察されるの
であろうか。また，本稿の推定結果から示唆される通り，経済成長
率とボラティリティとの間に，統計的に有意な非線形相関が確認さ
れる時期は限られているようである。つまり，非線形相関を生み出
す,その時期固有の何かしらの要因が存在するのだと推察されるが,
それはいったい何であろうか。これらの未解決点を解明して行くこ
とが，今後の課題となろう。

【注】

1）本稿は，第5回神戸国際経済研究会ならびに第7回名阪構造推定研究会
における報告内容を基に作成したものである。研究会では，岡谷良二氏,
鎌田伊佐生氏，佐藤隆広氏，西山博幸氏，野村友和氏，檜康子氏，福味敦
氏，古田学氏，藤森梓氏，山口雅夫氏の各先生方より，大変有益なコメン
トを頂いた。ここに記して感謝する次第である。なお，本稿にありうべき
誤りは，全て筆者に帰するものである。

2）本稿で図の作成や計量経済分析に用いている統計ソフトはEviews 10であ
る。

3）例えば，1970年のボラティリティは，1968年から1972年にかけての五年
間の経済成長率の標準偏差として計算している。

4）上記の文献とは異なり，経済成長率とボラティリティの相関は，正と負
の両方になり得ると指摘している研究もある。例えば，Chong and Gradstein
（2009）はマイクロデータを用いて，相関関係が正になるか負になるかは
「司法制度の質」に依存することを示している。Posch（2011）は課税を考
慮した確率的ラムゼーモデルを解析的に分析し，労働所得課税の枠組みで
は負の相関が見られる一方，資本所得課税の枠組みでは正の相関が見られ
ることを指摘している。

5）異常値が観測された国は，以下の通りである（括弧内は異常値と判定さ
れた期である）：カナダ（2007年から2011年，2015年），イタリア（1970年），
ドイツ（1955年，2009年），イギリス（2007年，2009年，2011年）。

6）ボラティリティを五年平均で計算しているため，実際の推定では1950年
から1952年の三年間及び2016年と2017年の二年間とが除かれている点に留

意されたい。

7) シミュレーションにはMATLAB R2019aを用いている。

【参考文献】

［1］ Alimi, Nabil (2016)："Volatility and Growth in Developing Countries: An Asymmetric Effect", *Journal of Economic Asymmetries*, Vol.14, pp.179-188.

［2］ Badinger, Harald (2010)："Output Volatility and Economic Growth", *Economics Letters*, Vol.106, Issue 1, pp.15-18.

［3］ Berument, M. Hakan, N. Nergiz Dincer, and Zafer Mustafaoglu (2012)："Effects of Growth Volatility on Economic Performance – Empirical Evidence from Turkey", *European Journal of Operational Research*, Vol.217, Issue 2, pp. 351-356.

［4］ Caporale, Tony and Barbara McKiernan (1998)："The Fischer Black Hypothesis: Some Time-Series Evidence", *Southern Economic Journal*, Vol.64, No.3, pp.765-771.

［5］ Chong, Alberto and Mark Gradstein (2009)："Volatility and Firm Growth", *Journal of Economic Growth*, Vol.14, pp.1-25.

［6］ Dawson, John W. and E. Frank Stephenson (1997)："The Link between Volatility and Growth: Evidence from the States", *Economics Letters*, Vol. 55, Issue 3, pp.365-369.

［7］ Fountas, Stilianos and Menelaos Karanasos (2006)："The Relationship between Economic Growth and Real Uncertainty in the G3", *Economic Modelling*, Vol.23, Issue 4, pp.638-647.

［8］ García-Herrero, Alicia and Josep Vilarrubia (2007)："The Laffer Curve of Macroeconomic Volatility and Growth: Can It be Explained by the Different Nature of Crises?" *Money Affairs*, pp.43-60.

［9］ Imbs, Jean (2007)："Growth and Volatility", *Journal of Monetary Economics*, Vol.54, Issue 7, pp.1848-1862.

［10］ Lee, Jim (2010)："The Link between Output Growth and Volatility: Evidence from a GARCH Model with Panel Data", *Economics Letters*, Vol. 106, Issue 2, pp.143-145.

［11］ Lee, Jong-Wha and Hanol Lee (2016)："Human Capital in the Long Run",

Journal of Development Economics, Vol.122, pp.147–169.

[12] Levine, Ross and David Renelt (1992)："A Sensitivity Analysis of Cross-Country Growth Regressions", *American Economic Review*, Vol.82, No.4, pp.942–pp.963.

[13] Norrbin, Stefan C. and F. Pinar Yigit (2005)："The Robustness of the Link between Volatility and Growth of Output", *Review of World Economics*, Vol.141, pp.343–356.

[14] Posch, Olaf (2011)："Explaining Output Volatility: The Case of Taxation", *Journal of Public Economics*, Vol.95, pp.1589–1606.

[15] Ramey, Garey and Valerie A. Ramey (1995)："Cross-County Evidence on the Link Between Volatility and Growth", *American Economic Review*, Vol.85, No.5, pp.1138–1151.

第 **7** 章

シェール・オイル革命，シェール・ガス革命と2020年における新型コロナウイルスのパンデミックの長期的な見通し

岩間剛一

1　はじめに

　21世紀に入って，最大のエネルギー革命といえば，いうまでもなく米国を震源地とした，シェール・ガス革命，シェール・オイル革命である。20世紀においても，存在は知られていたものの，水の浸透率が極めて低い，硬い岩盤層となっている頁岩（けつがん：Shale）に存在することから，経済的に採取することが困難であるとされていた，天然ガス成分（Shale Gas）と原油成分（Shale Oil）について，2000年代に入ってから，チェサピーク，ミッチェル・エナジーをはじめとした中堅・中小石油企業[1]が，起業家精神により，水圧破砕（Fracturing），水平掘削（Horizontal Well）等の最新の技術を活用して，経済的な採取に成功した。経済的な原油生産，天然ガス生産に成功した米国は，2010年以降に，天然ガス生産量，原油生産量を急速に増加させ，米国は，再び，世界最大の天然ガス生産国，原油生産国として復活した。2019年に，米国はエネルギーの純輸出国となった。2020年時点において，米国は石油，石炭，天然ガスのすべてについて純輸出国となっている。世界中のエネルギー専門家の誰も予想していなかった米国の原油生産量の増加は，

図7-1　主要原油価格（単位：ドル／バレル）

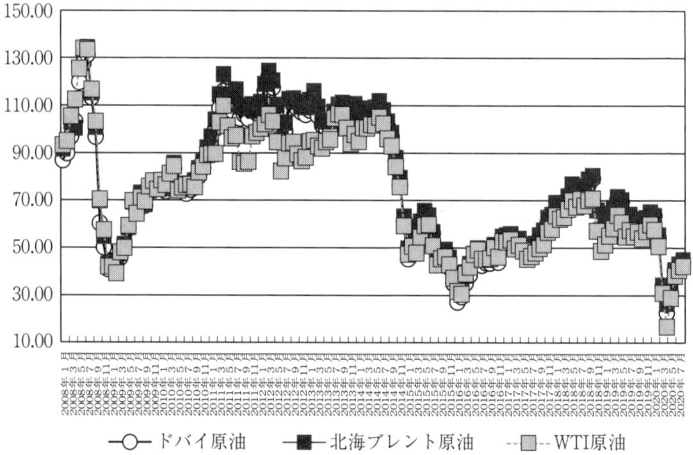

凡例：
─○─ ドバイ原油　　─■─ 北海ブレント原油　　--□-- WTI原油

出所：ニューヨーク商業取引所

　1970年代の2度にわたる石油ショックを契機として，国際石油市場の覇権を掌握したOPEC（石油輸出国機構）を中心とした国際エネルギー情勢のパワー・バランスに大きな変化を与えることとなった。大きな変化としては，2つのポイントを挙げることができる。第1に原油価格の乱高下である。21世紀に入り，中国，インドをはじめとした新興経済発展諸国の高度経済成長により，世界の石油需要が，急速に増加した。それに対して，イラク戦争をはじめとした中東の地政学リスクの強まりにより，原油供給途絶の懸念が強まった。そのために原油価格は，20世紀の1バレル18ドル台から，2008年には1バレル100ドルを超える状況となった[2]。しかし，米国の原油生産量が増加し，米国が世界最大の原油生産国となり，それに対抗するサウジアラビアをはじめとしたOPEC加盟国は，国際石油市場におけるシェアを維持するために，生産競争を行い，2014年以降に，激しい消耗戦の結果，原油価格が，大きく暴落した（図7-1）。

　米国のシェール・オイルと中東産油国による原油生産競争と，そ

れに続くOPECの協調減産によって，原油価格は乱高下を繰り返している。特に，2020年年初からの新型コロナウイルスの感染拡大に起因する経済活動の停滞，ヒトの往来の自粛は，世界の石油需要を大きく減少させた。IEA（国際エネルギー機関）によると，世界の石油消費量1億b/dのうち，3割に相当する2,900万b/dの石油消費量が，2020年4月に瞬間的に蒸発した。世界の石油需要の6割は，自動車，航空機，船舶をはじめとした輸送用燃料であり，ロックダウン（都市封鎖）により，自動車用のガソリン需要，軽油需要，航空機用のジェット燃料の需要が大幅に減少した。それに対して，米国のシェール・オイルの生産量は，堅調に増加しており，国際石油需給バランスが崩れ，余剰な原油を貯蔵する備蓄タンクが満杯に近くなり，2020年4月20日にNYMEX（ニューヨーク商業取引所）に上場されているWTI（ウェスト・テキサス・インターミディエート）原油価格は，1983年の創設以来初めて，1バレル当りマイナス37.63ドル（取引時間中の最安値は1バレル40.32ドル）と，マイナスの原油価格にまで暴落した。これは，原油の売り手が，買い手に対して，1バレル（159リットル）の原油とともに，37.63ドルの現金を渡すという，常識では考えられない異常ともいえる商取引となった[3]。これは，先物取引における買い手が，期日に原油という現物を受け取る必要があり，先物市場に参加する投機資金等は，受け取った原油を貯蔵する石油タンクが払底し，原油を受け取ってくれる買い手に，原油を保管するリスクを回避すべく，損失を覚悟のうえ，投げ売りを行ったというテクニカルな要因も加わっている。しかし，米国のシェール・オイルの生産量増加というファンダメンタルズ（経済の基礎的条件）が，世界の石油需給緩和を加速させたことも大きな要因となっている。

　第2に米国が，世界最大の原油生産国となり，米国は，2019年に，ネット・ポジションにおいて，エネルギー純輸出国となった（図7−2）。

　米国は，シェール・ガス，シェール・オイルの生産量増加によっ

図7－2　米国のエネルギー輸出入（単位：千兆ブリティッシュ熱量単位）

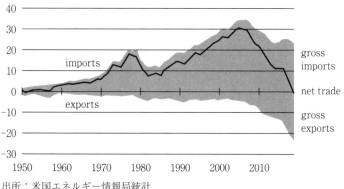

出所：米国エネルギー情報局統計

て，石油，石炭，天然ガスのすべてにおいて，純輸出国として復活
した。米国が，エネルギー純輸出国となったということは，サウジ
アラビアをはじめとした中東からの原油輸入に依存する必要が低下
したことを意味する。米国は，1991年の湾岸戦争，2003年のイラ
ク戦争を主導したが，それは米国にとって必要な中東産原油を守る
ための戦争でもあった。しかし，中東の原油に依存する必要がなく
なると，米国は，中東への関心が低下する。米国が，多額の軍事費
と多くの人命の犠牲を払って，中東の安全保障に責任を持つ必要は
ないという議論が，トランプ大統領，米国議会からも，生まれてく
る。これまでの歴代大統領が抑制していた，エルサレムをイスラエ
ルの首都として認め[4]，シリアのゴラン高原をイスラエルの領土と
認める外交政策も，イスラム教を国教とする中東産油国の反発に米
国が配慮する必要がなくなったことが背景にある。さらに，米国が，
シェール・オイルにより自立し，中東の原油を輸入する必要性が低
下した以上，日本，中国等が，中東の原油を輸入するタンカーのシ
ーレーンを，バーレーンに司令部を置く米国の第5艦隊が守る必要
はなく，日本のタンカーは，日本の負担により，護衛すべきである
という議論がでてくる[5]。

表 7 － 1　IMFによる世界経済見通し（2020年 4 月）

	2014年	2015年	2016年	2017年	2018年	2019年	2020年	2021年
世　界	3.4	3.4	3.2	3.8	3.6	2.9	-3.0	5.8
日　本	0.0	1.1	1.0	1.9	0.3	0.7	-5.2	3.0
米　国	2.4	2.6	1.5	2.2	2.9	2.3	-5.9	4.7
ユーロ	0.9	2.0	1.8	2.4	1.9	1.2	-7.5	4.7
中　国	7.3	6.9	6.7	6.8	6.6	6.1	1.2	9.2
インド	7.2	8.0	7.1	7.2	6.8	4.2	1.9	7.4
ブラジル	0.1	-3.8	-3.5	1.1	1.3	1.1	-5.3	2.9
アセアン 5	4.6	4.9	4.9	5.3	5.2	4.8	-0.6	7.8
中東アフリカ	2.7	2.7	4.9	2.1	1.9	1.2	-2.8	4.0

出所：IMFWorld Economic Outlook April 2020

　このように，米国における，シェール・ガス革命とシェール・オイル革命の拡大は，国際原油市場に大きなインパクトを与えただけではなく，国際政治・経済情勢にも大きな影響を与え，中東情勢を不安定化させている。さらに，2020年 5 月時点においては，新型コロナウイルスの感染拡大と，原油価格下落，世界的な株安，通貨安は共鳴している。IMF（国際通貨基金）による世界経済見通しにおいても，2020年の世界経済の成長率は，マイナス3.0％と大幅に低下することが見込まれている[6]（表 7 － 1 ）。

2　米国の原油生産は2019年以降も好調

　2019年 1 月からの120万b/dの協調減産と，2020年 1 月からの追加的な50万b/dの協調減産を，サウジアラビアをはじめとしたOPEC加盟国と，ロシアをはじめとした非OPEC加盟国によるOPECプラスが実施し，2020年 1 月までは，原油価格が安定していた。国際標準油種となっているWTI原油価格が，1 バレル50ドル〜60ドルに安定し，米国のシェール・オイルの生産は好調となり，米国の2018年における原油生産量は，1,096万b/dと過去最高を記

図7－3 米国をはじめとしたビッグ・スリー[7]の原油生産量

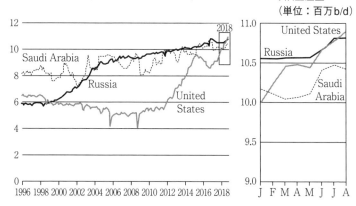

出所：米国エネルギー情報局統計

録し，サウジアラビア，ロシアを抜いて，45年ぶりに世界最大の
原油生産国に返り咲いている（図7－3）。2019年の原油生産量は，
1,230万b/dに達している。

　米国は，1973年以来，45年ぶりに世界最大の原油生産国となり，
2027年の原油生産量は，1,400万b/dに達することが見込まれてい
る。同時に，米国のシェール・ガスの生産量も，2050年まで，増
加することが予測されている。ただし，新型コロナウイルスの感染
拡大に伴う原油価格，天然ガス価格の下落により，米国のシェー
ル・ガスとシェール・オイルの生産量見通しは，今後下方修正され
る可能性があることに留意する必要がある。EIA（米国エネルギー情
報局）の最新の統計によると，2020年5月の米国の原油生産量は
1,000万b/dと，2020年3月の1,310万b/dと比較して，310万b/dも
減少している。米国においては，原油生産量の60％をシェール・
オイルが占め，天然ガス生産量の70％をシェール・ガスが占める
までになっている（図7－4）。

　米国における原油生産量は，世界経済の減速にもかかわらず，増
加を続けており，2020年2月における原油生産量は，1,283万b/d

図 7 － 4　米国の天然ガス生産量，原油生産量の動き

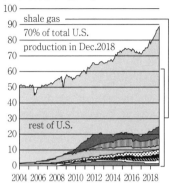

出所：米国エネルギー情報局統計

を超えている。米国のシェール・オイル（米国においては，硬い岩盤に存在する石油であることから，Tight Oilと呼ぶ）の生産量は，2019年～2020年春にかけて増加し，シェール・オイルの生産量だけでも，800万b/dを超えている。

3　シェール・オイル革命と米国の外交の変貌

　米国の天然ガス生産量，原油生産量が，急速に増加しているうえに，もともと，米国は石炭の純輸出国であることから，2019年には，石油，石炭，天然ガスをはじめとしたエネルギー生産量が，エネルギー消費量を上回るという，1957年以来62年ぶりの状況となっている（図 7 － 5 ）。米国は，2020年時点において，海外にエネルギーを依存する必要はない。

　米国のシェール・ガス革命，シェール・オイル革命のポイントを考えてみると，第 1 に2020年 5 月時点においても，シェール・ガス革命，シェール・オイル革命は，米国においてのみ実現している

図7－5 米国のエネルギー生産・消費バランス（単位：千兆Btu）

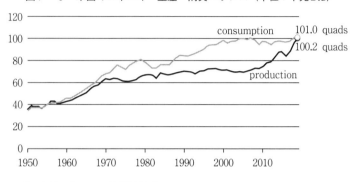

出所：米国エネルギー情報局統計

革命であるものの，すでに足場を固めた，経済合理性がある，現実的なエネルギー革命となっていることである。つまり，電気自動車（EV），太陽光発電をはじめとした再生可能エネルギーのように，経済性があるかどうかが，現時点において，未知数なものとは異なり，1バレル40ドル程度の現実的な原油価格，百万Btu（ブリティッシュ熱量単位）当り2ドル程度の天然ガス価格において，採算性があるエネルギーとなっている。つまり，シェール・ガス，シェール・オイルは，利益を挙げられる事業といえる。第2に米国においてのみ，広く成功しているエネルギー革命であるものの，世界最大の石油消費国，天然ガス消費国である米国のエネルギーの自立は，玉突き的に，世界の石油需給を緩和させ，原油価格上昇の抑制要因となる。サウジアラビアをはじめとしたOPEC加盟国の国営石油企業は，原油価格を高値維持するという国家戦略により原油生産量を調整するのに対して，米国のシェール・オイル生産企業は，純粋な営利企業として，政府による介入を受けずに，原油価格が上昇すると生産活動を活発化させ，結果として，原油価格上昇を抑制する働きをする。さらに，米国は，21世紀初頭ほど，中東産原油に依存する必要性が低下し，中東産原油を守るために，巨額の軍事費を投

入し，米軍の兵士を危険にさらす必要があるのかという外交政策に傾く。上述のように，2019 年 6 月にホルムズ海峡で勃発した，日本の石油タンカー攻撃事件においても，トランプ大統領は，「ホルムズ海峡を安全航行する利益を得ている国が，自分で船を守るべきであり，米国が無償で安全を守る必要はない」と発言し，日本のエネルギー安全保障政策にも動揺を与えている。トランプ政権は，中東に対する関心を低下させており，シリアからの米軍の撤退への動きをはじめ，エルサレムをイスラエルの首都と認定し，イスラエルが，1967 年の第 3 次中東戦争において，武力で占領したゴラン高原のイスラエルの主権を認める等，国連をはじめとした国際社会の合意に反し，中東諸国の反発を招き，中東情勢を不安定化させる政策をとることができるようになったのは，シェール・オイル革命により，米国の原油輸入における，中東産原油の依存度が低下したことによる。米国の石油純輸入量は，2005 年と比較すると，1,000 万 b/d 以上も減少している（図 7 - 6）。

　1,000 万 b/d もの石油輸入の蒸発という数値は，サウジアラビアに次ぐ，OPEC の大産油国イラン，イラクの原油生産量の合計を上回る。逆にいえば，米国以外の産油国は，OPEC 加盟国 2 ヵ国分の原油・石油製品輸出先を失ったことを意味する。第 3 にトランプ政

図 7 - 6　米国の石油純輸入量（単位：千 b/d）

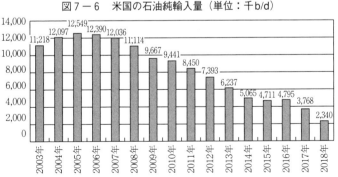

出所：米国エネルギー情報局統計

権による，米国第一主義，内向き指向，保護貿易主義は，米国のシェール・ガス革命，シェール・オイル革命と通奏低音のようにつながっている。シェール・ガス革命，シェール・オイル革命により，米国がエネルギーの自立を達成したからこそ，海外との自由貿易を重視することなく，米国の国内の国益だけを考えて行動することが可能となる。米国の自国中心主義は，2020年の新型コロナウイルスの感染拡大における，米国の利益のみを考えた，国連の専門機関であるWHO（世界保健機関）への拠出金の凍結，脱退に関するトランプ大統領の発言[8]に端的に見ることができる。トランプ大統領は，エネルギー政策について，一貫性がないといわれる。イランに対する制裁を強化し，2019年5月から，イラン原油の全面禁輸を行い，イスラエルとの関係を強め，中東情勢を緊張化させ，原油価格上昇要因をつくっている。他方，原油価格高騰にともなうガソリン価格上昇は，国内の支持率を低下させることから，OPECに対して，原油価格を引き下げるように求めている。逆に，2020年4月には，原油価格の暴落により，経営が苦しくなった米国のシェール・オイル生産企業を救済するために，OPECに対して，協調減産を実施して，原油価格を引き上げるように求めている。トランプ大統領は，原油価格に関して，矛盾した政策を行っているように見えるが，2020年秋の大統領選挙に勝利するという点においては，一貫している。ゴラン高原に対するイスラエルの主権を認めることは，トランプ大統領の支持基盤であるキリスト教福音派の求めることであり，支持基盤を強固とする。イラン敵視政策，ガソリン価格の上昇を抑制することも，国内支持率を維持するために必要な政策となる。テキサス州をはじめとしたシェール・オイル生産企業は，トランプ大統領にとって，重要な支持基盤となっている。トランプ大統領が，選挙に勝つための外交の自由度は，シェール・ガス革命，シェール・オイル革命により強化されている。2020年8月13日にイスラエルと中東産油国の一つUAE（アラブ首長国連邦）は国交を樹立

図 7 − 7　米国の電源別発電量（％）

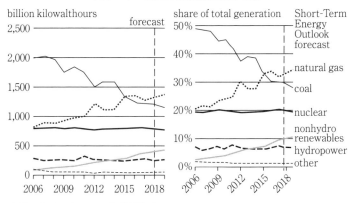

出所：米国エネルギー情報局統計

し，トランプ大統領は外交上の大きな成果と主張している。そもそも，トランプ大統領誕生の原動力は，シェール・ガス革命にあると筆者は考えている。シェール・ガス革命により，米国の天然ガス価格が下落し，米国において，天然ガス火力発電による発電量が，石炭火力発電による発電量を抜いた（図 7 − 7）。

　天然ガス価格が，百万Btu当り4.1ドルを下回ると，天然ガス火力発電の発電コストのほうが，石炭火力発電の発電コストよりも，割安となる。米国の天然ガス価格は，シェール・ガス革命により，長期間にわたって，百万Btu当り 2 ドル〜 3 ドルと，低位安定している[9]。そのため，以前は，電力の 5 割を占めていた石炭火力発電は，2019年においては， 3 割を下回っている。石炭火力発電の減少は，共和党の伝統的な支持基盤である石炭産業，石炭労働者に打撃を与える。そこで，トランプ大統領による，「米国の石炭産業を育成し，石炭労働者の雇用を守る」，という主張は，白人の石炭産業労働者の圧倒的な支持を得た。シェール・ガス革命により，危機的状況に直面していた，石炭産業と石炭労働者にとって，人為的な地球温暖化はないとし，石炭の消費を奨励し，石炭労働者に救いの

図 7 - 8 米国の炭酸ガス排出量（単位：億トン）

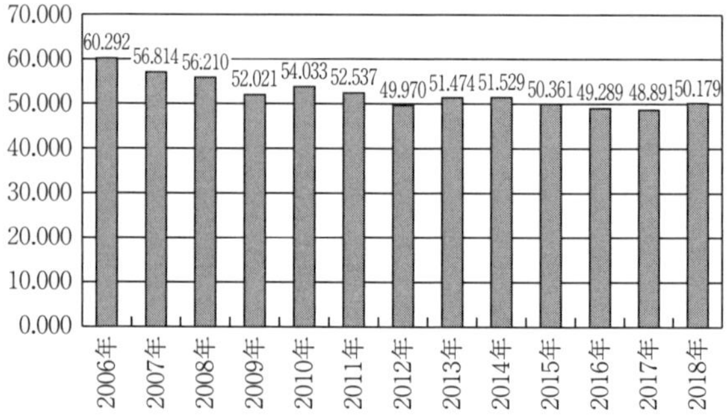

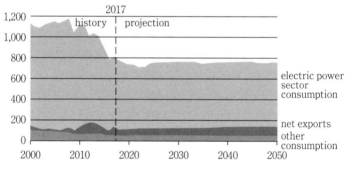

出所：BP統計2019年6月

図 7 - 9 米国の石炭消費量と純輸出量（単位：百万トン）

出所：米国エネルギー情報局統計

手をさしのべたトランプ大統領の言葉は，福音となった。シェール・ガス革命は，いろいろな意味において，トランプ大統領誕生の原動力となっている。さらに，米国は，天然ガス火力発電の増加により，経済成長と炭酸ガス排出量削減の同時達成を実現している（図 7 - 8）。

　米国の天然ガス価格が持続的に低位安定する限り，米国の石炭火力発電の割合は低下し，米国の石炭消費量は，長期的に減少すると予測されている（図 7 - 9）。

　米国における石炭消費量が，将来的に減少すると見込まれる状況において，地球温暖化対策に消極的であり，石炭産業と石炭労働者を擁護するトランプ大統領を，熱狂的に支持する白人労働者は，増加する。

4　地球環境保護に消極的なトランプ政権

　トランプ政権は，中東に対する関心を低下させ，中東情勢を不安定化させる外交を行うとともに，地球環境保護の世界的な動きにも，反対する外交姿勢を示している。2017 年 6 月に，トランプ大統領は，パリ協定離脱を表明している。トランプ大統領は，閣僚のすべてを，エネルギー業界寄り，地球温暖化はないという人材で固めている（表 7 − 2）。

表 7 − 2　トランプ政権の主要閣僚（2020 年）

閣　僚	現　職	政治的主張
国務長官	ティラーソン 2018 年 3 月解任，後任は CIA 長官ポンペオ	対イラン強硬派
大統領補佐官（安全保障）	マクマスターを 2018 年 3 月解任，後任は国連大使ボルトン	保守強硬派
エネルギー長官	前エネルギー省副長官ブルイエット 2019 年 10 月就任	エネルギー業界支持
EPA 長官	スコット・ブルイット→2019 年 1 月にウィーラー	地球温暖化に反対
国防長官	ジェームズ・マティス→2019 年 1 月退任→7 月にエスパー	テロとの戦い支持
財務長官	元ゴールドマン・サックス幹部スティーブ・ムニューシン	金融規制緩和
国家経済会議委員長	ゴールドマン・サックス COO ゲーリー・コーン 2018 年退任	保護貿易主義に反対
厚生長官	下院予算委員長トム・プライス	オバマケアに反対
内務長官	モンタナ州下院議員ライン・ジンキ	シェール・ガス開発規制緩和
司法長官	アラバマ州上院議員ジェフ・セッションズ→2018 年 11 月更迭	移民反対の保守派

出所：各種新聞報道

　トランプ大統領の閣僚人事とエネルギー政策は，白人保守層にとって分かりやすく，地球温暖化はなく，石炭，石油をはじめとした化石燃料の消費を奨励し，米国のエネルギー産業を育成し，米国経済を発展させることにある。中国，イラン等は，米国の国益を損なう脅威であり，徹底的に対決しなければならない。中国は，米国に対してサイバー攻撃を仕掛け，米国国民の安全を脅かしている。新型コロナウイルスに関しても，中国に責任があり，WHOは，中国寄りであると批判する。他方，国際協調，穏健な外交を指向する閣僚を追い出し，中国との貿易戦争をいとわず，貿易面にとどまらず，ハイテク分野，ワクチンの開発等においても，中国脅威論を強調する。地球温暖化を主張する欧州諸国とも対決する閣僚を選んでいる。その意味では，米国の石油企業も，二分される。国際的に活動するエクソンモービルの前CEO（最高経営責任者）であったティラーソン氏のように，国際協調を重視する人材は，トランプ大統領と袂を分かつ。エクソンモービル，シェブロン等のメジャー（国際石油資本）は，米国のシェール・オイルの開発にとどまらず，世界的な石油・天然ガス開発を行っていることから，経営戦略そのものが，トランプ大統領による保護貿易主義，米国中心主義とは親和性がない。それに対して，シェール・ガス開発，シェール・オイル開発の主役を担っている，米国の中堅・中小の石油企業は，米国国内の事業が中心であり，トランプ大統領の米国国内回帰，米国のエネルギー産業重視と両立する。特に，テキサス州，オクラホマ州，ルイジアナ州等の中堅・中小の石油企業は，伝統的に共和党支持層が強く，民主党が掲げる，地球環境保護，脱石油，マイノリティーの保護等は，経営理念と合わず，地球環境保護との対決姿勢を強めるトランプ政権を支持することとなる。

5　将来的にも増加する米国のシェール・オイル

　シェール・オイル革命が実現して，10年が経過する。これまでも，シェール・オイルの開発・生産に関しては，①好条件のシェール・オイル油田は，米国国内において掘り尽くされた，②原油価格が下落すると，シェール・オイル生産企業の財務状況が悪化し，シェール・オイルの開発を行う力がなくなる，③原油価格が低迷すると，金融機関による融資審査が厳格化され，シェール・オイル開発のためのファイナンスが受けにくくなる，等の課題が挙げられてきた。しかし，米国の原油生産量は，2014年以降の原油価格下落時においても，急速に増加している。

　2019年6月に発表された，最新のBP統計によると，米国の原油生産量（NGL：天然ガス液を含む）[10]は，2018年に1,531万b/dと，2008年と比較すると，852万b/dも増加している（図7−10）。米国の原油生産量の増加を受けて，この10年間の原油価格の動きを見

図7−10　米国の原油生産量（単位：千b/d）

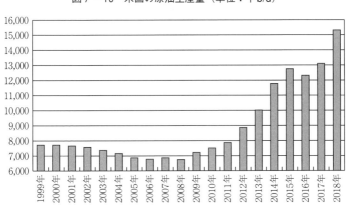

出所：BP統計2019年6月

ると，WTI原油価格は，2008年7月11日に1バレル147.27ドルまで高騰し，史上最高値を記録したものの，2016年2月11日には1バレル26ドルまで暴落している。原油価格が，ジェット・コースターのように乱高下し，原油価格が暴落した時期があるにもかかわらず，米国のシェール・オイルの生産量は，堅調に増加を続けている。

6　米国のシェール・オイルの長期的な底力

　原油価格が下落しても，米国のシェール・オイルの生産量が増加する理由としては，第1に1井戸当りのシェール・オイルの生産性向上が挙げられる。シェール・オイル開発にあたっての掘削深度は，シェール・オイルの地層がある3,000メートル〜4,000メートル程度であるものの，掘削技術の進歩により，井戸の掘削期間は短縮されている。数年前には，井戸の掘削に，数ヵ月程度の時間が必要であったものの，現在においては，10日間〜数週間程度に短縮され，開発コストが低下している。さらに，水平掘削（Horizontal Well）の水平延伸距離を伸ばし，シェール（頁岩：けつがん）層とシームレス・パイプラインとの接地面積を増やし，水圧破砕（Fracturing）[11]の技術向上により，シェール・オイル油田の生産効率を向上させている。EIAの統計を見ても，新規の1井戸当りの原油生産量は，増加基調にある（図7−11）。

　1バレル当りの生産コストが低下すると，原油価格の下落に対する抵抗力が強まるとともに，新規の1井戸当りの生産性が向上し，開発油田数が増加していなくとも，米国全体のシェール・オイルの生産量は増加する。もともと，米国のシェール・オイルは，中東の巨大油田，米国メキシコ湾の深海部油田のように，1井戸から10万b/d〜20万b/dの原油生産を行う，初期投資が巨額な油田と異なり，1井戸で500b/d〜1,000b/d程度の少量の生産を行う代わりに，

図7－11　1井戸当りの原油生産量（単位：バレル／日）

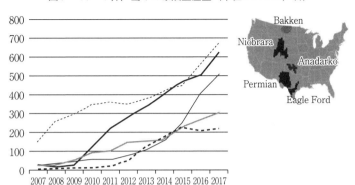

出所：米国エネルギー情報局統計

開発費用は，1井戸当り5億円～10億円程度の小規模油田が多い。
こうした小規模油田を数多く開発するシェール・オイルは，中堅・
中小石油企業のビジネス・モデルに適合した油田開発の形態となっ
ているといえる。逆にいえば，1井戸の規模が小さいことから，企
業規模が大きく，人件費が割高なメジャーの目線に合わない。もっ
とも，1井戸当りの生産量が，1,000b/d程度としても，1,000本の
シェール・オイル油田を開発するならば，100万b/dの原油生産量に
達する。米国のシェール・オイルの底力は，こうした1つ1つの小
規模油田の生産性向上によって，支えられている。第2に米国国内
の好条件の油田が掘り尽くされたといわれても，在来型（Conventional）
油田については，好条件の未開発油田が少なくなっているものの，
シェール・オイルの油田という非在来型（Unconventional）の油田に
ついては，未開発の地域も多い。シェール・オイルの開発とともに，
有望な鉱区が広がっていることが挙げられる。もともと，米国北部
のノースダコタ州のバッケン・シェール・オイル油田の開発が始ま
り，米国におけるシェール・オイルが注目されるようになった。次
にテキサス州のイーグル・フォード油田が，好条件のシェール・オ

図7－12　米国の地域別原油生産量（単位：百万b/d）

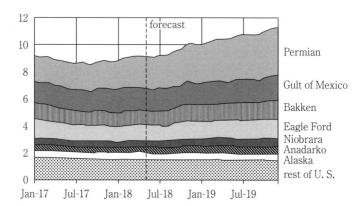

出所：米国エネルギー情報局統計

イル鉱区として注目された。その後，テキサス州とニューメキシコ州にまたがるパーミアン鉱区[12)]が，シェール・オイル開発の中心となっている（図7－12）。

　米国のシェール・オイル開発については，バッケン，イーグルフォード，パーミアンの3鉱区を，ビッグ・スリーと呼び，シェール・オイル生産の中心的な場所となっている。シェール・ガスについては，米国北東部のマーセラスが，中心となる。しかし，米国本土48州全体から見れば，シェール・ガス，シェール・オイルの開発が行われているのは，現時点においても，国土全体の一部に過ぎない（図7－13）。

　米国の内陸部は，数億年前には，海域となっており，豊富なプランクトンが存在し，石油・天然ガス埋蔵量のポテンシャルが大きい。さらに，米国は，1859年に世界最初の商業油田ドレーク油田の開発から，160年を超える歴史を持ち，米国本土48州には，在来型の豊富な油田と天然ガス田が存在する。そのため，米国全体に，石油・天然ガス・パイプライン，ベーカー・ヒューズ，シュルンベル

図 7 − 13　米国本土48州のシェール・ガス, シェール・オイル鉱区

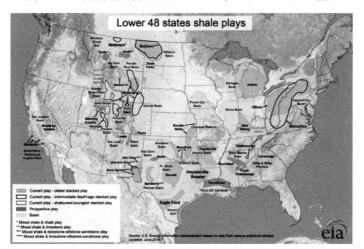

出所：米国エネルギー情報局統計

ジェ, ハリバートンをはじめとした石油サービス・カンパニー, 石油精製設備等のインフラストラクチャーが整備され, 非在来型の石油・天然ガス開発を促した側面がある。そのため, 上述のビッグ・スリーに加えて, 米国本土48州の他の地域において, 新たな有望鉱区の開発が行われる可能性は十分にある。2020年 5 月時点においては, 原油価格の暴落もあり, シェール・ガス, シェール・オイルの生産量が増加していることと比較して, 新規油田の開発投資が抑制されており, リグ（新規油田開発のための掘削装置）の稼働数は, 大幅に減少している（図 7 − 14）。

　リグ稼働数が増加していないにもかかわらず, 米国のシェール・オイルの生産量が増加しているのは, 上述のように, 1 井戸当りの生産性が向上し, 原油価格に応じて, 条件が良い, スイート・スポットのシェール・オイル油田, シェール・ガス田の開発に絞り込んで, 開発を行っているからといえる。米国のシェール・オイルの開

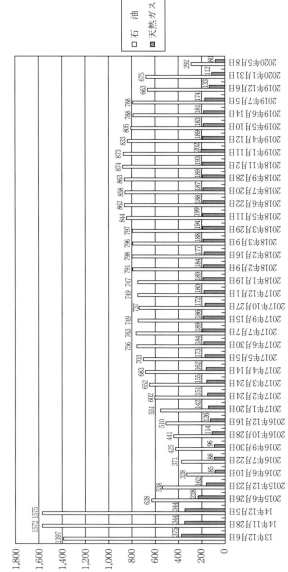

図7−14 米国のリグ稼働数（2013−2020年）

出所：ベーカー・ヒューズ社統計

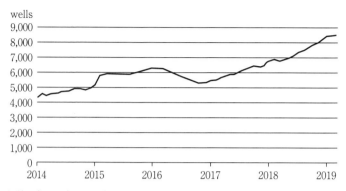

図7－15　米国のDUC数

出所：米国エネルギー情報局統計

発が本格化した2013年頃には，1,500基を超えるリグが，米国国内
において稼働していたが，2018年〜2019年は，原油価格が回復し
たにもかかわらず，700基〜800基程度しか稼働していない。シェ
ール・オイル油田，シェール・ガス田の開発の場合，生産開始から，
1年程度で生産量は半分程度に減少することから，原油生産量，天
然ガス生産量を維持・増加させるために，常に新規開発を行う必要
がある。こうした新規油田・天然ガス田開発のために必要なリグの
稼働数が，以前と比較して減少しているにもかかわらず，原油生産
量，天然ガス生産量が増加しているのは，①1井戸当りの生産性が
向上していること，に加えて，②原油価格低迷時に掘削だけ行い，
原油価格上昇時に備えて，生産を控えているDUC（Drilled but
Uncompleted）の積み上げが挙げられる。原油価格が下落し，経済性
がない井戸については，将来のために掘削作業だけを行い，一種の
在庫として，原油価格が上昇したときに，坑井仕上げを行い，安価
なコストにより，シェール・オイル，シェール・ガスの生産を開始
する。米国におけるDUC数は，増加基調にある（図7－15）。
　こうした米国のシェール・オイル生産企業によるDUCの存在も

あり，リグ稼働数が，大きく増加しなくとも，原油価格上昇時には，DUCのシェール・オイル生産を開始し，原油価格上昇による果実を得て，米国のシェール・オイルの生産量は，増加している。

7　米国の原油生産量，天然ガス生産量は将来的にも増加する

　米国の2018年における原油生産量，天然ガス生産量は，過去最高となっている。2019年も，米国の原油生産量，天然ガス生産量は増加を続けた。米国の天然ガス生産量は，最新のBP統計によると，2018年には，前年比11.5％も増加している（図7－16）。

　もともとの天然ガス田（Dry Gas）における，天然ガス生産量の増加に加えて，シェール・オイルの生産量の増加により，シェール・オイル生産に随伴した天然ガスの生産量も増加する。米国は，2017年に天然ガスの自給を達成し，シェール・ガスを原料としたLNG（液化天然ガス）の輸出を本格化している。米国は，2020年のLNG生産能力が，年間6,800万トンに達し，LNG輸出大国となっている。2022年には，カタールを抜いて，世界最大のLNG輸出国となるこ

図7－16　米国の天然ガス生産量（単位：10億立方メートル）

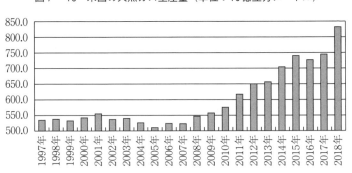

出所：BP統計2019年6月

図 7 － 17　米国の原油生産量見通し（単位：百万b/d）

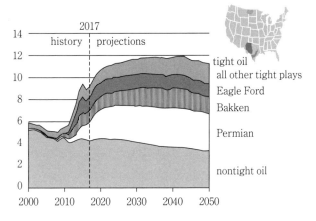

出所：米国エネルギー情報局統計

　とが見込まれている。米国は，シェール・ガス，シェール・オイル
の輸出拡大により，貿易収支の改善を目指している。EIA，IEAを
はじめとして，エネルギー専門機関の多くの見方においては，米国
は，石油・天然ガスの純輸出国として，シェール・オイルの輸出，
LNGの輸出が増加すると予測している。米国は，市場経済を原則
とし，国際原油価格，国際LNG価格も，米国の需給関係を反映し
た価格に収斂すると考えられる[13]。さらに，新型コロナウイルス
の感染拡大を大きな要因とする，原油価格の下落による変動要因を
別として，EIAは，2050年に向けて，米国のシェール・オイルの生
産量は，増加を続けると予測している（図 7 － 17）。
　米国における，シェール・オイルとシェール・ガスの実力は，長
期的にも底知れず，米国の原油生産量，天然ガス生産量は，21世
紀半ばにかけても増加し，国際エネルギー市場におけるパワー・バ
ランスを大きく変貌させることが見込まれる。

8　資源エネルギー大国となった米国の　　長期的な見通し

　上述したように，161年前の1859年に，米国のペンシルバニア州で，世界最初の商業油田であるドレーク油田の生産が開始された。それ以降，米国は，世界最大の原油生産国として，また世界の石油産業の中心として君臨してきた。現在も，エクソンモービルをはじめとしたメジャーは，世界の石油産業において，大きな位置を占めている。脱石油の流れにもかかわらず，メジャーのプレゼンスは，依然として大きい。そして，1970年に，1,000万b/dの原油生産をピークに，米国国内における原油生産は，減少の一途をたどり，米国が，再びエネルギー大国に返り咲くことはないと考えられてきた。そこでは，米国の原油生産量は，ピークを越えて，減退の一途をたどり，原油価格は，天文学的に高騰するという，陰鬱（Dismal）なオイル・ピーク論が，喧伝され続けていた。しかし，21世紀初頭からのシェール・ガス革命，シェール・オイル革命により，オイル・ピーク論は覆された。米国は，再び，世界最大のエネルギー生産国として復活した。もちろん，世界経済の経済成長率低下と原油価格の下落を受けて，短期的には，米国の原油生産量は，減少することが見込まれている（図7－18）。

　しかし，米国は，世界最大の石油消費国，天然ガス消費国であるとともに，世界最大の原油生産国，天然ガス生産国として，自信を取り戻している。サウジアラビアをはじめとしたOPEC加盟国も，米国の原油生産国としての復権に脅威を感じている。2019年7月のOPEC総会と，それに続く，ロシアをはじめとした非OPEC加盟国との閣僚会合において，OPECに非OPEC加盟国を含めた，「OPECプラス」の創設を恒久化することで合意した。それ以降，原油価格の安定化のために，OPECプラスは，一体となって，協調

図7−18　短期的な米国の原油生産量見通し（単位：百万b/d）

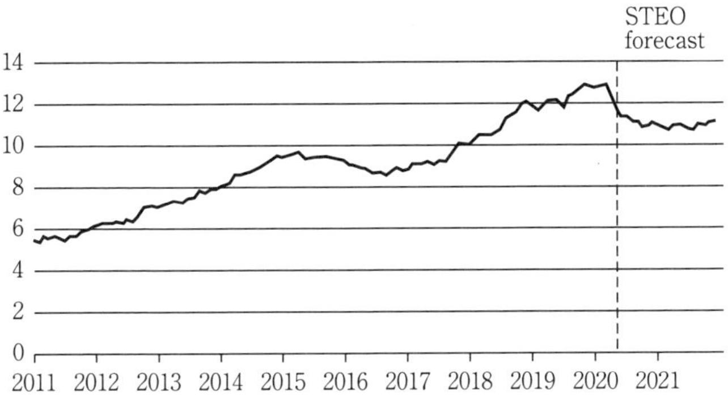

STEO
forecast

出所：米国エネルギー情報局統計

減産を行っている。原油価格の歴史的な暴落と石油需要の瞬間蒸発に対して，OPECプラスは，2020年5月1日に，970万b/dという過去最大の協調減産を行い，国際原油価格は，回復の兆しを見せている。2020年8月時点において，WTI原油価格は，1バレル40ドル台に回復している。巨大な産油国として復活した米国に対抗するべく，サウジアラビアとロシアという二大産油国が手を結び，米国との原油市場の覇権争いに立ち向かい，国際原油価格の主導権を奪還することを目指している。21世紀の世界を振り回すトランプ大統領は，米国のシェール・ガス革命，シェール・オイル革命の着実な成功を基礎に，2020年秋の大統領選挙の再選を目指している。大統領選挙に向けて，シェール・オイルを武器としている。世界的には，地球温暖化対策としての脱化石燃料への動き，新型コロナウイルスの感染拡大による在宅勤務による自動車，航空機の利用の減少等，脱石油の逆風が強まるなか，米国のシェール・ガスとシェール・オイルが，未来の国際エネルギー情勢をどのように変えるのか。シェール・ガスとシェール・オイルの世界への戦いは，新たな局面に突入しているのである。

【注】

1）米国は，160年を超える，世界最古の石油産業の歴史を持ち，数千社に達する石油産業の集積がある。エクソンモービル，シェブロン，コノコ・フィリップスをはじめとしたメジャー（国際石油資本）の他にも，多数の中堅・中小石油企業が活動し，米国の石油産業の裾野を支えている。

2）2008年7月11日に，WTI（ウェスト・テキサス・インターミディエート）原油価格は，1バレル147.27ドルの史上最高値を，ニューヨーク原油先物市場において記録した。

3）実際の取引は，1枚1,000バレル単位で行われるために，売り手は，1,000バレルの原油と400万円近い現金を，買い手に渡す取引となる。

4）2017年12月7日付け日本経済新聞朝刊

5）2019年6月13日にホルムズ海峡近くにおいて，日本の石油タンカーが攻撃された際に，米国において，日本は自国のタンカーの安全に責任を持つべきであるという議論が，米国内の政権において行われた。

6）2020年5月に入ってからも，新型コロナウイルスの感染拡大収束への見通しがたたず，IMFは世界経済の成長率について，マイナス幅がさらに拡大するという見方をしている（IMFゲオルギエワ専務理事）。2020年6月には，2020年の世界の経済成長率を，マイナス4.9％に下方修正している。

7）米国，サウジアラビア，ロシアの三大原油生産国をビッグ・スリーと呼ぶ。

8）日本経済新聞2020年4月15日付け夕刊

9）米国の天然ガス価格（NYMEXヘンリー・ハブ渡し）は，暖冬と新型コロナウイルスの感染拡大により，2020年5月20日時点において，百万Btu当り1.771ドルまで下落している。

10）BP統計による石油生産量は，原油（Crude Oil）と，コンデンセート（粗製ガソリン），プロパン，ブタン等の天然ガス液（Natural Gas Liquid）を含んでおり，米国エネルギー情報局による原油（Crude Oil）のみの統計とは数値が異なっている。

11）高圧の水を硬い岩盤にぶつけて，割れ目を作り，頁岩に含まれる石油・天然ガス成分を採取する技術。近年は，振動波をAI（人工知能）が解析し，地下数千メートルの地層構造の把握が進化している。

12）エクソンモービル，シェブロンをはじめとしたメジャー（国際石油資本）も，パーミアン鉱区の権益取得を積極的に行なっている。

13）2020年 5 月時点において，米国の LNG 輸出能力の増加に対して，世界的なLNG需要の伸び悩みが重なり，アジア地域のLNGスポット価格は，百万Btu当り 2 ドル台（S&P Global Platts）と，歴史的な低価格に低迷している。

現代に問う経営のあり方

第 **8** 章

デザイン経営の思考法
―社会の問題解決に着眼する―

當間政義

1　はじめに

　自分のアイデアをビジネスとして起業化を検討するとき，一般的に，「BtoC」と表現されるデザインの構築から検討するであろう。また，ビジネス・スクールなどで用いられる啓蒙書（テキスト）等では，経営学の理解を深めることが前提となることもあるが，「BtoB」を推奨しているようである。こうした思考方法（toの後のCやBではなく）に対して少なからず疑問を抱いている。そこで，本稿では，ビジネスそのもの（toの前のB）のデザイン（design）という視点に着目することで，結果として辿り着くCやBに共通するビジネス・デザインについて検討していきたい。とりわけ，本稿では，起業化の思考方法として "デザイン経営" に着目し，社会の問題解決に目を向けるビジネスの思考法を考察するとともに，その事例と効用およびその分析を行うことにしよう。

2　起業におけるビジネスのデザイン思考

（1）前回のレビューを踏まえた本稿の着想
　前掲稿「ビジネスで拓くあなたの未来（第1章）」において，起業

のすすめについて検討した（當間，2016，pp.1-17）。その背景として，企業内部において労働者の士気が減退し，病理現象となっている状況として，精神的な病に陥る30歳代・40歳代の労働者たちが増加傾向にあることを指摘した。経済・経営の環境の変化が激しい状況の中で，企業や組織は，これらに適合するように制度や思考習慣の変更を行ってきた。経営組織の内部でも同様である。しかしながら，これらの変更は，マネジメント上，労働者たちの行動規範や思考習慣に大きく影響する。組織の中で，かつては“良い（適合）”とされたものが，時間が経つにつれて“悪い（不適合）”とされることがしばしば見受けられる。先輩達は過去に習得した行動を成功として捉え，暗黙の裡にこの行動を部下に対し，自分と同様の行動をとるよう導くことが多い。後輩達は，中にはそれを踏襲する者もあるが，大半の者はこれを素直には受け止めず，拒絶する者も出てくるであろう。この間の行動の相違は，先輩達や後輩達が学んだ社会的状況であり，技術や制度の進歩がもたらす社会の変化である。後輩たちはパワーハラスメント，意見の尊重等を主張する。それで話が終わるかと問えば，そう簡単なことではない。誰かがこの中を取り持つ役割を引き受けなければ，組織としてまとまりがつかなくなる。それが，上層部の先輩達と後輩達の中間に位置づけられる30歳代・40歳代の労働者達なのである。彼らは，先輩達と後輩達の間で板挟み状態となり，上と下の間のねじれの中で窮地に追い込まれながら組織の中で労働をしている。こうした状況が，30歳代・40歳代の労働者達の心身の病となって表出する。まさに組織の中の病理現象である。こういった状況が心身に病を抱える前に，自分自身の就業を含めた人生のキャリア（career）を考える機会となるであろう。その１つの解決策が，自由と責任を背景に，そしてモチベーションを礎にした独り立ちという名のビジネスの起業化[1]であった。

　この続編となる本稿において，ビジネスのデザインに着目して，

その思考方法[2) について検討していきたい。

（2）起業におけるビジネスの一般的思考法

　以上のように記述していくと，どうやら起業化という行為は，あたかも負け組のような感じがするように思えてくるのではなかろうか。キャリアという個人の人生の長期的な視点で考えた場合，成功であったか失敗であったかは，その後の人生が物語る結果論である。これから起業化を考える人が，はじめから失敗を考えることはほとんどないであろう。むしろ成功を思い描くからこそ，時間を費やし起業化を考えるのである。

　本稿では，"起業化"という行為は負け組の行動ではなく，むしろ時代を刷新し方向づける行動という意味で捉えている。そして，"起業する者"は社会開発（social development）あるいは社会イノベーション（social innovation）の担い手（agent）という視点で捉えている。仕事を創造することは，財産を失うほどの危険を伴う冒険行為である。しかしながら，これに成功すれば社会に変革をもたらすことになる。このように，仕事の誕生は市場を創造するのである。(亀川，2006，pp.187-188) このような意味で，起業はそれほど簡単な話ではない。だが，むしろ企業や組織において精神的な病に伏するほど心身を消耗する必要はなく，先鋭的な行動としての位置づけである。この点が理解できたところで，起業を前提にしたビジネスのデザインについて検討していこう。

　まずは，ビジネス（Business：事業）という概念であるが，これはそれほど議論する必要はないであろう。

　次に，ビジネスのデザイン（design：構想）の概念である。学生たちに講義の際に起業したいかと問えば，実に多くの肯定的な返答が返ってくる。これは，起業について少なからず興味がある学生が多い。そのビジネスを問えば，共通している点は図8−1の右側に着目したビジネスを行っていく関係性（toの後のCやB）に焦点を当て

図8-1 ビジネス・デザインはどこに焦点を当てるのか

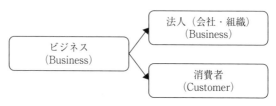

出所：筆者作成。

たものが非常に多いことである。

　ビジネスとしてデザインする場合，一般的に，販売する製品やサービスとして大きくわけて考えられる企業や組織という法人（Business）向けと消費者（Customer）向けという2つのターゲットから考える。こういった思考は，小売業のような業態を想定した起業化をビジネスと考えているからであろう。

　こうした着想は，本稿のアプローチとは異なっている。いわゆる経営学で扱う“企業経営”として考えると，図8-1の左側に位置づけられる。むしろ，ビジネス（toの前のB）に着目することから検討する方が好ましいということである。

（3）起業におけるビジネスのデザイン思考

　冒頭の部分でも既述したように，図8-1の左側に位置づけられるビジネス（toの前のB）のデザインという視点に着目して，その思考方法を検討していくことにする。

　では，ビジネス・デザインとは，いったいどのようなものであろうか。一般的に，ビジネスの戦略を立てる上で2つの知の使い方が必要となると言われている（早稲田大学ビジネス・スクール編2015, p.1）。1つ目は，「分析（analysis）」であり，これは過去を振り返ることである。2つ目は，「構想（design）」であり，これは未来を描くことである。特に，ビジネスをデザインするときは，後者を指し

図 8 － 2　ビジネス・モデルの 3 つの問い

① 誰に，何を，どのような価値を付けて，供給するか？

② 実行するために内部の業務プロセス（自社・他社に委託）をどのように構築するか？

③ 実行可能にするために，外部者（サプライヤー，顧客）とどのような関係を作るか？

出所：早稲田大学ビジネス・スクール編（2015）p.19 より作成。

て使われることが多く，いわゆるビジネス・デザインという用語となる。これがビジネスの具体的な計画にいきつくと，ビジネス・モデル（business model）という言葉で表現されることになる。このビジネス・モデルとは，競争戦略を具現化するもので，模倣不能なビジネス・モデルを構築することで，それ自体が競争優位を形成するため，図 8 － 2 にみられるように，これらを構築（創造）することである（早稲田大学ビジネス・スクール編2015, pp.17-20）。

　誰もが注目する分野のビジネスでは，多くの人がおよそ似たことを考える可能性が高い。その結果，競争が激化することが容易に予想される。ビジネスを分析という手法で捉えていくと，このように競合他社と類似する競争ということになる。もちろん，自身のデザインするビジネスが，他の企業や組織がどのような経営や管理に対してアプローチしているかということを調査し分析することは非常に重要なことである。

3　デザイン経営の思考に基づく起業の思考法
─社会の問題に目を向けるデザイン経営─

（1）起業におけるビジネスのデザイン経営の思考方法
　このデザイン経営という用語は，「デザインを企業価値向上のた

めの重要な経営資源として活用する経営である」と定義（特許庁，2019，p.7）づけられている。ブランドとイノベーションを通じて，企業の競争力向上に寄与する効果が期待できることが示されている。さらに，「製品の外観だけでなく，顧客とのすべての接点においてデザインが一貫したメッセージを伝える手段として機能することで，ブランド価値が生み出される」，「人々が気づかないニーズを掘り起こし，事業にしていくことで，イノベーションを実現する」と指摘されている（特許庁，2019，p.7）。企業や組織といった供給側の思い込みを排除し，対象となる顧客，ユーザーといった市場に影響を与えないように観察する。そうして気づいた潜在ニーズを，誰のために何をしたいのかという企業の原点と照らし合わせることで，既存のビジネスに縛られずに，ビジネス化を構想する。このようなデザインを活用した経営手法を"デザイン経営"という。

　もう少し踏み込んで，イノベーションに着目して考えてみよう。「イノベーションの時代に最も適した経営や組織の知がデザインということであり，イノベーションとはそもそも通常の企業活動を超えた矛盾にも満ちた活動である」（紺野，2017，p.15）という指摘がある。このように捉えると，イノベーションの本来の意味は，発明そのものではなく発明を実用化し，その結果として社会を変えることであるといえる（経済産業省・特許庁，2018，p.2）。革新的な技術を開発するだけでイノベーションが起こるわけではない。社会のニーズを利用者目線で見極めて新しい価値に結び付けること，すなわちデザインが介在してはじめてイノベーションが実現するのである。

　以上のことから，デザイン経営はイノベーションを実現する意味でも重要な構想であり，社会の矛盾に立ち向かう先鋭的なアプローチなのである。これを示すと図8－3のようになる。そこで，このデザイン経営に基づいたビジネスのデザインを行っていく際の思考方法として次の2つの要素を述べていくことにしよう。

図8-3　「デザイン経営」のための関係図

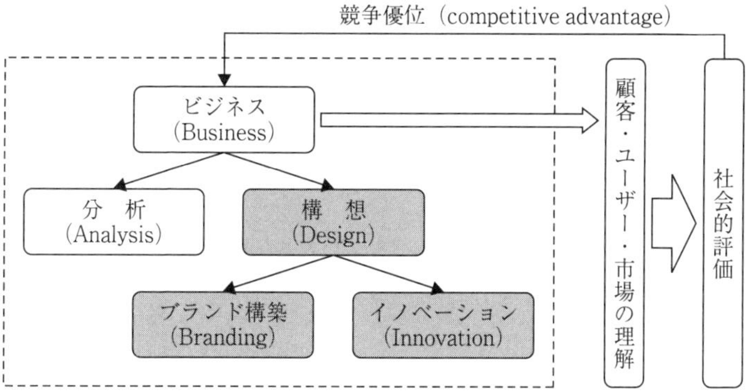

競争優位（competitive advantage）

出所：筆者作成。

（2）共生価値の創造への着目ーバランスの構築ー

　ビジネスのデザインを描く場合，経営戦略を念頭に置いて検討することは一般的な事であろう。もちろん既存の企業や組織が，市場で繰り広げられる競争戦略（competitive strategy）のような分析的な手法も必要であろう。しかしながら，新たな事業を戦略として策定する，いわゆる事業戦略（bushiness strategy）の場合，その着想がとても重要となる。その着想は，ビジネスのアイデアをデザインすることが重要である。だからと言って，図8-1の右側に位置づけられる「B」や「C」を即座に考えるのでは，経営戦略論的かと問えば，やや着想としては薄いものとなろう。

　そこで本稿では，デザイン経営の思考方法として，社会の問題や課題の解決をするビジネスをデザインすることに着目する。そのキーとなる概念が，"共通価値の創造（Creating shared value：CSV，以下CSVとする）"である[3]。この概念は，社会の課題や問題をビジネスで解決することによって，社会的価値（Social Value）と経済的価値（Economic Value）の両方を同時に追求して，創造する次世代の経営モデルであると言われている。この概念の重要なポイントは，

様々な議論があるが，競争上優位か否かのようなゼロサム（zero-sum）ではなく，共生というプラスサム（plus-sum）の社会構築の思考法である。もう少しわかりやすく言うと，社会の問題や課題をニーズとして捉え，これをビジネスで解決することで，社会に理解されるようなデザインにすることである。

　もう少し具体的に説明してみよう。近年，ESGという用語が注目されているが，これを志向するビジネスは将来性があると言われている。このESGは，環境（Environment），社会（Social），企業統治（Governance）への配慮である。例えば，このうち環境という概念に着目し，これを社会の問題あるいは課題と置いて考えてみる。地球や自然環境に対する能動的な取り組みとしてのビジネスには，近年，投資の資金が集まる傾向が強い。同時に，このようなビジネスが社会に広く理解され，市場性を有していることは，現代社会の動向として注目に値する。これは，環境に配慮した企業の経営戦略の試みが，環境ビジネスとして具体化されることで，ジレンマの関係にある環境価値の追求（持続可能性）と経済性の追求（競争優位性）とを同時に追求することが可能となるとも言われている（當間，2017, p.103）。このように，社会の問題や課題を解決するビジネスをデザインする思考は，社会，市場，顧客やユーザーにとっても受け入れられやすく，同時に経済的な活動を行いやすいのである。

　しかしながら，CSVとして掲げられる社会的価値と経済的価値の双方を同時に追求する行為は，これらのバランスをとることが非常に難しいと言える。ここで付け加えなければならない点が1つある。それは，社会的価値の追求そのものは，会計上の経営分析をすれば，環境への対処は収益性を損なうマイナスの要素，すなわち費用（コスト）が嵩む可能性が非常に高いということである。図示すれば図8－4のようになる。この2つのバランスをとることが難しいと言えるのである。しかしながら，ビジネス・デザインそのものの着想としては，たいへん意義深い着眼点である。

図8－4　デザイン経営のシーソー

出所：宮坂・水野編（p.100），図10-1　環境経営のシーソーより加筆修正。

（3）社会の問題解決に着目―避けがたい随伴的結果の先取り―

　ビジネスのデザインを描く場合，重要な点は，即座に市場や顧客に評価を得るような，CやBに着目するマーケティング的な思考ではない。人や組織の行為に付きまとう随伴する結果にむしろ着目する。すなわちそれは，社会の問題解決に着目することである。社会の問題の何を解決できるのかを考える必要がある。

　ここで，"随伴的結果（the associated consequences）"という概念へ着目することが必要であろう。この概念は，やや抽象度が高いように思われるが，三戸公によってわかりやすく説かれ，よく考えてみればとても素直な概念である。それは，良かれ悪しかれ何等かの随伴的結果を伴わない目的的結果（the aimed result）はない。人間（もちろん企業や組織も含む）の行為には，必ずと言ってよい程，目的的結果と随伴的結果がある[4]。この指摘の通り，そもそも目的的結果は随伴的結果と対なのである。

　ここで重要なことであるが，随伴的結果は，行為者個人（もちろん企業や組織も含む）の心理的行動として，偶然的なもの，取るに足らないもの，些細なものという位置づけとなる点である。簡単に言えば，誰もが目を向けたくない，考えたくない，あるいは後回しにしたいと思うような，できれば避けて通りたいと考えることが対象となる。このような認識にいたるような軽微な感覚こそが，実は重要であると三戸公は説くのである。この思考を援用すれば，地球（自然）環境問題，社会問題あるいは課題といった存在はしているが，

対象から除外してきたことを意味する。むしろ，これらを先取りするような思考に着目し，これを重要なビジネスとしてデザインすることが意義深いということである。

（4）デザイン経営における着眼する要素という名の仮説

　ここで，これまで検討してきたことをまとめてみよう。デザイン経営における思考方法は，ステップ1として，"共生価値の創造"へ着目し，"社会の問題・課題の解決"と"社会の市場性や評価"を検討する。そして，ステップ2として，行為に随伴する結果を先取りして，ビジネスの対象とする。この費用としてマイナス面となる対処を社会の問題・課題と置き，このバランスを取りながら解決するビジネスは，社会性を獲得しやすい。このような思考方法で，ビジネスを構築する際にデザインすることで，結果的に，競争力のあるビジネスが構築できると考えられる。

　こうした2つのステップから，本稿では，ビジネス・デザインの思考方法という着眼点を掲げたい。そして，これを図示すると，図8－5の通りである。とても重要な視点であるが，着手に難しい思考方法から，経営を成り立たせるビジネス・デザインこそが，まさにデザイン経営なのである。

図8－5　デザイン経営に着目する思考方法

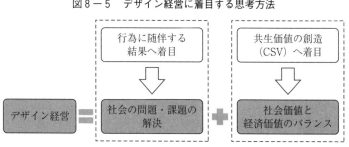

出所：筆者作成。

4　社会の問題に目を向けるビジネスのデザイン

（1）社会問題に目を向けたビジネス・デザイン思考法に　　基づく事例

　社会の問題や課題に目を向けることで，様々なビジネスへの着想が生まれてくる。本稿の着想にしたがって，ここで，簡単にいくつかの事例を示してみよう。

　①　コンポスト・ビジネス：環境問題解決のビジネス

　コンポスト・ビジネスは，前掲稿でも取り上げた事例であった（當間, 2016, p.16）。

　まず，日常の生活で発生する生ごみに着目してみよう。その生ごみは，単純に袋に入れて廃棄していたであろう。この点で，何も関心を示さなければそれまでのことであるが，この生ごみの廃棄と処分，そしてこの増加と減少に疑問を持つとどうなるだろうか。日常生活で"日々増加する生ごみを減少させるにはどうしたらよいか？"。この問題解決は"ビジネスになるか"といった出発点である。生ごみをコンポストで分解し肥料化するとビジネスとして可能かどうかというアイデアである。生ごみをコンポストに入れ，それをミミズによって分解させる。特に難しいことはない。コンポストに生ごみを入れ，そこにミミズを投入することで，ミミズがそれを分解し有機物を排出する。この排出されたものを有機肥料として畑や花壇などの肥料として用いる。ミミズは活性化し増殖する。このミミズは魚釣りや小動物の餌となる。これらはビジネスの着想であり，デザインの事例（ケース）である。

　②　植物工場：食料問題，環境問題解決のビジネス

　食料生産の問題に着目して，ビジネス・デザインの第2の事例

（ケース）をみよう。日々，我々が生活するうえで，食料が重要であることは誰でもよくわかっている。しかしながら，日本の農業は，現在，課題や問題を数多く抱えている。少子高齢化の影響もあり，食料の生産者である農業に従事する者は年々減少化傾向を示している。また，日本の食料自給率が38％にまで落ち込んでおり，非常に深刻な問題である。簡単に言えば，日本の国民が自国の農産物で賄える状態は，食料自給率が100％であるとすると残りの62％を輸入に頼らざるを得ない状況にあり，外国からの品質の定まらない農産物を輸入せざるを得ない状況など，数多くの問題がある。

　我われは食料を食べずには生きていけないので，食料問題は同時に社会問題となる。そこで，農業の代わりを果たす生産方法はないものかと考える。植物工場（plant factoryあるいはVertical Firmingと呼ばれる）という第2次産業に位置づけられる生産方法がそれである[5]。日本では，一般企業がこれをビジネスとして経営しており，第1次産業の農業とは一線を画している。世界的には，第1次産業に位置づけられる農業も，第2次産業に位置づけられる植物工場も生産方式の異なる農業として位置づけている。例えば，英国では，これを都市型農業（urban farming：アーバンファーミング）といい，農地で作物を育てる既存の農業とは異なり，都市部における空きスペースを利用して行う都市型農業という意味で用いられることが多い。近年，未利用の大型倉庫，建築物の地下あるいは屋上などといった意外な場所を利用して，野菜などを育てているのである[6]。

　また農業は化学肥料や農薬を用いることで，生産効率や品質を高める努力をしている。しかしながら，これらの使用は，日本の固有種の動植物を死滅させてしまうだけでなく，人体にも影響を与えることになる。いわば環境問題の一因ともなるのである。

　一方，植物工場は第2次産業のビジネスである。農地を所有する農家だけが農業従事者である農業とは異なり，労働者の枠も広がる。もちろん取り扱いの限界もあるが，生産方法が異なっても，野菜と

いう農産物と同じ生産物が産出されるのであれば，良いことであろう。この関係は，ちょうど医薬品として販売するものと医薬部外品として販売するものと類似する関係であろう。

（2）ビジネス・デザインの事例に基づく分析

　ここで，この2つの事例（ケース）に基づいて，いくつかの効用として考えられる点をまとめてみよう。

① コンポスト・ビジネスでは，環境問題（生ごみの減少）を解く目的で，ビジネス（農業の有機肥料・釣り餌や小動物の餌など）を成立させる。応用として，都市鉱山とも言われるように，古くなった携帯電話や精密機械類を回収して，金などのレアメタルを創造することもデザイン可能である。

② 植物工場では，農業が抱える問題を補完する生産能力がある。食料問題（輸入食料に頼る），後継者不足（少子高齢化），環境問題（農薬等の自然環境破壊）などを解く目的で，ビジネス（食料となる野菜・花卉など）を成立させる。

　以上の2つの事例（ケース）は，社会の問題を解決するという社会的評価および顧客やユーザーといった市場の受け入れがあるためにこの関係がデザイン経営，すなわちビジネスとして成り立つということとなる。この関係をまとめてみると図8－6になる。

図8－6　デザイン経営における2つの事例の効用

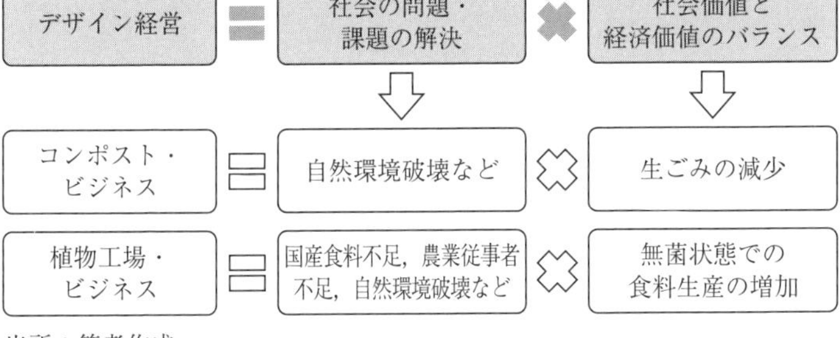

出所：筆者作成。

5　おわりに

　自分が置かれた職場環境や状況を受け止めてそれに適応し，能動的に行動することは必要である。自分がこれらの要因に対して能動的に行動できない個人はもちろん問題外である。しかしながら，先輩となる上司，後輩との関係構築に一生懸命になることに対して，暗黙の裡に示される慣習や文化（本業に懸命にならずに，組織内政治にしか関心を示さない上司の粗悪な行動）によって，「こんな時間が必要か？」と自分が思うのであれば，それは話が別である。起業という行為は負け組という認識ではない。むしろ，先鋭的に，「なんでこんなこと気づかないの？」あるいは「もっともっと良い方法はできないの？」といった，社会開発あるいは社会イノベーションといった観点からの起業のススメであり，社会のリーダーとしてのキャリアを目論む意味でのビジネス・デザインのススメなのである。

【注】

1）この「精神的な病」と「キャリア重視の行動」という着想は，太田肇（2001）『ベンチャー企業の「仕事」―脱日本的雇用の理想と現実―』中公新書の第1章にて，「雇用の救世主として（p.2）」および「ワークスタイルの革新（p.3）」から，ベンチャー企業の起業という流れに類似していることをここで述べておく必要があろう。

2）この考え方の着想については，ビジネスのデザインを教育するという視点から記述を行っている。Toma, M. , Kurakata, M. , Toma, K.(2107), pp.1-9。

3）詳しくは，M.E.ポーター・M.R.クラマー著，DIAMONDハーバード・ビジネス・レビュー編集部訳「共通価値の戦略」『DIAMONDハーバード・ビジネス・レビュー』2011年6月号を参照。

4）三戸公は，この随伴的結果について，C.I.Bernardの「求めた結果（the sought result）」と「求めなかった結果（the unsought consequences）」を取り上げ，指摘していることも，敢えてここで述べておく必要があろう。

5 ）日本における植物工場へのアプローチとして，食料生産の手段のイノベーションの視点から考察し記述した文献があるので参照されたい。當間政義「生産要素の結合の変化と経営形態に関する研究 —食料生産における生産主体を中心として—」（立教大学博士号申請論文）＜file:///C:/Users/Masayoshi%20Toma/Downloads/A514_Dissertation_%E5%85%A8%E6%96%87.pdf＞（2020年 4 月20日閲覧）

6 ）この植物工場は，英国で都市型農業として位置づけられており，近年，その取り組みが盛んになってきている。次の資料を参考にされたい。「イギリスの地下に広がる農園は防空壕の再利用：都市型農業は食問題の解決策となるか」『未来コトハジメ—社会課題解決のアイデアバンク—』＜https://project.nikkeibp.co.jp/mirakoto/atcl/global/h_vol6/?P=1＞（2020年 3 月18日参照）

【参考文献】

［ 1 ］亀川雅人（2006）『資本と知識と経営者-虚構から現実へ-』創成社

［ 2 ］亀川雅人・粟屋仁美・北見幸一編著（2020）『市場とイノベーションの企業論』中央経済社

［ 3 ］小林光（2013）『環境でこそ儲ける—ビジネスは「環境経営」で進化する—』東洋経済新報社

［ 4 ］名和高司（2015）『CSV経営戦略』東洋経済

［ 5 ］太田　肇（2001）『ベンチャー企業の「仕事」—脱日本的雇用の理想と現実—』中公新書

［ 6 ］岡本眞一編，當間政義，近藤明人，嶋村幸仁，堀江則之（2013）『環境経営入門—第 2 版—』日科技連

［ 7 ］三戸　公（1994）『随伴的結果—管理の革命—』文眞堂

［ 8 ］當間政義「第10章　環境経営」，宮坂純一・水野清文編（2017）『現代経営学』五弦舎，pp.95-104

［ 9 ］當間政義編著，池田玲子，仁平晶文，水野清文，藤木善夫，清水健太，文載皓，東俊之，Phung Dinh Trong（2018）『マネジメントの基礎-企業と地域のマネジメント考-』五弦舎

［10］當間政義（2016）「植物工場のビジネス化に関する戦略的背景と革新モデル」『ビジネス・マネジメント研究—第12号—』日本ビジネス・マネジ

メント学会，pp.1-16

[11] 當間政義「第1章 ビジネスで拓くあなたの未来」，和光大学経済経営学部編（2016）『17歳からはじめる経済・経営学のススメ』日本評論社，pp.1-17

[12] 早稲田大学ビジネス・スクール編，淺羽茂・今村英明・根来龍之・長谷川博和・樋原伸彦・平野正雄『MBAビジネス・デザイン—戦略設計の基本と応用—』（2015）

[13] Toma, M., Kurakata, M., Toma, K. (2107) Business design to solve social problems － Consider from the teaching method of business administration －,『2017文化創意設計　業國際學術　實務研討會（The 2017 International Conference, Creativity and the design Industry)』，Taiwan, pp.1-9

[14] 立教大学大学院ビジネスデザイン研究科編（2016）『ビジネスデザインと経営学』創成社

[15] 紺野登（2017）『ビジネスデザインのためのデザイン思考（第3刷)』東洋経済新報社

[16] 中原雄司（2019）『「未来市場」のつくり方-サステナビリティで変わる企業の常識-』東洋経済新報社

[17] 特許庁「『デザイン経営プロジェクト』レポート（2019年4月4日）」＜https://www.meti.go.jp/press/2019/04/20190404002/20190404002-1.pdf＞（2019年12月28日参照）

[18] 経済産業省・特許庁，産業競争力とデザインを考える研究会「『デザイン経営』宣言（2018年4月23日）」＜https://www.jpo.go.jp/resources/shingikai/kenkyukai/kyousou-design/document/index/01houkokusho.pdf＞（2019年12月18日参照）

第 **9** 章

顧客価値創造・提供活動における 顧客価値の創造と管理
～ノートブック市場を事例として～

丸山一彦

1 緒 言

　顧客・社会が望む又は期待する価値を創造し，提供する活動のプロセス（以下顧客価値創造・提供プロセスと表記する）は様々存在する[1]。また顧客価値創造・提供プロセスは，非常に複雑で多岐にわたるプロセスであり，試行錯誤やフィードバックによる追加・修正を繰り返すこともあるため，単純な一連のプロセスで示すことは適さないという見解もある[2]。さらに顧客価値創造・提供プロセスの上流では，マネジメントする対象が可視化しづらく，全く同じ商品を繰り返し企画することが無いため，標準化したプロセスを求めることは殆どなかった[3]。

　このような顧客価値創造・提供プロセスについて，図9－1に示すように，事業のスタートとゴールだけに絞った単純なプロセスで表現をしてみる。どのような企業や事業であっても，顧客価値創造・提供プロセスのゴールでは，「①顧客や社会が喜んで購入してくれる」という結果を導出しなければならない。つまり自社が創造・提供した価値が，顧客や社会に価値あるものとして認められることである。さらに，「②提供した価値に対して利益を生み出せる」

図9－1　顧客価値創造・提供プロセスの概要

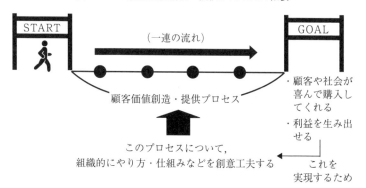

ことが必要になる。顧客や社会にどれだけ価値あるものと認められても，販売するごとに損失（赤字）を作っては，企業や事業は存続・発展できなくなる。よって前記の①②を達成するため，顧客価値創造・提供プロセスについて，「組織的にやり方・仕組みなどを創意工夫」していかなければならないのである。

　この創意工夫の活動について，経営学では「組織的に」という考え方に重点をおいて，様々な問題に対応してきた。図9－2に示すように，企業利益と顧客満足の最大化を考え，顧客価値創造・提供プロセスを細分化し，分業化した組織を作成する。そしてこの分業化した組織をどのような方法によって管理・育成し，ゴールの目的・目標を達成させるかを実現していく。このような創意工夫によって，経営管理や組織に関する多くの理論や技法が考え出され，整備・精緻化され，経営学は発展してきたと言える[4]。

　このように，顧客価値創造・提供プロセスにおける組織に対する組織技法や経営管理技法は多く生まれ，発展してきたが，その一方で，顧客価値創造・提供プロセスにおける顧客価値に対する創造技法は，ビジネス研究において殆ど散見されず，置き去りにされてきたのは否めない。

図9－2　事業活動の細分化と分業化

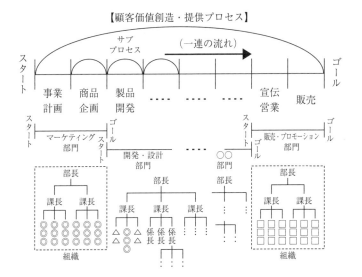

　しかし，優良な組織技法や経営管理技法を用いてどれだけ効率的な組織運営が行えても，顧客が望み・期待する価値を創造できなければ，顧客から見放され，存続できなくなる。また変化の激しい現在の社会にあっては，顧客にとっての新たな価値を創造し続けることができないと，優良な組織技法や経営管理技法を用いて作り出される組織の価値を発揮できなくなる。この意味においても，顧客価値創造・提供プロセスにおける顧客価値に対する創造技法の必要性と重要性が理解できる。

　また商品（サービスも含む）が不足し，顧客のニーズが顕在化していた時代には，担当者の経験や勘に依存したやり方で創造活動を行っても，顧客の要望は理解しやすく，商品の研究開発段階で対応できることが多かった。さらに商品のライフサイクルが長い時代には，商品を市場に出してから，購入してくれた顧客から不満や要望を聞き，その意見を元に様々な改善・改良を行った商品を市場に出し，

またこの商品についても同様に購入してくれた顧客から不満や要望を聞き，というように，時間をかけて自社の提供した商品を真の顧客ニーズに合致させていくことも可能であった。

　しかし，成熟社会になり，顧客のニーズが潜在化してくると，担当者の経験と勘に依存したやり方では，曖昧で不明瞭なまま創造活動を行うことになり，どこまで進んでいるのか，適切な方向（顧客の望む方向）に進んでいるのかが分からなくなり，結局最後の方で問題や課題が顕在化し，山積することになるか，真の顧客ニーズに沿わない商品を顧客に提供してしまうことになる。そのため，多くの無駄な時間や費用が発生することになり，最悪的には，売れ残りとして全ての商品が返品されてくることにもなる。そして商品のライフサイクルが短くなると，商品を市場に出してから，顧客の不満や要望を聞き，改善・改良を行っていく後手的なアプローチでは，真の顧客ニーズに合致する前に，商品が市場から衰退してしまうことになる。

　現在多くの企業で，新商品が売れない，真の顧客ニーズに合致した新商品が創れないというとても重大な問題が産出しているのも，顧客価値創造・提供プロセスにおける顧客価値に対する創造技法について，ビジネス研究としての十分な研究提案がないからである。成熟社会になり，顧客のニーズが潜在化し，商品のライフサイクルが短くなった今の時代では，担当者の経験や勘に依存した試行錯誤的に顧客価値創造・提供活動を行うのではなく，図9－3に示すように，顧客価値創造・提供プロセスを細かく分解し，幾つかのサブプロセスを定め，各サブプロセスの節目（ゴール）で顧客価値創造・提供活動の進度と各アウトプットの精度を確認する方法論が求められている。なぜなら，このようなことを行うことで，早い段階から，「真の顧客ニーズ＝自社が提供する商品の狙い」を実現するための問題や課題の検出が行え，検出した問題・課題について決定・検討・対策していくことで，適切な意思決定が早い段階からで

図9－3　顧客価値創造・提供活動の見える化

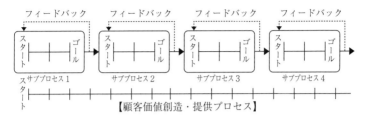

きるようになる。そのことで，顧客価値創造・提供活動を有利な（無駄な作業無く，何事にも先手が打てる）状況・状態で進行できるようになり，競合他社との競争にも戦略的に打ち勝つことができるようになる。

　以上のことから，顧客価値創造・提供プロセスにおける顧客価値に対する創造技法とそのやり方の管理技法が必要であり，これらの方法論に対する実践的な研究が求められている。

　そこで本論文では，顧客価値創造・提供活動の出発点である，顧客価値創造・提供プロセスの上流に焦点を絞って，顧客価値に対する創造技法の必要性と実務への有用性を検証する。具体的には，丸山が研究開発[5]した創造技法の一つである「ピラミッド型仮説構築法[6]」を用いて，有望な市場の仮説を論理的，体系的に発見できることを検証することで，本提案方法である創造技法の「ピラミッド型仮説構築法」の有用性と実務への活用性を明示する。そして本論文で適用する商品は，「デジアナノート[7]」である。デジアナノートとは，スマートフォン（以下スマホと略記する）対応の専用アプリで通常のノートを撮影し，ノート情報をデータ化することで，デジタル情報としてノートの管理・整理・共有・確認が行える「最新ノート」である。なお本研究は，丸山研究室の学生達（当時3年生）がゼミナール研究として行い，「第35回関東学生マーケティング大会」で発表した研究を元に作成している。

2　ノートブック商品に対する問題提起

　現代社会は，ICTの急速な発展により，デジタル化社会と呼ばれている[8]。しかし我々は，このような便利なデジタルツールを使用しながらも，紙媒体の本や雑誌等から情報や知識を得たり，メモ帳やスケジュール帳を使用する等，アナログツールも用いている。つまり我々は様々な場面において，適したアナログツールとデジタルツールを使い分け，快適に日常生活を過ごしているのである。例えば，勉強や仕事，更に私生活でも多くのデジタル機器を使い，利活用している社会人の間で，ここ数年アナログのノートブック（以下ノートと略記する）の人気が上昇している[9]。同様にスマホ，タブレット等，デジタル機器を常に身に付けて，生活必需品になっている多くの学生も，アナログノートの使い方をどんどん進化させている。このようにアナログノートが注目され，使用されているためか，2014年まで下降傾向にあった文具市場は，2015年以降は緩やかに上昇傾向にあり，文具市場の中でも紙商品は緩やかに売上が上昇[10]している。

　このように現在アナログノートが注目されているが，次のような重大な問題が存在する。太田[11]によると，ノートの役割である「記録・整理・伝達」が全て機能した時，学生におけるノートの役割が初めて果たせたと言える。そのため東京大学合格生は，この3つのノートの役割を機能させる為に，授業ノート以外に，6種類のノート[12]を独自に作成し，更に授業ノートも，見開きページを項目別に独自の分割方式でノートをとり，ノートの使用フォーマットを多様化させる工夫まで行っている。これだけの手間暇とノート術を用いないと，学生におけるノートの役割は十分に機能したとは言えないのである。しかし多くの学生で，ノートの本質的役割を果たす使用方法（ノート術）を用いないまま，ノートを使い続けている

のが実情であり[13]，実際に販売されているノートも，機能として何百年と変化せず，ノートの本質的役割を果たすノート術が備わっていない，かなりローテクノロジーの商品が大多数である。

　以上のように，多くの場面でデジタルツールとアナログツールを適切に使い分ける必要性がありながらノート商品では，「①機能面でかなりアナログ処理しかできないノートが殆どであること」「②教育を受ける側は，機能面でかなりアナログ処理しかできないノートを使用するしかない状況であること」「③そのため東京大学合格生のように，個人の能力や努力に依存しなければ，ノート本来の役割全てを機能させることができないこと」というノートに関する重大な問題が存在していると言える。これには，文房具メーカー[14]を大きく分けると，筆記具・オフィス（事務ファイル）文具・玩具メーカーが殆どで，ノートを主力商品として発展してきた企業が殆ど存在しないことが影響していると考える。

　以上のことから，「ノート商品」は，多くの課題を抱えながらも，機能として何百年と進展もなく，多くの主力文房具メーカーも気付いていない，顧客の様々なニーズがまだまだ存在すると考えられ，顧客価値創造・提供プロセスにおける顧客価値に対する創造技法を適用研究するテーマとして適していると考えられる。

3　ノート市場の形成史

　ノートの主体となる紙が発祥したのは紀元前184年で[15]，日本で紙が伝承されたのは610年である[16]。そこから，日本でも紙の製造が始まり，紙を綴る技法が生まれ，1884年に，松屋がノート（大学ノート）を製造・販売した[17]。このノートをきっかけにして，日本ではノートが普及し，徐々にノート市場の細分化が行われていく。

　1947年には，ツバメノート株式会社が，フールス紙を改良した独自の紙を生産し，上質で滑らかな紙[18]という「ツバメノート」

を販売する[19]。このノートによって上質紙（ノート）市場が形成されていった。1951年には，海外企業クオバディスが，ロディアを傘下とし，クレールフォンテーヌと合併し，ノート市場に海外のノートが多く誕生した[20]。特に紙・表紙の素材への拘りを求め，商品開発を行った結果，高級な「クレールフォンテーヌ[21]」のノートが誕生した。紙質が良い事から長く文字が保存でき，長期で使い続けたいというニーズを満たした高級系（ノート）市場が誕生した。1959年には，コクヨが「キャンパスノート[22]」を販売した。今までの大学ノートの価格よりも安く，より学生が利用しやすいよう改良した，学生向けノート[23]が誕生し，低価格（ノート）市場が形成されていった。

　1960年には，マルマンが「スパイラルノート[24]」を販売した。このノートは，日本人のライフスタイルに合わせ，使い易さを重視し，合理性・機能性・センスをキーワードに，今までのノートを変えるデザイン性のあるノート[25]を誕生させた。更にマルマンのスクラップノートがグッドデザイン賞[26]を受賞する等，デザイン性に特化した商品を多く創り出し，デザイン性堪能（ノート）市場が形成されていった。次に1980年には，携帯性を重要視したLIHIT LABの「ツイストリングノート」が発売された[27]。決まったサイズのノートは持ち運びづらく，かなり不便であったため，ノートをもっと手軽に持ち歩きたい，便利な持ち運びをしたいというニーズに対応して誕生したのが，携帯性を重要視したノート[28]であり，このノートを皮切りに，携帯性堪能（ノート）市場が形成されていった。1997年にはモレスキン社が，1980年代に一度発売されていた伝説のノートを，「Moleskine[29]」として改めて販売を開始した。この時代の機能性というのは，記憶の検索機能[30]に特化したノートであり，現在より活用的で，書くこと以外に，まとめる・検索する性能を含めたノートが多く誕生し，機能性堪能（ノート）市場が形成されていった。

　2013年には，キングジムが「ショットノート[31]」を販売し，ノート市場に新時代が到来した。このことで，スマホと連携したデジアナノートが誕生し，デジアナ（ノート）市場が形成されていった。デジアナノートとは，ノートに書き記し，長期間の保管ができるノート本来のアナログの価値に加え，他者との情報共有，スマホでの簡易な情報管理・保存のしやすさ等といったデジタル機器を通して，アナログノートとデジタル機器を併用しながら，その組み合わせの良さによる価値が備わったノートのことである。このノートは，キングジム内の女性社員が上手くノートをまとめる事ができないという話を聞き[32]，ノート情報を簡易的に整理し，取り出せるような機能[33]を付属させた，「デジアナノート」を誕生させた。「情報が溢れる＋ICT機器が身近になった」現在だからこそのニーズを満たす，新しいノート市場のカテゴリーとなった。

　以上，ノート市場の形成史をまとめると，「上質紙市場」「高級系市場」「低価格市場」「デザイン性堪能市場」「携帯性堪能市場」「機能性堪能市場」「デジアナ市場」が順次形成されたことがわかる。また，ノートの使用方法や形は殆ど変化が無く，デザインや素材に拘るという点で様々な付加価値を付け，市場は細分化されていき，この7つのカテゴリー市場となった。

4　有望な市場の発見

（1）マクロ環境要因分析からの考察

　現時点（2015年7月現在）のノートの7つのカテゴリー市場について，マクロ環境要因分析したものを表9－1に示す。

　上質紙市場では，自分の好きな手触りや書き心地をノートに求める人が増加しているという傾向[34]から，＋の社会的要因が存在している。しかし，経済産業省の3R政策[35]により，上質紙に－イメージが付くことが懸念されることや，上質紙自体が高額であるため，

表9－1　7つのノート市場のマクロ環境要因分析 ※網掛けはマイナス要因

市　場	政治的要因	経済的要因	社会的要因	技術的要因
上質紙市場	経済産業省の行う3R政策によって，再生紙が注目されている	上質紙が高価格であるため，高価格な商品が多い	自分の好きな手触りや感触をノートに求める人が増えた	コーティングをしていない化学パルプだけで製造する技術
高級系市場	アベノミクスの効果で高額品や旅行・レジャー等の消費は拡大傾向にある（日常消費財は厳しい状況）	・費用対効果の高いサービス拡大によって，高額商品にも価値を求めるようになってきた。・他の市場の商品に比べて値段が高い。	・プチ贅沢志向の拡大。・「少し高くてもそれ以上の価値のあるモノ」を求める消費者が拡大している。・消費意欲が良い方向に表れている。	一部の商品が製本の仕方（職人技による手作業）による特殊な技術が存在する
低価格市場	増税の影響で，安さを求める消費者には，価値が軽減される	お手軽な値段で買い易い（100ショップ・無印・キャンパス）	商品やサービスの購入の際に重視するもの，価格を重視する人が多い	・海外で大量生産することで単価を下げている・古紙を使っているため，ノートに汚れが目立つ
デザイン性堪能市場	経済産業省がデザイン政策の見直しを進めており，製造業の競争力強化の観点から，デザイン政策の重要性が認識され始めている	「拘りの無いモノ」は安く，「拘りのあるモノ」には相応のお金を払うという傾向にある	・女性は，感性・感覚消費や周囲の目を気にして購入している傾向にある。・製品カテゴリーや国によっては，デザインの購買への影響は異なる。	有名なデザイナーにより作られているものは一部だけで，技術はない
携帯性堪能市場	－	手頃な価格で，移動中にも使えるので，より割安に感じる	ちょっとしたメモをとる優れた代替品が多く存在している	一部の商品には，29穴リーフにすることでリング径をコンパクトにする技術が搭載されているが一部だけで技術はない
機能性堪能市場		他の市場のモノよりも値段が高いものが多い	個人客は，購買の際に大学ノートの様なノートとは異なる独自機能の付いたノート等，機能性を重視している傾向がある	検索性に特化したもの等，紙であるアナログノートの価値や利点を最大限に活かす技術の登場
デジアナ市場	国のIT政策によって，デジタルアーカイブ化の取り組みが促進されている	・価格は高いが，ノートのデジタル化，軽量化，共有できることを考えると，コストパフォーマンスがよい。・費用対効果の高いサービス拡大によって，高額商品にも価値を求めるようになってきた。	・スマホ普及率の増加・スマホを用いて勉強するスタイルが，一般化している。・（手書きを含む）アプリツールでのノート共有を行う人が増加している。	・アプリを通して転送する技術が開発されている。・アプリの技術は質が悪い。

そのノートも高額商品になってしまうことにより，政治的・経済的要因共，－要素が存在する。技術的要因では，コーティングをしていない化学パルプのみで製造する為，裏写りのしない紙を生産する＋要因が存在する。高級系市場では，プチ贅沢思考の拡大[36]や消費意欲の向上[37]という＋の社会的要因が存在するが，他の市場よ

りかなり高価格商品のため，政治的・経済的要因共，－の要素が存在する[38]。

　低価格市場では，社会的要因から，商品やサービスの購入の際に価格を重視する人が多いが[39]，必ずしも低価格であることが＋の要因であるとは言い難い[40]。そして増税の影響で，安さを求めて低価格ノートを購入している消費者には，数円の上昇も価値を軽減させてしまうため，政治的要因で－要素が存在する。また古紙を使用しているため，ノートに汚れが目立つという，技術的要因にも－要素が存在している。

　デザイン性堪能市場では，国が商品のデザイン政策に重点を置いていること[41]や，拘りのあるものには，適切な金額を支払うという傾向があること[42]から，政治的・経済的要因共＋の要素が存在する。また女性は，感覚・感性消費や周囲の目を気にして，デザインを選好のポイントにしている傾向がある[43]という＋の社会的要因が存在するが，逆に，商品カテゴリーや国によっては，デザインの購買への影響が異なる[44]という点からは，－の社会的要因も存在している。更にデザインが中心のため，特段の技術は存在しないという－の技術的要因も存在する。

　携帯性堪能市場では，手頃な価格で移動中にも使えるので，より割安に感じるという＋の経済的要因が存在するが[45]，外出先でちょっとしたメモを取る優れた代替品が多く存在してきたこと[46]から，－の社会的要因が存在する。また特段の技術も存在しないため，－の技術的要因も存在する。機能性堪能市場では，消費者は，一般的なノートとは異なる独自の機能性のあるノートを選好する傾向[47]があり，＋の社会的要因が存在する。更に紙媒体である特性を活かした機能性の技術が登場しており[48]，＋の技術的要因も存在する。しかしこのような機能が付加されるため，値段が高い商品が多く，－の経済的要因が存在する[49]。

　デジアナ市場は，国のIT政策によるデジタルアーカイブ化の促

進[50]により，＋の政治的要因が存在する。また価格は，一般的な
ノートより高いが，通常のノートでは得られない，ノート情報のデ
ジタル化，軽量化，共有化等の価値が得られるため，コストパフォー
マンスが高く，＋の経済的要因が存在する。更にスマホ普及率の増
加[51]，スマホを用いての勉強スタイルが一般化されてきているこ
と[52]，デジアナノートに注目が集まっていること[53]から，＋の社
会的要因も存在している。但し，スマホで使用するアプリについて
は，まだまだ技術開発が必要であり，アプリの質が悪い[54]という
部分と，今後の技術開発の可能性が多くあるという部分で，＋と－
の技術的要因が存在する。

　以上，７つのカテゴリー市場をマクロ環境要因分析の観点から洞
察分析した結果，デジアナ市場は，多くの有望な要因が存在する為，
有望な市場であると導出できる。

（２）ミクロ環境要因分析からの考察

　現時点（2015年７月現在）のノートの７つのカテゴリー市場につい
て，ミクロ環境要因分析したものを表９－２に示す。

　上質紙市場では，主ターゲットは，紙の書き心地や手触りに拘り
を持つ人と考えられ，万年筆が注目を集めた頃から徐々にノートの
素材を気にする人が増加しており[55]，このような顧客が増加して
いる。競合関係では，それほど多くのブランドが存在せず，またニ
ーズの多様化が考えられる為，市場は成長期である。高級系市場で
は，主ターゲットは，付加価値を求める人と考えられ，価格が高く
ても品質の良いモノやブランド商品を選好する顧客が近年再び増加
している[56]。競合関係では，多くの企業とブランドが存在してお
り，且つ海外企業が多く参入していることから，新規参入が難しい。
市場は高級志向の顧客の増加が近年再び増加し始めたが，まだまだ
日常の消費財にまでその傾向は現れていないので，市場は導入期で
あると言える。低価格市場では，主ターゲットは，価格の安さを求

表9-2　7つのノート市場のミクロ環境要因分析　※網掛けはマイナス要因

市　場	顧　　　客	競　　合	自　　社
上質紙市場	万年筆が注目されたと同時に素材の良いノートを買う人が増加（主に20代女性で）	4社7ブランド	成長期 まだまだニーズが多様化していく可能性
高級系市場	多少高くとも，付加価値を求める消費者が多数存在	12社14ブランド（海外製品が多い）	導入期 2013年のアベノミクス効果によって，高級志向が広がり始めたが，まだ浸透率が低い
低価格市場	小学生～大学生を中心とする若い世代が人口の1/6存在	大手企業の独占（コクヨ・100円ショップ）	衰退期 低価格ショップ（100円均一）がある為，それ以下に価格を下げられない
デザイン性堪能市場	・ファッション雑貨の感覚で文房具を楽しみたい人（このような顧客は増加しているが，多くはない） ・デザインを重視するあらゆる年代の顧客が一定数存在（どの年齢層であっても，デザインと機能，デザインと価格を比べても，圧倒的にデザインに興味を示す人が多い）	3社6ブランド（海外商品が多い）	成長期 まだまだニーズが多様化していく可能性があるが，大量生産はできない
携帯性堪能市場	高校生，大学生，社会人等荷物を常に持ち歩く人が一定数存在	9社30ブランド	成熟期 多くの企業とブランドが存在する
機能性堪能市場	商品を選ぶ際に，機能性を重視する人が多く存在	5社14ブランド（大手が多い）	成長期 手頃な価格のものから，高額のものまで幅広く出ている
デジアナ市場	・情報を共有したい人，情報を楽に管理したい人が増加 ・現在スマホ利用者は，ビジネスマンの仕事向けアイテムから，学生の勉強用途へと幅を広げることで，利用者は若年層へと大きく幅を広げて増加	6社8ブランド1社（キングジム）の独占だが，ヒット商品が1つしか存在しない	導入期 スマホの普及率上昇に伴い，まだまだ色々な工夫が考えられる

める小学生～大学生を中心とする若い世代と考えられる[57]。このような顧客は，さとり世代（ゆとり世代も含む）と呼ばれ，節約志向であまり消耗品等に盛んに消費を行わない特徴があり，日本の人口の約1／6近く存在する[58]。競合関係では，新商品を市場に送り出す企業の殆どが大手の為，新規参入が難しく，市場が衰退していると言え，市場の拡大は見込めない。

　デザイン性堪能市場では，主ターゲットは，個性や外観を重視し，ファッション感覚で文具を楽しみたい人と考えられ，このような顧客が増加[59]しているが，それほど多くはない。競合関係では，ファッションデザイナーとコラボレーションした商品や，よりお洒落で日本人が好むような商品が存在している為，海外ブランドが有

利な状況であり，新規参入は難しい。デザイン面についてはまだまだニーズは多様化することが考えられるので，市場の成長は期待できるが，個のニーズに対応すると大量生産できないため，コストや技術の問題が残る。携帯性堪能市場では，携帯性堪能ノートを好む人は，荷物が多く，持ち運びを重視する人と考えられ，このような顧客が近年増加している[60]。競合関係では，多くの企業とブランドが存在しており，新規参入が難しく，市場は成熟していると言え，市場の拡大は難しいと考えられる。機能性堪能市場では，多くの消費者は商品を選ぶ際に機能を重視することが多く，顧客が一定数存在すると言える[61]。競合関係では，大手企業が多く存在しているが，商品カテゴリーは幅広く展開できるため，まだ成熟していないカテゴリーもあり，成長期と言える。

　デジアナ市場では，デジアナノートを好む人は，常にスマホを利用しており，更に通常の用途の他に勉学の用途で使用する学生[62]，更に情報共有をスマホで行う人と考えられる[63]。このような顧客が近年急増している。競合関係では，6社の企業が参入しているが，未だヒット商品が1つしか存在しておらず，新規参入の可能性が高い。またデジアナノートの利用者はまだ少ないことから，既に参入している企業でも，主ターゲットの特性を上手く捉えられていない為，成長が期待できる市場と言え，拡大が望める市場である。

　以上，7つのカテゴリー市場をミクロ環境要因分析の観点から洞察分析した結果，殆どの市場が大手企業の独占状態にあり，競合が存在している。その中でも，デジアナ市場のみヒット商品が1つしか存在せず，更に導入段階であるため，多くの見込み顧客が存在すると考えると，有望な市場であると導出できる。

（3）SWOT分析からの考察

　マクロ環境要因分析，ミクロ環境要因分析の考察をSWOT分析としてまとめたものを表9－3に示す。

表9－3 7つのノート市場のSWOT分析 ※網掛けはマイナス要因

市　場		機　会	脅　威
上質紙市場	強み	・手触りや感触をノートに求める人の増加 ・製品ライフサイクルが成長期	競合が少ない
	弱み	・経済産業省が行っている3R政策によって，再生紙が注目され，上質紙に対してマイナスイメージが抱かれてしまう不安 ・上質紙が高価格である商品が多い	―
高級系市場	強み	・プチ贅沢志向の拡大 ・少し高くても価値のあるモノを求める消費者拡大 ・ターゲット顧客が増加 ・製品ライフサイクルが導入期	―
	弱み	・アベノミクスの効果で高額品や旅行・レジャー等の消費は拡大傾向にあるが，日常消費品は依然として厳しい ・他の市場の商品に比べて値段が高い	・全体的に特別な技術は存在しない ・競合が多く，海外企業の増大
低価格市場	強み	・お手軽な値段で購入しやすい ・価格は，上位の購買決定要因である	海外での大量生産によるコストダウン技術
	弱み	・製品ライフサイクルが衰退期	・古紙を使う技術のため，ノートに汚れが目立つ ・競合が多く，大手企業の独占
デザイン性堪能市場	強み	・拘りのあるモノへの高額投資の増大 ・女性の感性・感覚消費の傾向 ・製品ライフサイクルが成長期	競合が少ない
	弱み	・製品カテゴリーや国によっては，デザイン要素の購買への影響は異なる ・顧客層はそれほど多くない（個への対応のため）	・全体的に特別な技術は存在しない ・大量生産ができない
携帯性堪能市場	強み	・移動中も使え，割安感がある	―
	弱み	・製品ライフサイクルが成熟期 ・小さいノートは持ち運びに特化しているため，通常のノートより，使いづらい点が多い	・ちょっとしたメモを取る優れた代替品が多く存在 ・全体的に特別な技術は存在しない ・競合が多く，激戦区
機能性堪能市場	強み	・ノートに機能性を求める傾向が増加 ・ターゲット層が広い ・製品ライフサイクルが成長期	アナログノートの価値や利点を活かす技術の登場
	弱み	・他の市場のモノよりも値段が高いものが多い	競合が多く，大手企業の増大
デジアナ市場	強み	・国のIT政策の促進 ・スマホ普及率の増大 ・スマホを用いて勉強するスタイルが一般化 ・アプリを用いた技術の開発 ・製品ライフサイクルが導入期 ・新しいターゲット層が増加 ・価格は高いが，ノートのデジタル化，軽量化，共有化できることを考えると，コストパフォーマンスでは安い	・1社（キングジム）の独占だが，ヒット商品がショットノート1つしか存在しない ・価格は高いが，ノートのデジタル化，軽量化，共有化できる価値とのコストパフォーマンスを考えると，この価格を受け入れる消費者は多い
	弱み	―	―

　まず，低価格市場と携帯性堪能市場は，商品の特性以外の部分でしか強みが無く，機会と脅威に対する弱みが多く存在する為，有望ではない。機能性堪能市場は，機会に対する強みが存在するが，競合が多く，特に大手企業による独占状態が続く脅威が存在している

為，有望な市場とは言えない。デザイン性堪能市場と高級系市場では，機会に対する強みが存在するが，機会に対する弱みが多く存在する為，有望な市場とは言えない。上質紙市場では，機会に対する強みが存在し，競合が少ないが，原材料となる上質紙のコスト高と上質紙に対する－イメージの不安という機会に対する弱みが存在する為，有望な市場とは言えない。

デジアナ市場では，機会と脅威に対する強みが存在し，特に機会に対する強みが多く存在する。また機会と脅威に対する弱みは，大きな問題として存在せず，有望な市場であると考察できる。またヒット商品が１つしか存在せず，更に既存企業も確実にターゲットニーズを捉えているとは言い難く，多くの見込み顧客が存在する大きな強みを持っている。

以上の考察から，最も有望な市場は，デジアナ市場であると導出できる。

（4）小　　括

マクロ環境要因分析からSWOT分析をピラミッド・ストラクチャーでまとめると，図９－４の通りになり，デジアナ市場は有望であるという仮説が導出できる。

図９－４　有望な市場の発見のまとめ

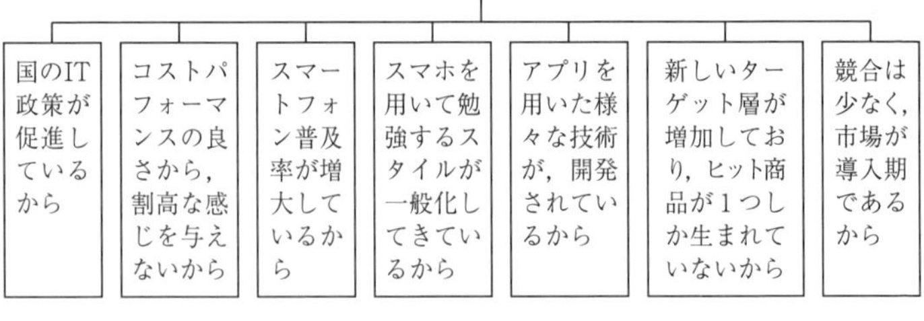

デジアナ市場は，有望な市場である

| 国のIT政策が促進しているから | コストパフォーマンスの良さから，割高な感じを与えないから | スマートフォン普及率が増大しているから | スマホを用いて勉強するスタイルが一般化してきているから | アプリを用いた様々な技術が，開発されているから | 新しいターゲット層が増加しており，ヒット商品が１つしか生まれていないから | 競合は少なく，市場が導入期であるから |

5　結　　語

　本論文では，「ノート商品」について，本研究で用いた「ピラミッド型仮説構築法」の有効性を検証する目的で，有望な市場に関する仮説の導出を試みてきた。その結果，以下のことを明らかにした。

① 　ノート市場がどのようなカテゴリー市場に細分化しながら，形成されていったのかの全体像をつかむことができた。

② 　ノート市場の形成史を作成することで，有望な市場を分析するためのカテゴリー市場を明確にできた。

③ 　本方法を用いることで，デジアナ市場という有望な市場を発見できた。

④ 　二次データを用いるだけで，体系的に，そして論理的に導出する本方法によって，有望な市場に関する仮説が導出できた。

　以上考察してきたように，ピラミッド型仮説構築法を用いることで，有望な市場に関する仮説が効果的効率よく導出でき，ピラミッド型仮説構築法の有効性に関する一定の検証ができた。今後はピラミッド型仮説構築法で導出した有望な仮説となる「デジアナ市場」における「有望なターゲット顧客」「魅力的な提供価値」を，ピラミッド型仮説構築法を用いて導出する研究を行い，ピラミッド型仮説構築法の有効性をより精緻化させていく。

【注】

1 ）商品開発・管理学会編（2007）や丸山編著，杉浦（2018）を参照。

2 ）延岡（2002）を参照。

3 ）中條，山田編著，日本品質管理学会標準委員会編（2006）を参照。

4 ）Stuart（2000）や宮田（2001）を参照。

5 ）丸山は，ピラミッド型仮説構築法を用いて，腕時計商品，コンビニスイ

ーツ商品，電動歯ブラシ商品，食洗機商品，カップラーメン商品等の有望な市場についての仮説を発見している。丸山（2012），丸山（2013a），丸山（2013b），丸山（2014），丸山（2015）を参照。

6）ピラミッド型仮説構築法は，「有望市場」「有望な市場での競合商品」「有望な市場での有望なターゲット顧客」「有望なターゲット顧客が望む魅力的な提供価値」に関する仮説を体系的に構築する手法である。具体的には，企画者が社内・外の様々な二次データの情報を収集し，分析フレームワークを用いてその情報を洞察分析し，その分析結果を基に仮説の根拠となる幾つかの理由を，論理的思考法を用いて結論となる仮説へ積み上げていき，体系的に仮説を構築していく手法である。ピラミッド型仮説構築法は，「仮説をどのように構築していくかという道筋（手順）」が示され，その道筋で必要な「市場情報を活用するための道具（手法）」と「幾つかの結果をどのように下から上に積み上げるかという思考法」が体系化されている。丸山（2019）を参照。

7）美崎（2012）を参照。

8）現在はパソコンで書類が作成でき，メールで書類も送信できる。様々なWebページからは色々な情報を収集でき，SNSでの双方向のコミュニケーション，電子決済によるネット販売等，あらゆる面においてITは浸透しており，便利で効率の良い生活が可能となった。児島（1996）を参照。

9）ビジネスパーソンへ向けたノート術の書籍や，お洒落で高品質なノートが多く販売されている。田中（2012），高橋（2014a），深沢（2016）を参照。

10）文房具市場は，2017年の5,376億円から徐々に減少しており，2014年には4,962億円まで減少している。一方ノート市場は，2007年に201億円，2011年には233億円と売り上げを伸ばしている。オフィスマガジン（2013）と深沢（2016）を参照。

11）東京大学合格生のノートを何百冊も研究してきた太田は，学生におけるノートの役割を，「記録（授業でのノートを正確にとる事），整理（知識を体系的にまとめたり，本質のポイントを浮き彫りにしたりする事），伝達（自分や他人に対して蓄積してきた知識を的確に表現する事）」の3つにまとめている。太田（2008）を参照。

12）東京大学合格生は，授業ノートから，「授業復習ノート，問題演習ノート，問題復習ノート，まとめノート，暗記・計算ノート，勝負ノート」の6種

類を独自に作成している。太田（2015）を参照。

13）ノートの本質的役割を果たす使用方法が存在しながら，その書き方や思考の整理術は，幼い頃からノートを使用しているにも関わらず，誰からも教わることがないからである。筒井（2016）を参照。

14）2015年現在のデータである。斎藤（2015）を参照。

15）中国の古墳から発見された地図の描かれた麻の紙が起源と言われている。丸尾監，山田訳（2006）を参照。

16）北朝鮮の僧侶により，仏教を広める活動の為に製紙法が伝えられた。渡邊（1992）を参照。

17）松屋は，現東京大学付近にある洋書店で，海外から品質の高い紙（フールス紙）を輸入し，学生に向けて作られ，販売されたノートであることから，大学ノートと命名された。日本紙パルプ商事（2004）を参照。

18）今までとは異なる全く新しい書き心地に，多くの人々は魅了され，現在でも根強いファンが多く存在する。土田（2007）を参照。

19）ツバメノート株式会社は，創業当時からノートの中でも，大学ノートを専門として扱い，現在でもそのまま大学ノートを中心とする文具を販売している。ツバメノート株式会社（2016）を参照。

20）クオバディスは，1954年にEditions Quo Vadisが設立され，ダイアリーを中心に商品が開発された。現在も多く使われている「1週間を見開きページにして，機能的にオーガナイズした」，アジェンダプランニングダイアリーとも言える商品を販売していた。ロディアは1934年に創設され，メモパッドを中心とする商品を製造しており，創設と同時に全て商標として登録し，本格的に企業として稼働していった。その後，1997年に総合紙製品メーカーであったエグザコンタ・クレールフォンテーヌ（1858年に創設され，当時は紙製品を主に扱い稼業していた）グループの一員となった。1951年にクレールフォンテーヌは，自社の紙を用いたノートの製造に着手し，商品開発の幅を広げた。RHODIA（2016）と戸田（2011）を参照。

21）フランスでは子供から大人までが愛用する高貴なノートとなった。和田（2010）を参照。

22）コクヨは，1905年に「黒田表紙店」として創業し，和帳や伝票・便箋を販売していた。その後も，数多くの文具を開発していたが，コクヨで本格的にノートが開発されるようになったのは，キャンパスノートが初めである。NOTE & DIARY Style Book編（2011a）を参照。

23) 頻繁にノートを利用する学生の強い味方であり，今もヒット商品として販売され続けている。宣伝会議（2015）を参照。

24) マルマンの創業は1920年で，当時から今までで従業員数が200人弱という規模の小さい企業で，当時はスケッチブックを開発し，多くの子どもたちに愛される商品を創出した。片山（1971）を参照。

25) カラーバリエーションが5色と，他人との差別化を図りたいという日本人のニーズを満たすものとなった。趣味の文具箱編集部（2010）を参照。

26) 1964年に授賞している。maruman（2000）を参照。

27) LIHIT LABは，1938年創業で，当時は主にバインダーを開発していた。従業員数も現在170人（2016年3月現在）であり，当時から少人数で稼業していた。日経デザイン編（2016）を参照。

28) 今まではノートを家の中で使用することが多かったが，この時代から外に持ち歩く場面が増加し，荷物の多い人，小さい鞄を持ち歩く人等に人気を集めた。文具コレクション（2010）を参照。

29) 生活の様々な場面において，活用のできるクリエイティブで，想像力に富んだノートと呼ばれ，ゴムバンドを利用し，ノートを留めるデザインが特徴的である。NOTE & DIARY Style Book編（2012a）を参照。

30) 自分たちの生活の中で，文化・旅行・記憶・想像力をいつでも呼び起せるような探索機能を意味している。関根，池田訳（2015）を参照。

31) キングジムは1927年に創業し，主にファイルを中心として扱い，その後はデジタル文具に目をつけて商品を展開している。美崎（2012）を参照。

32) この頃，ノートによる情報管理の術を紹介するサイトや本が注目を集めていた。倉下（2010）を参照。

33) 「まとめに特化した」ノート機能と呼ばれている。NOTE & DIARY Style Book編（2012b）を参照。

34) 田中（2012）を参照。

35) 山本（2016）を参照。

36) 中沢（2013）を参照。

37) 小原（2013）を参照。

38) アベノミクスの効果は，ノートのような日常消費財にまでは効果が表れていないと考えられる。山家（2014）を参照。

39) 消費者庁編（2013）を参照。

40) 近年では，「少し高くてもそれ以上の価値のあるもの」を求める傾向が高

まっている。Bertini, Wathieu（2010）を参照。

41）長谷川（2014）を参照。

42）野村総合研究所（2004）を参照。

43）小坂（2007）を参照。

44）山本（2013）を参照。

45）松元（2012）を参照。

46）深沢（2016）を参照。

47）土橋，高橋（2016）を参照。

48）柚木編（2015）を参照。

49）経済産業商務情報政策局情報処理振興課（2015）を参照。

50）日向（2015）を参照。

51）モバイル・コンテンツ・フォーラム編（2016）を参照。

52）みいこ（2015）を参照。

53）松元（2012）を参照。

54）深津監訳，武舍訳（2011）を参照。

55）NOTE & DIARY Style Book編（2011b）を参照。

56）大野（2014）を参照。

57）坂元（2014）を参照。

58）小原（2008）を参照。

59）原田（2015）を参照。

60）KDDI株式会社（2012）を参照。

61）深沢（2016）を参照。

62）リクルート（2014）を参照。

63）モバイル・コンテンツ・フォーラム編（2016）を参照。

【参考文献】

［ 1 ］ Bertini, Marco, Wathieu, Luc（2010）: "How to Stop Customers from Fixating on Price", *Harvard Business Review*, Vol. 88, No. 5, pp.84-91.

［ 2 ］ Stuart Crainer（2000）: *THE MANAGEMENT CENTURY : A Critical Review of 20th Century Thought and Practice*, Jossey-Bass.

［ 3 ］ 太田あや（2008）:『東大合格生のノートはかならず美しい』，DNP書籍ファクトリー.

[４] 太田あや（2015）:『東大合格生の秘密の「勝負ノート」』，DNP書籍ファクトリー．

[５] 大野尚弘（2014）:「「品質の向上」と「商品選択の楽しさ」の提案を」，『Omni-management』，Vol.23，No.3，pp.8-11，日本経営協会．

[６] 小原直花（2008）:『婦国論』，弘文堂．

[７] 小原美穂（2013）:「７指数で生活者意識の変化を可視化」，『日経インサイト』，Vol.4，pp.28-31，日本経済新聞社．

[８] オフィスマガジン（2013）:『2013年文具・紙製品・事務機年鑑』，オフィスマガジン社．

[９] 片山豊（1971）:『人間主義経営：企業のパイオニア』，ダイヤモンド社．

[10] 経済産業省商務情報政策局情報処理振興課（2015）:「デジタル化社会における経済産業省の情報政策」，『JISA Quarterly』，Vol.119，pp.7-15，情報サービス産業協会．

[11] KDDI株式会社（2012）:「６割以上のビジネスマンが憧れる・・・夢の「手ぶら通勤」 2012年は，"荷デジ化"（荷物をデジタル化）で「手ぶら通勤」！ "ビジネスマン400人に聞いたかばんの中身調査"」，http://prtimes.jp/main/html/rd/p/000000028.000001475.html/．

[12] 倉下忠憲（2010）:『Evernote「超」仕事術』，シーアンドアール研究所．

[13] 小阪裕司（2007）:『そうそうこれがほしかった！感性価値を創るマーケティング』，東洋経済新報社．

[14] 児島和人（1996）:『変わるメディアと社会生活』，ミルヴァ書房．

[15] 坂元英樹（2014）:「プライベートブランドはどう変化し，なぜ高級化してきたのか」，『Omni-management』，Vol.23，No.3，pp.2-7，日本経営協会．

[16] 斎藤修一（2015）:『日経業界地図2016版』，日本経済出版社．

[17] 趣味の文具箱編集部（2010）:「文具の広場 スパイラルノート50周年記念初期モデル復刻」，『趣味の文具箱』，第16号，p125，エイ版社．

[18] 消費者庁編（2013）:『平成25年版消費者』，消費者庁．

[19] 商品開発・管理学会編（2007）:『商品開発・管理入門』，中央経済社．

[20] 関根光宏，池田千波訳（2015）:『最高に楽しい文房具の歴史雑学』，エクスナレッジ．

[21] 宣伝会議（2015）:「ロングセラーブランドのコミュニケーション戦略」，『宣伝会議12号』，Vol.76，pp.131-133，宣伝会議．

[22] 高橋政史 (2014)：『頭がいい人はなぜ方眼ノートを使うのか？』，かんき出版．

[23] 田中紹夫 (2012)：「消費感度高い「手書き派」が増加中」，『日経消費者ウォッチャー』，Vol.44，p26，日本経済新聞社．

[24] 筒井美紀 (2016)：「ノートをとる学生は授業を理解しているのか？」，『現代社会研究』，第 9 号，pp.5-21，京都女子大学現代社会学部．

[25] 土田貴宏 (2007)：「私の国日本 黒沢明が愛したツバメノートを訪ねる」，『暮らしの手帖社』，第27号，pp.161-167，暮らしの手帖社．

[26] ツバメノート株式会社 (1998)：「ツバメノート株式会社」，http://www.tsubamenote.co.jp/．

[27] 戸田覚 (2011)：『フランス生まれのブロックメモ RHODIA －その魅力と活用術－』，ソシム．

[28] 土橋正，高橋正幸 (2016)：「メモが見やすくなる，思考が切り替わる，持ち運びがラク…… あなたの要望にすべて応える「マイベストノート」大全」，『PRESIDENT』，Vol.54，No.7，pp.74-77，プレジデント社．

[29] 中沢明子 (2013)：「小さな消費に脱デフレの兆し価値に納得なら「プチ贅沢」」，『エコノミスト』，第91巻，第42号，pp.90-91，毎日新聞社．

[30] 中條武志，山田秀編著，日本品質管理学会標準委員会編 (2006)：『TQMの基本』，日科技連出版社．

[31] 日経デザイン編 (2016)：『文具と雑貨づくりの教科書』，日経BP社．

[32] 日本紙パルプ商事 (2004)：「大学ノートのルーツは？」，『JP REPORT』，No.106，p9，日本紙パルプ商事株式会社．

[33] NOTE & DIARY Style Book編 (2011a)：「新世代キャンパスノート登場」，『NOTE & DIARY Style Book』，Vol.6，pp.28-33，エイ出版社．

[34] NOTE & DIARY Style Book編 (2011b)：「NOTE&DIARY TOPICS2 アプリでデータ化する次世代ノート」，『NOTE & DIARY Style Book』，Vol.6，p74，エイ出版社．

[35] NOTE & DIARY Style Book編 (2012a)：「MOLESKINE」，『NOTE & DIARY Style Book』，Vol.7，pp.82-83，エイ出版社．

[36] NOTE & DIARY Style Book編 (2012b)：「データ化できるノートを比較しよう」，『NOTE & DIARY Style Book』，Vol.7，pp.54-55，エイ出版社．

[37] 延岡健太郎 (2002)：『製品開発の知識』，日本経済新聞社．

[38] 野村総合研究所 (2004)：「日本人の購買行動」，『未来創発』，Vol.15，

pp.1-6, 野村総合研究所.

[39] 長谷川光一（2014）:「デザイン政策・デザイン活動の定量的測定の試み Ⅱ」,『DESIGN PRPTECT』, Vol.27, No.1, pp.40-47, 日本デザイン保護協会.

[40] 原田曜平（2015）:「ゆとり世代へのマーケティング」,『流通情報』, Vol.47, No.3, pp.31-36, 流通経済研究所.

[41] 日向恒喜（2015）:『組織における知識の共有と創造－ソーシャル・キャピタル, 私生活の人間関係, 動機, 自尊感情の視点から－』, 同文舘出版.

[42] 深沢高（2016）:「マンスリー市場レポート32 文具・事務用品 成長株は筆記具！：じんわりと緩やかな伸びに期待する文具・事務用品市場」,『ワイエムビジネスレポート』, No.88, pp.17-19, ワイエムコンサルティング研修・会員事業部.

[43] 深津貴之監訳, 武舎広幸訳, 武舎るみ訳（2011）:『iPhoneアプリ設計の極意』, オライリージャパン.

[44] 文具コレクション（2010）:「美崎栄一郎直伝 リーフを抜き差しして完璧な1冊を作る」, https://www.stationery-collection.jp/interviews/1/.

[45] 松元英樹（2012）:「メモ＆文章 総デジタル化の極意」,『日経パソコン』, No.639, pp.38-55, 日経BP.

[46] 丸尾敏雄監修, 山田美明訳（2006）:『紙の歴史—文明の礎の二千年』, 創元社.

[47] maruman（2000）:「製品紹介」, http://www.e-maruman.co.jp/.

[48] 丸山一彦（2012）:「腕時計商品の有望マーケット導出に関する研究」,『和光経済』, 第45巻, 第2号, pp.33-43, 和光大学社会経済研究所.

[49] 丸山一彦（2013a）:「ご褒美消費を活用したコンビニスイーツ市場の有効性」,『和光経済』, 第45巻, 第3号, pp.41-55, 和光大学社会経済研究所.

[50] 丸山一彦（2013b）:「電動歯ブラシ商品の有望ターゲット導出と潜在ニーズ発見について」,『和光経済』, 第46巻, 第1号, pp.19-47, 和光大学社会経済研究所.

[51] 丸山一彦（2014）:「有望市場・有望ターゲットを発見するための仮説構築に関する研究」,『和光経済』, 第46巻, 第2号, pp.21-38, 和光大学社会経済研究所.

[52] 丸山一彦（2015）:「女性心理を導出した有望新商品コンセプト構築に関

する研究」，『和光経済』，第47巻，第 2 号，pp.66-97，和光大学社会経済研究所.

[53] 丸山一彦編著，杉浦正明（2018）：『開発者のための市場分析技術』，日科技連出版社.

[54] 丸山一彦（2019）：『商品企画七つ道具』，日本規格協会.

[55] みぃこ（2015）：『神ノート職人みぃこの科学基礎と生物基礎のまとめノート』，KADOKAWA.

[56] 美崎栄一郎（2012）：『ただのノートが100万冊売れた理由 話題の文具を連発できるキングジムの“ヒット脳”』，徳間出版.

[57] 宮田矢八郎（2001）：『経営学100年の思想』，ダイヤモンド社.

[58] モバイル・コンテンツ・フォーラム編（2016）：『スマホ白書2016』，インプレスR＆D.

[59] 山家悠紀夫（2014）：「拡大しない国内消費と生産―賃上げなくて経済再生はありえない」，『労働組合』，Vol.601，pp.10-17，労働大学センター.

[60] 山本昌宏（2016）：「官民連携で「3Rを推進」」，『時評』，Vol.58，No.1，pp.110-115，時評社.

[61] 山本莉央（2013）：「色彩観にみる人間と文化」，『皇学館論叢』，Vol.466，No.6，pp.1-17，皇学館大学人文学会.

[62] 柚木昌久編（2015）：「2015注目の新作文具PART3〜PART4」，『文房具大賞 私のベスト文房具』，pp.80-89，宝島社.

[63] リクルート（2014）：「進学領域における2014年予測」，http://souken.shingakunet.com/research/2014trend.pdf/.

[64] RHODIA（2000）：「ロディアについて」，http://www.bloc-rhodia.jp/#about/.

[65] 和田哲哉（2010）：『文具を楽しく使う　ノート・手帳編』，早川書房.

[66] 渡邊勝二郎（1992）：『紙の博物誌』，出版ニュース社.

第**10**章

医療法人に係る会計ディスクロージャー制度のねらいとその限界
―会計情報に対する「世間からの目」の違いに着目して―

海老原諭

1 はじめに

　2015年に成立した「医療法の一部を改正する法律」(平成27年法律第74号) (以下,「2015年改正医療法」という) により, 医療法人に係る会計制度は新しいフェーズに入った。「医療法施行規則」(昭和23年厚生省令第50号) 第33条の2に規定される一定の要件を満たす医療法人に対しては, ①その貸借対照表および損益計算書を「医療法人会計基準」(平成28年厚生労働省令第95号) に準拠して作成し, ②それらについて公認会計士または監査法人の監査を受け (「医療法」第51条第5項), ③それらを事業報告書とあわせて公告する (「医療法」第51条の3) ことが求められるようになったのである。財務諸表の作成にあたって準拠すべき会計基準が指定され, これに対する準拠性について会計専門職による監査が入ることは, 今回の改正が史上初めての試みとなる。また, 公告を義務づけたことにより, 一定の医療法人が作成する財務諸表に対するアクセシビリティは向上することとなった。

　わが国では, 2000年代から規制改革の一環として, 病院, 診療所などの医療機関を営む事業者に対して, 企業流の経営管理の仕組

みを導入することが推進されてきた。たとえば，2001年に総合規制改革会議から出された「規制改革の推進に関する第1次答申」では，「直接金融市場からの調達などによる医療機関の資金調達の多様化や企業経営ノウハウの導入などを含め経営の近代化，効率化を図るため，利用者本位の医療サービスの向上を図っていくことが必要である」(11頁) として，「今後，株式会社方式などを含めた医療機関経営の在り方を検討するべきである」(11頁) としている。その後，2003年に同じく総合規制改革会議から出された「規制改革の推進に関する第3次答申——活力ある日本の創造に向けて——」では，より具体的に，統一した会計基準を作成する必要があること，医療機関の運営実態に関する財務・会計資料などの開示を一層推進すべきであることなどが提唱されている (医療・福祉2頁)。

　厚生労働省は，「これからの医業経営の在り方に関する検討会」(2001年～2003年)，「医業経営の非営利性等に関する検討会」(2003年～2005年) においてこれらの提言について検討を行っていたが，当時は，将来的な方向性が示されるだけで具体的な制度としてはほとんど結実しなかった[1]。しかし，2010年代初頭にいわゆる「徳洲会問題」が起きたことをきっかけとして，医療法人経営の不透明さが再び問題視されるようになると[2]，最終的に2015年の「医業法人の事業展開等に関する検討会」の報告書 (答申) を受ける形で冒頭の「医療法」改正に至ったわけである。

　しかし，企業と組織構造も活動目的も異なる医療法人に対して，企業に対するものと同じ会計制度をそのままの形で導入することにどれだけの効果を期待できるのであろうか。本稿では，この点を明らかにするために，まず，第2節において，企業を対象とする会計ディスクロージャー制度を機能させる前提について振り返ったうえで，第3節において，医療法人には，企業に対するもののようなその経営状況について厳しい視線を寄せる存在がほとんどないことを述べ，最後に，第4節において，医療法人経営を適正化するために

は，会計ディスクロージャー制度のみに頼らず，医療法人に対する都道府県知事からの監督を強化することが必要であることを提唱する。

2　企業会計における会計ディスクロージャー制度のねらい

　企業会計における会計規制は，企業が行う粉飾決算，不正経理などから，投資者，債権者をはじめとする各種利害関係者の経済的利益を保護するための手段として設けられている。会計規制の考え方には，大きく分けて，①政府機関が企業に対して直接調査を行い，その不正を糺していこうとするものと，②融資や投資をはじめとする企業とその利害関係者との間で行われる取引の公正性を図っていこうとするものの大きく2つのタイプに分けられる。このうち，企業に対して財務諸表その他の財務に係る資料を明らかにさせて，利害関係者の行う経済的意思決定に活用してもらおうとする制度（以下，「会計ディスクロージャー制度」という[3]）は，後者の考え方から生み出されたものであり，今日の世界における会計制度の基本となっている。

　今日の会計制度において，会計ディスクロージャー制度が基本とされている理由としては，次の2つのものがある。

　第1に，米国における法に対する考え方の問題である。第二次世界大戦後，わが国において設けられていた各種法令については，連合国軍最高司令官総司令部（GHQ）の指導を受けて，米国における制度を大きく採り入れる形で改正が行われてきたが，これは会計制度においても例外ではない。米国では，権利は一人ひとりが主張し，実現していくものと考えられており，この考え方のもとにおいては，当事者間の意思によって行われる取引についても，政府が徒らに介入することは望ましくないものとされる（田中（2011）304頁，根津

（1986）46－48頁）。このため，企業に対して会計情報をディスクロー
ズさせることで，企業の状況について正確に把握している企業側
と，これについての情報がほとんどなく，また，調査する権限も能
力もない投資者との間の情報の非対称性を埋め合わせることで，当
事者間で公正な取引を行えるような環境整備をしようとしたのであ
る（Hawkins（1963），p. 146）。

　第2に，政府側の調査能力の問題である。今日の企業は，一部の
業種・業態を除き，政府の許認可を受けることなく，登記等の一定
の手続をするだけで事業を開始することができる。この結果，世の
なかには非常に多くの企業が存在している。政府がこれら1つ1つ
を調査し，不正を糺していくことを原則とすると，そのために政府
が工面しなければならない時間的，人的，資金的コストが膨大なも
のになってしまう。このため，まずは，会計ディスクロージャー制
度を通じて，企業に対して「世間からの目」を意識させ，不適切な
行為を自制させることで，不正が起こる可能性自体を減らそうとし
たのである。このような会計ディスクロージャー制度の効果につい
ては，米国における会計ディスクロージャー制度の創設に大きな影
響を与えたとされる法律家のBrandeisがその著書において示して
いる次の文句がよく知られている。

　　「社会や産業界の病巣に対する特効薬としては公開性（publicity）
　が推奨される。日光が最善の消毒薬であるといわれるのと同じよ
　うに，電灯は最も有効な警察官となる。」（Brandeis（1914），p. 92）

　投資者などの外部利害関係者は，企業の経営成績が自らの経済的
な利益にも影響を与えることから（FASB（2018），par. OB3），自らの
利益を守るために（いいかえれば，損失を負わないために），企業から
ディスクローズされた情報を読み解こうとする。ディスクロージャ
ーが適切に行われている限り，提供された情報を使用しなかったこ

と，また，提供された情報から企業の経営状況を正しく読み取れな
かったことにより被った損失は，外部利害関係者側の責任（自己責
任）とみなされてしまうからである。このため，企業に対する「世
間からの目」は厳しいものとなり，企業の自制をよりいっそう促す
ことになる。

　「世間からの目」を利用して企業側に自制を促していこうとする
考え方は，一見，わが国においても通じるところがあるようにも思
われるが，実のところ，この点において日米の間には大きな隔たり
がある。それは，企業側ではなく，企業に対して視線を注ぐ側の問
題である。自らの権利を自らの手で実現していこうとする米国に対
して，わが国では，自らの権利を政府などの権力者に保護してもら
おうとする考え方が強いとされるからである。たとえば，田中（2001）
は，この日米の考え方の違いについて次のように述べている。

　　「日本では，権利とはどこかほかから与えられたもので，権利
　の侵害があればお上が何とかしてくれると考える傾向がないわけ
　ではない。ところが，英米人にとっては，権利とは，本来それぞ
　れの人間が主張し，実現すべきものと観念される。そして，その
　ために相応の手間と金をかけなければならないということは，当
　然だと考えられている。」（田中（2011）22頁）

　以上のように，会計ディスクロージャー制度は，企業に対して会
計情報をディスクローズさせ，それに対して企業との間に経済的利
害関係のある人々からの視線を注がせることによって，企業側の自
制を促すというねらいをもった制度である。このため，会計ディス
クロージャー制度がどの程度機能するかは，この「世間からの目」
の強さに依存することになる。人々が「お上」に頼ろうとするわが
国では，米国において考えられているよりも，その効果が限定的で
あるという点には留意しておく必要がある。

3　会計ディスクロージャー制度が医療法人の ガバナンス強化に機能しない理由

　ここで，総合規制改革会議が企業流の経営管理の仕組みを医療の世界にも導入しようとした経緯について端的に振り返っておきたい。

　20世紀末，橋本龍太郎内閣のもとで取り組まれた経済構造改革では，世界経済のグローバル化が進展するなかで，国内に高付加価値の事業機会を確保するためには，企業にとって魅力的な事業環境を提供することが不可欠であるとの前提のもとで議論が行われていた（経済構造改革の背景）。医療・福祉産業は，この高付加価値の事業機会を生み出す分野のひとつとして着目されたのである（「経済構造の改革と創造のための行動計画」の概要，Ⅰ，１）。

　総合規制改革会議は，ここでの議論を受け継ぐ形で，企業を医療産業等に参入させることを念頭においた規制改革について検討が行われている[4]。総合規制改革会議の議長を務めた宮内義彦は，「多様化する消費者・生活者ニーズに的確に対応していくためには，株式会社という経営形態の有するメリット（①資金調達の円滑化，②経営の近代化・効率化，③投資家からの厳格なチェックなど）に着目し，これらの分野についても株式会社の参入を認め，多様な経営主体を市場参加・競争させるべき」（宮内（2002）１頁）との見解を明らかにしている。総合規制改革会議の「株式会社方式などを含めた医療機関経営のあり方を検討するべき」（総合規制改革会議（2001）11頁），「医療機関の運営実態に関する財務・会計資料などの開示を一層推進するべき」（総合規制改革会議（2003）医療・福祉２頁）といった答申は，この文脈において発せられたものである。

　このように，総合規制改革会議では，わが国企業の国際的な競争力を高めるために，企業の事業範囲を拡大することを前提に議論が

展開されてきた。このため、「規制に守られた」産業のために設けられた規制を取り払い、企業とイコールフッティングすることが当然視されており、企業の制度が「規制に守られた」産業において等しく成立するかについての検討は、少なくとも公表されている総合規制改革会議の速記録をみるかぎり確認することができなかった[5]。

　会計ディスクロージャー制度を機能させるにあたっては、医療法人に対しても、企業に対するものと同じような厳しい「世間からの目」が注がれる必要がある。しかし、残念ながら、現在の医療法人制度を前提とするかぎり、このような厳しい「世間からの目」が医療法人の会計情報に対して注がれることはほとんど期待できない。

　第1に、わが国の医療法人には、企業における投資者に相当する者が存在しない。医療法人は、不特定多数の投資者から出資を受け入れる前提にはそもそもなっていないのである。まず、医療法人に対しては、株式会社のように剰余金の配当を行うことが禁じられている（「医療法」第54条）。このため、投資者は、医療法人に対して投資を行ったところで、そこから生じる利益の分配を受けることができない。また、医療法人の最高意思決定機関である社員総会や評議員会では、その議決にあたって一人一議決権の原則がとられている（「医療法」第46条の3の3第1項、第46条の4の4第2項）。このため、どれだけ出資を行ったところで、その医療法人の経営方針に対して影響力を行使することができないのである。結局、投資者が医療法人に対して資金を拠出すること自体は可能であるものの、それは実質的には寄付と変わらないものになってしまう[6]。

　第2に、投資者以外の外部利害関係者からも、厳しい「世間からの目」が注がれることは期待できない。たとえば、医療法人の財務状況に対する関心は、その医療法人に資金を融資する金融機関も有しているが、金融機関は、融資の条件として医療法人に対して独自に会計情報を提供させることが一般的であり、会計ディスクロージャー制度を通じて制度的に開示される情報にそれほどの必要性を感

じていない。また，医療法人が経営破綻すれば，その医療法人から提供される医療・福祉サービスを受けられなくなるという意味では，地域の人々も医療法人の外部利害関係者のひとりということができる。しかし，これまでのところ医療法人が経営破綻することはほとんどなく，そのリスクを喫緊の課題として捉えている人々もほとんどいない。わが国では国民皆保険制度により保険診療に係る医療費が公定されており（「健康保険法」第76条第2項），その具体的な金額は，「医療経済実態調査」などから得られる医療機関の損益状況を横目に見ながら決定されるからである。

　これらに加えて，医療法人のガバナンス体制自体も，企業のようにはなっていない。新たに医療法人の社員総会や評議員会のメンバー（社員または評議員）になるには社員総会または評議員会の承認が必要とされており（「医療法人運営管理指導要領」3，4および4,(2)1），現在の経営陣と意見の異なる者が医療法人の経営に参画してくるといった事態がほとんど起こり得ない。また，上述したように社員総会や評議員会では一人一議決権の原則が採用されていることから，その議決はメンバー間の内輪の人間関係によって左右されてしまう。さらに悪いことには，「医療法」上の機関に関する定めがそもそも無視されているという実態もあるようである。たとえば，当時，日本医療法人協会会長であった日野頌三は，2014年4月2日に行われた第4回「医療法人の事業展開等に関する検討会」において，次のように，それがあたかも問題のないことであるかのような発言をしている（議事録より抜粋）。

　「現状はほとんどの一般社団の持ち回りの［医療］法人というのは，理事長の独裁です。理事の発言が責任を問われるようなことは何も決済もなく，下手をすると理事会の開催も行われていない。社員総会にいたってはもっと少ないです。……中略……これだけ既にできている法律にも関わらず，こういうことは我々は医

学部では習わなかったですから，ほとんど無知で手探りで勝手に
やってきて，その結果がどうなったかというと，一人の独裁とい
う，ガバナンスとしてはそれが好ましくないというのであれば，
それはそれで理由をつけて出していただきたいと思います。」
（［　　］内は筆者加筆）

この発言にあるように，現在の医療法人において，理事長の独裁
によるガバナンスが一般的であり，「医療法」の定めを遵守しない
ことにためらいもないとすると，会計ディスクロージャー制度は医
療法人の経営を適切なものにするためにほとんど効果を有しないこ
ととなる。会計ディスクロージャー制度は，そもそも「世間からの
目」を意識させることによって，ディスクロージャーを行う経済主
体（企業，医療法人等）の自制を促そうとするものであるから，「世
間からの目」が意識されないのであれば，その前提から崩れてしま
うのである。

4　医療法人経営の適正化をはかるために とるべき施策

以上のことから，2015年改正「医療法」において新たに設けら
れた会計ディスクロージャー制度の効果は，その有効性を左右する
「世間からの目」を欠くことから，極めて限定的なものになると評
価せざるを得ない。
　会計ディスクロージャー制度を機能させるためには，総合規制改
革会議において考えられていたように，医療法人制度を抜本的に改
めて，経営陣が外部利害関係者から注がれる「世間からの目」にプ
レッシャーを感じるような仕組みを構築することが必要となる。ま
ず，理事長の独裁がまかり通っている現状についてはメスを入れる
必要があるだろう。また，株式会社のように，投資者などの外部利

害関係者の発言を医療法人の経営に反映させる機関設計も考えなければならない。

　しかし，医療法人のガバナンスに係る制度を一足飛びで企業型のものに置き換えていくというのは非常に難しいものと思われる。2015年改正「医療法」では，医療法人のガバナンスを強化するために，医療法人の機関に係る規定が見直され，役員の責任についても規定されることとなったが（「医療法」第6章第3節第8款），それまで長い間理事長の独裁状態が事実上許されていた医療法人において，新しい規制がどの程度実効性をもつかについては疑わしいところがある。また，医療は，そこに暮らす人々の公衆衛生や健康状態に影響を与えるものであり，医療に明るくない者によって経営がかき乱され，医療の質が落ちてしまったり，経営破綻してしまったりということでは，その医療法人の問題だけで済まないところもある[7]。外部からのプレッシャーは，医療についての理解がある人が，独裁状態にあるかもしれない理事長に対して影響のある形で行われなければならないのである。

　そうである以上，医療法人経営の適正化を図っていくためには，会計ディスクロジャー制度や，医療法人の機関，役員の責任などに係る規定を整備することで終わらせてしまうのではなく，政府機関が直接調査を行い，不正を糺していくという「もうひとつの手段」に，より一層のリソースを割く必要があるといえよう。問題のある医療法人に対して業務を停止し，その役員を解任する旨の勧告を出す権限が与えられている都道府県知事は（「医療法」第64条），現在の医療法人制度の枠組みのなかで，医療法人の経営陣に対してプレッシャーを与えることのできる数少ない存在である。

　それにもかかわらず，理事長の独裁が許されてしまっているところからも明らかなように，都道府県知事からの医療法人に対するコントロールは必ずしも強いものとはいえない。少々古い資料ではあるが，厚生労働省が2004年に行った調査によれば，医療法人を監

督する都道府県の担当部局からは，調査のための人員が不足している，会計に精通している職員が必要であるといった問題があることが指摘されている（厚生労働省（2004）2頁）[8]。政府には，このような現場からの声を聞き入れて，都道府県知事に対してその調査を行うために必要な人的，資金的コストを与えていくことが求められている。

　ちなみに，2015年改正「医療法」の会計ディスクロージャー制度では，その対象となる医療法人に対して，公認会計士または監査法人による会計監査（以下，「公認会計士監査」という）を受けることが義務づけられることになったが（「医療法」第51条第5項），これだけでは不十分である。公認会計士監査は，財務諸表が一定の会計基準に準拠して作成されていることを確認する準拠性監査であり（「医療法施行規則」第33条の2の5第1項第2号，日本公認会計士協会（2020）10－17項），医療法人に対してある程度プレッシャーを与える効果は期待できるものの，財務諸表を作成するための基礎となった取引自体の妥当性までをも確認しようとするものではないからである。医療法人の行う不適切な実務を摘発し，その不正を糾していくことについては，公認会計士監査とは別の枠組みにおいて対応していかなければならない[9]。

5　おわりに

　本稿では，2015年改正「医療法」によって導入された，「企業流」の経営管理手法である会計ディスクロージャー制度がどの程度機能するものであるかについて，企業と医療法人との間に，ディスクローズされた会計情報に対する「世間からの目」にどのような違いがあるかに着目して検討を行った。

　会計ディスクロージャー制度は，会計情報をディスクローズさせ，「世間からの目」を注がせることで社会の公正化をはかっていこう

とする施策である。企業の場合は，その企業の損失が自らの経済的損失につながってしまうことから，わが国においても，外部利害関係者からの目線もある程度は厳しいものになるが，わが国の医療法人に対して注がれる目線は，主としてそこから提供される医療・福祉サービスに対するものであり，会計情報に対する情報ニーズがほとんどない状況にある。これに加えて，わが国の医療法人では，その経営を行うにあたって「世間からの目」がほとんど意識されていないという現状もある。医療法人経営の適正化をはかるためには，会計ディスクロージャー制度を創設しただけで終わらせるのではなく，都道府県知事による直接的な調査・監督を強化していくことも併せて行わなければならない。

　医療法人からディスクローズされる会計情報を分析し，医療法人に対して「見られている」という意識をもたせることは，少なくとも当面の間は，現時点で医療政策に携わっている専門家の役割であるといえよう。この意味では，医療法人会計の研究に対しても，医療法人経営を改善するうえで重要な役割を与えられていると考えるべきなのであろう。

【注】

1）医療法人会計に係る基準の起草については，2000年代に一度検討されているが，厚生族議員などの反対もあり頓挫しているという（浅井（2006）79頁）。

2）「徳洲会問題」とは，医療法人グループ徳洲会の総帥である徳田虎雄一族が行った不正献金問題，脱税問題をはじめとする一連の問題をいい，医療機関の経営を通じて獲得した資金の多くが私的にプールされ，これらの不正に利用されていたことが報じられている。厚生労働省は，この事件が国会にとりあげられたことを受けて，急遽，医療法人経営の透明性に係る論点を，当時，別のテーマで行われていた「医療法人の事業展開等に関する検討会」の議題に追加している（「医療法人の事業展開等に関する検討会」第4回検討会［2014年4月2日開催］）。

3）ディスクロージャー（disclosure）とは，日本語で開示または情報開示と訳されることがある。この訳語からは企業側が自ら情報を提供していくというイメージを受けるが，ディスクロージャーの本来の意味は，企業が隠していた（close）情報を暴く（dis-）ことにある。本稿では，この趣旨を明確にするために，開示ではなくディスクロージャーという言葉をあてている。

4）医療法人制度は，もともと医療の世界に営利企業が参入を阻止する目的で創設されたものである。制度創設にあたって発せられた厚生事務次官通達（昭和25年8月2日厚生事務次官通達（発医第98号）「医療法の一部を改正する法律の施行に関する件」）では，「剰余金の配当を禁止することにより，営利法人たることを否定されており，この点で商法上の会社と区別される」（第一，二）としたうえで，「従来株式会社等商法上の会社組織により医療事業を行っていた者については，できるだけ医療法人によるよう組織変更せしめると共に，今後会社組織による病院経営は認めない」（第一，四）としている。このため，企業の医療産業への参入に向けた議論は，医療法人制度をその成立趣旨から根本的に覆そうとするものであったといえる。

5）総合規制改革会議における議事については，内閣府のウェブサイトからその速記録が公表されている（URL: https://www8.cao.go.jp/kisei/giji/sokki/sokki.html）。

6）公益性の高い事業を行う社会医療法人に対しては，例外的に，債券（社会医療法人債）を発行することが認められているが，この制度はほとんど利用されておらず，また，わずかに発行されている社会医療法人債も金融機関によって購入されており，実質的に金融機関からの借入れと変わらないという現状がある（田村（2015）1-5-3－1-5-4）。

7）日本医師会は，株式会社が医療に参入することの問題点として，①医療の質の低下，②不採算部門等からの撤退，③公的保険範囲の縮小，④患者の選別，⑤患者負担の増大および⑥税金による配当という6点を指摘している（日本医師会（2009）10－12頁）。ただし，これらは株式会社の医療参入の問題というよりも，医療経営者が私的に利益を追求することによって生じる問題点として捉えた方が妥当であろう。剰余金の配当に係る⑥以外の5点については，株式会社の医療参入とは関係なく，現行の医療法人においても同様に起こりうる問題である。

8）この指摘は，医療法人の非営利性が確保されているかどうかを確認する
うえで支障になっていることについて寄せられた回答であるが，ここでい
う医療法人の非営利性を確認するとは，「徳洲会問題」にみられるような，
医療法人におけるお金の流れを明らかにすることを意味しており，2015年
改正「医療法」における会計ディスクロージャー制度の趣旨にそったもの
であるから，医療法人経営の健全化に資する施策を検討するうえでも意味
のある指摘といえる。

9）「徳洲会問題」において裏金の存在が発覚したのは，税務調査がきっか
けであることが報じられているが（日本経済新聞，2015年4月7日朝刊），
税務調査は，当然のことながら税金に係る問題が調査できるにすぎず，税
務上は必ずしも問題視されない案件については，包括的な調査権限をもつ
都道府県知事に頼らざるを得ない。

【参考文献】

［1］浅井一敬（2006）「医療にも『会計ビッグバン』連結決算導入の見送り
を疑問視する向きも」エコノミスト，第84巻第68号。

［2］医業経営の非営利性等に関する検討会報告（2005）「医療法人制度改革
の考え方～医療提供体制の担い手の中心となる将来の医療法人の姿～」。

［3］海老原諭（2003）「アメリカにおける会計ディスクロージャー制度の成
立に関する一考察」早稲田大学大学院商学研究科。

［4］海老原諭（2018）「医療法人会計基準が診療報酬の適正化に果たす役割」
社会保障研究，第2巻第4号。

［5］厚生労働省（2004）「医療法人の非営利性等の確保状況等に関する都道
府県等調査の結果について」（医業経営の非営利性等に関する検討会，第
4回検討会参考資料1－1）（URL: https://www.mhlw.go.jp/topics/bukyo
ku/isei/igyou/igyoukeiei/kentoukai/mokuji.html）。2020年5月15日閲覧。

［6］厚生労働省（2014）「2014年4月2日　第4回医療法人の事業展開等に
関する検討会　議事録」（URL: https://www.mhlw.go.jp/stf/shingi/000004
6918.html）。2020年5月15日閲覧。

［7］厚生労働省（2014）「第4回　医療法人の事業展開等に関する検討会
資料」（URL: https://www.mhlw.go.jp/stf/shingi/0000042904.html）。2020
年5月15日閲覧。

［8］これからの医業経営の在り方に関する検討会（2003）「『これからの医業経営の在り方に関する検討会』最終報告書〜国民に信頼される，医療提供体制の担い手として効率的で透明な医業経営の確立に向けて〜」。

［9］首相官邸（1997）「経済構造改革　経済構造改革の背景」（URL: https://www.kantei.go.jp/jp/kaikaku/pamphlet/p21.html）。2020年5月15日閲覧。

［10］首相官邸（1997）「経済構造改革　『経済構造の改革と創造のための行動計画』の概要」（URL: https://www.kantei.go.jp/jp/kaikaku/pamphlet/p23.html）。2020年5月15日閲覧。

［11］総合規制改革会議（2001）「規制改革の推進に関する第1次答申」。

［12］総合規制改革会議（2003）「規制改革の推進に関する第3次答申——活力ある日本の創造に向けて——」。

［13］田中英夫（2011）「英米法総論　上」第21刷，東京大学出版会。

［14］田村香月子（2015）「医療機関の資金調達と信用格付け」証券経済学会年報，第49号別冊。

［15］日本医師会（2009）「医療における株式会社参入に対する日本医師会の見解」（URL: http://dl.med.or.jp/dl-med/teireikaiken/20091224_3.pdf）。2020年5月15日閲覧。

［16］日本公認会計士協会（2020）「医療法人の計算書類に関する監査上の取扱い及び監査報告書の文例」（非営利法人委員会実務指針第39号）。

［17］根津文夫（1986）「アメリカにおける『自発的』会計ディスクロージャーの基本的意義——会計ディスクロージャーの基本的性格把握のための一分析——」明大商学論叢，第68巻第8号。

［18］宮内義彦（2002）「医療・教育分野等への株式会社参入について」（経済財政諮問会議　平成14年第40回資料）（URL: https://www5.cao.go.jp/keizai-shimon/minutes/2002/1213/item4-2.pdf）。2020年5月15日閲覧。

［19］Brandeis, L. D. (1914): *Other People's Money, and How the Bankers Use It*, Frederick A. Stokes Company: NY.

［20］Financial Accounting Standards Board (2018): *Statement of Financial Accounting Concepts No.8: Conceptual Framework for Financial Reporting: Chapter 1, The Objective of General Purpose Financial Reporting, and Chapter 3, Qualitative Characteristics of Useful Financial Information; a replacement of FASB Concepts Statements No.1 and No.2*, FASB.

［21］Hawkins, D. F. (1963): "The Development of Modern Reporting Practices among American Manufacturing Corporations," *Business History Review*, Vol. 37, No. 3.

[22] Loss, L. and J. Seligman (1988): *Securities Regulation*: Third Edition, Aspen Law and Business.

第11章

AI関連技術の動向および技術と
付加価値の相関に関する国際比較

International Comparative Study on Trends of
AI-related Technologies and Correlation between
Technologies and Value Added

小林　稔

Abstract

In recent years, the artificial intelligence (AI) evolve rapidly. It enabled a breakthrough of revolutionary machine-learning technique such as deep learning that the use environment of big data and the ability of the computer are improved. After 2013 in particular, deep learning sparks third AI boom. The first publication in the series WIPO Technology Trends [1] was published in January, 2019. It investigates the trends in the emerging AI era and analyzes patent, scientific publishing and other data to review past and current trends in AI. And it shows insights about how innovation in this field is likely to develop in the coming years. In July 2019, Japan patent office also published working papers [2] which analyzes the application situation of the AI-related invention. In such situation, this paper investigates current trends in AI by analyzing patent, scientific publishing and other data which are provided from them. As a result of this investigation, trends in AI functional applications, computer vision which includes image recognition is the most popular. The other two top areas in functional applications are natural language processing and speech processing. In AI application fields, the top industries are transportation, telecommunications, and life and medical sciences. In addition, the United States and China are leading the current AI technology. And, this paper analyzed the correlation between the number of international patent applications in all technological fields and the value added amount of knowledge and technology intensive industries in Japan, China and the United States. Furthermore, this paper conducted DEA (Data Envelopment Analysis) with research and development expenses, the number of researchers, and the number of international patent applications in all technological fields as inputs, and the value added amount of the knowledge technology intensive industry as output. The results of this paper show that the United States and China are leading the world in all technological fields. Also, this paper points out that Japan's technological strategy needs to be reviewed.

キーワード：「人工知能」,「ディープラーニング」,「DEA」,
　　「知識・技術集約型産業」,「国際特許出願」
Key words ; "AI", "Deep learning", "DEA", "knowledge and technology intensive industries.", "international patent applications"

1　はじめに

　コンピュータが実用化されるようになった1950年代以降，AI（人工知能，以下 AI: artificial intelligence）は様々な形で研究が進めら

れてきた。1980年代にはコンピュータに専門家の役割を担わせるエキスパートシステムの研究開発が進められ，1990年代になるとニューロ，ファジィといった曖昧さや多様な状況に適応する研究が行われるようになり，それぞれ一定の成果を収めた。しかし，当時のICT（情報通信技術，以下 ICT: Information and Communications Technology）がコンピュータの計算処理能力や情報ネットワークの通信速度といった基盤技術についてまだ発展途上であったこと，またAIについてもニューラルネットワークやファジィ集合が中心であり，その応用は制御技術などの工学分野に限られたものであった。その後，1990年代半ば以降にいったんはAIに対する注目度は下がっていた。2000年以降，インターネットを中心とした情報通信技術の進化，ディープラーニングの発案，ビッグデータの収集と利用に関わる技術や仕組みが整備されるに至り，AIは多様な分野で利活用されるようになってきた。特に2010年以降は，コンピュータの計算処理能力や情報ネットワークの通信速度が飛躍的に向上し，またディープラーニングの応用研究が進み，企業が膨大なデータの活用に強い関心を持つようになった。現在では，AIに対して莫大な投資が行われるようになり世界的に研究開発競争が激化している。この結果，AGI（汎用人工知能 以下 AGI: artificial general intelligence）[3]の研究開発も世界中で進められるようになり，技術的特異点[4]という概念すら注目を集めるようになった。将棋では，AIを応用したコンピュータ・ソフトの「ボンクラーズ」が2012年に米長永世棋聖（日本）を破り，情報処理学会は2015年にAIがトップ棋士に追いついているとの見解を示している[5]。さらに2016年3月には，「アルファ碁（AlphaGo）」が，囲碁の第一人者と目される韓国の李九段と5番勝負を行い4勝1敗で勝利している。総務省「ICTの進化が雇用と働き方に及ぼす影響に関する調査研究」（平成28年）では，これまでの製造業を中心としたAIの利活用は，さらに社会の広い分野へ広がり，教育，秘書，ホワイトカラー支援といっ

た分野でもAIが利活用されるようになるとしている[6]。

　本稿では，多様な分野でAIが利活用される時代の中で，世界的なAIに関連する研究開発の現状を示す。また，AIを含めた国際特許の件数と知識・技術集約型産業の付加価値額との相関分析を試みる。さらに，主要国の研究開発費と研究者数，国際特許出願件数を投入とし，知識・技術集約型産業の付加価値額を産出とした場合のDEA（包絡分析法，以下 DEA：Data Envelopment Analysis）を行い，知識・技術集約型産業の付加価値額の産出に関する効率性について国際比較および考察を行っていく。

2　AI関連技術の動向[7]

（1）発明の出願数からみたAI関連技術の動向

　2019年1月に公開されたWIPO, Technology Trends 2019, Artificial Intelligence[8]によれば，1950年代にAIが認知されて以来これまでにAI関連の学術論文が160万部以上公開され，また34万件以上の特許が出願されている。特に2010年以降，AI関連の特許は急増している。同報告書によると，AI関連の特許出願の上位30件のうち26件は企業が占めており，残りの4件は大学または公共の研究機関としている。2016年末で，International Business Machines Corp. (IBM) は8,290件，Microsoftは5,930件のAI関連の特許出願をしている。AI関連の特許出願人の上位5社は，IBM，Microsoftに続き，東芝（5,223件），Samsung Group（韓国，5,102件），NEC グループ（4,406件）となっている。一方，上位30件の特許出願人として4つの教育機関が入っているが，そのうち3つは中国（中華人民共和国，以下では中国）の教育機関である。中国科学院は 2,500件を超えるAI関連の特許出願を行っており17位となっている。AI関連の特許を出願している上位 20の教育機関のうち17，また AI 関連の学術論文を公開している上位20のうち10が中国の

図11－1　国際特許出願件数（全分野）

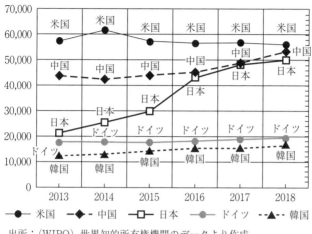

出所：（WIPO）世界知的所有権機関のデータより作成。

図11－2　国際特許出願件数（コンピューター技術）

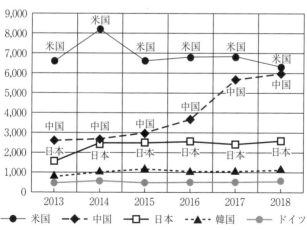

出所：（WIPO）世界知的所有権機関のデータより作成[7]。

教育機関である。図11－1～11－2に主要国の技術全分野とコンピュータ技術に関わる国際特許出願件数を示す。これをみると

図11－3　学術論文数（コンピューター科学系分野）

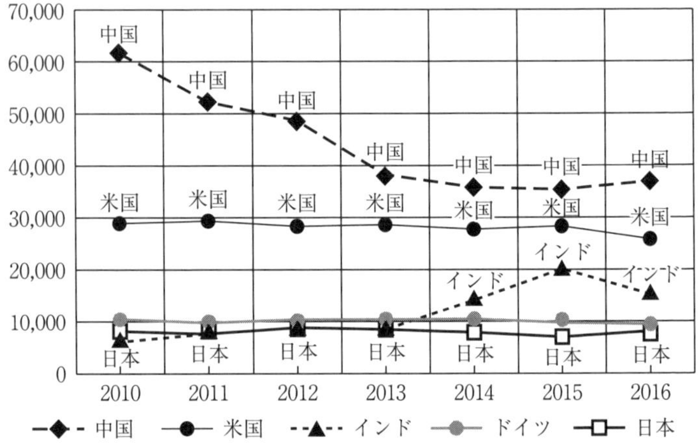

出所：National Science Foundation のデータから作成。

2013年以降は，全分野とコンピュータ技術の双方で中国の台頭が目立っている。日本は，技術全分野では出願件数が増加しているもののコンピュータ技術の出願件数は伸び悩んでいる。コンピュータ技術では，米国と中国がしのぎを削っている状況にある。この傾向は，コンピュータ科学系分野の学術論文数でも同様である（図11－3）。

（2）国内におけるAI関連の発明の特許出願状況

　AI関連の発明は，1980～1990年前半のいわゆる第二次AIブームによって，1990年代前半には出願が増加し一つのピークを形成した。しかし，その後の約20年間は出願件数が低迷していた。第二次AIブームで注目された発明の技術としては，エキスパートシステム[9]，知識ベースモデル[10] 等があげられる，しかし，エキスパートシステムでは推論エンジンを構築するために想定される手順を全てコンピュータにプログラムする必要があり実用化が難しく，次

図11－4　国内特許出願件数とAI関連発明の出願件数

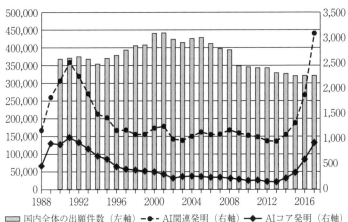

出所：特許庁，「AI関連発明の出願状況調査報告書」，2019年7月のデータより作成[7]。

第に第二次AIブームは終焉を迎えることとなった。1990年代前半は，ニューラルネット，知識ベース，ファジィ論理，機械学習のいずれの発明の出願も増加していたが，その後は低迷を続けた。知識ベース，ファジィ論理については2013年以降も低迷したままである。

　特許庁が2019年7月に発表した「AI関連発明の出願状況調査 報告書」[11] によれば，日本のAI関連発明は2013年以降に急激に増加し2017年には3065件となり第二次AIブームのピークを越えた（図11－4）。また出願件数のうち924件がAIコア発明[12] であった。同報告書では，AIコア発明の出願を技術的な内容から分類し，ニューラルネットと機械学習に分類される出願の割合を機械学習率として公表している。機械学習率の推移を図11－5に示す。図11－5から機械学習率は50～60％程度で推移していたが2013年頃から上昇に転じ2017年には85％に達していることが分かる。

図11－5　AIコア発明件数（左軸）と機械学習率（右軸％）

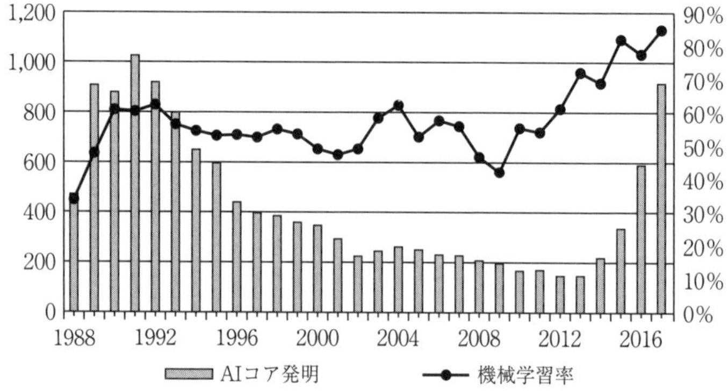

出所：特許庁，「AI関連発明の出願状況調査報告書」，2019年7月のデータより作成 [7]。

　つまり，2013年以降の第三次AIブームといわれるAI関連発明の増加は，ニューラルネットを含む機械学習技術が中心となっている。第三次AIブームは，2012年にカナダのトロント大学のチームが，「ILSVRC（ImageNet Large Scale Visual Recognition Competition）」において機械学習の進化系である深層学習（ディープラーニング：deep learning　以下では，深層学習）[13] を使って勝利したことにより始まったとされており，2013年以降のAI関連発明の増加はこのことを裏付けているといえよう。深層学習におけるニューラルネットの多層化には，莫大な計算が必要であり，コンピュータの能力や利用環境，コストが課題であった。しかし，2010年以降は，大量の計算を担うコンピュータの飛躍的な性能の向上，ネットワークの高速化やビッグデータの利用環境の整備によるデータ流通量の増加，さらに機械学習の進化により過学習が抑制されAI関連の理論の実用化が急速に進んでいった。この結果，2013年以降，第三次AIブームが注目されるようになり，現在も社会の中で様々なAIの実装化が進行している。

図11-6　各主分類の2010年の出願件数を100％とした場合の比率

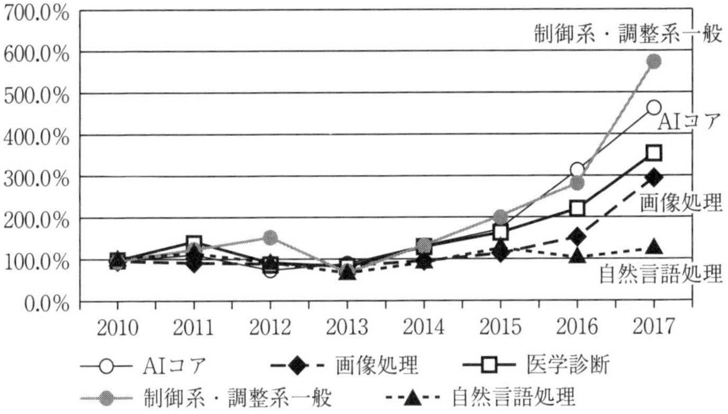

出所：特許庁，「AI関連発明の出願状況調査報告書」，2019年7月のデータより作成[7]。

(3) AIが実装される分野

「AI関連発明の出願状況調査 報告書」では，AI関連発明の適用先の動向を探るために，AI関連発明の分類を行っている。AIコア発明以外の主分類としては，従前から画像処理技術，情報検索・推薦が多いことが示されている。このほか主分類として上位を占めるビジネス，医学診断，制御系・調整系一般，材料分析，音声処理，自然言語処理，機械翻訳等，さらにインターフェイスやセキュリティもAIの主要な適用先であることが示されている。図11-6に，2010年の出願件数を100％とした場合の各主分類の伸び率を示す。これをみると2017年の出願件数はほとんどの主分類で2010年の2倍以上となっていることがわかる。特に，制御系・調整系一般，マニピュレータなど制御・ロボティクス関連の伸び率が高くなっている。

同報告書では，AI関連発明の出願増の最大の要因と考えられる深層学習に関わる発明の出願状況を調査している。AI関連発明の

図11－7　深層学習に言及するAI関連発明の出願件数および割合［%］の推移

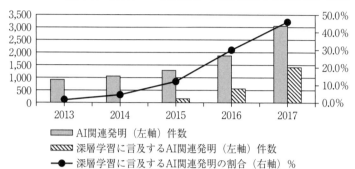

AI関連発明（左軸）件数

深層学習に言及するAI関連発明（左軸）件数

深層学習に言及するAI関連発明の割合（右軸）%

出所：特許庁，「AI関連発明の出願状況調査報告書」，2019年7月のデータより作成[7]。

うち，深層学習関連のキーワードが，出願書類（要約，請求項，明細書）中に出現する出願を「深層学習に言及するAI関連発明」としてその出願件数の推移を示したものが図11－7である。図11－7をみると「深層学習に言及するAI関連発明」は，2014年以降に急増していることがわかる。その数は2017年におけるAI関連発明のおよそ半数近くになっている。深層学習関連の技術が急増したことが，AI関連発明の増加の一因であることが理解できる。さらに，深層学習の中心的な技術として(a)畳み込みニューラルネット（Convolutional Neural Network; CNN），(b)再帰ニューラルネット（Recurrent Neural Network; RNN）とその拡張である長短期記憶（Long Short Term Memory; LSTM），(c)深層強化学習の3つの技術に言及するAI関連発明の出願件数の推移を図11－8に示す。

　画像処理分野に適用されるCNNの件数が多いが，3つの技術とも2013年以降に出願が急増してることがわかる。なお，CNN，RNN・LSTM，深層強化学習のそれぞれの技術の主な適応分野としては，CNNは画像処理や映像処理，RNN・LSTMは音声処理や自然言語処理，深層強化学習は制御系・調整系一般，マニピュレー

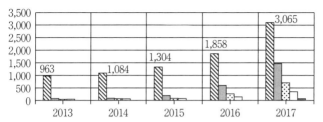

図11-8　深層学習技術に関する出願件数

出所：特許庁，「AI関連発明の出願状況調査報告書」，2019年7月のデータ
　　　より作成[7]。

タなどの制御系が多くなっている。

（4）各国におけるAI関連発明の出願

　IPC[14] としてAIコア発明の五庁[15] およびPCT[16] の出願件数の
推移を図11-9に示す。図11-9をみると国内の場合と同様に，

図11-9　各国のAIコア発明出願件数

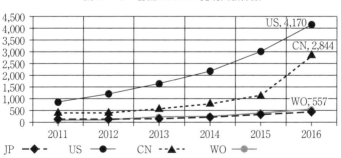

JP：日本，US：米国，CN：中国，WO：PCT国際出願（出願人国籍問わず）

出所：特許庁，「AI関連発明の出願状況調査報告書」，2019年7月のデータ
　　　より作成[7]。

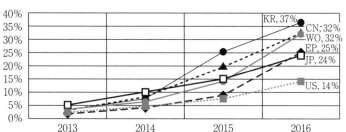

図11－10　AIコア発明の中でニューラルネットワーク関連の出願件数

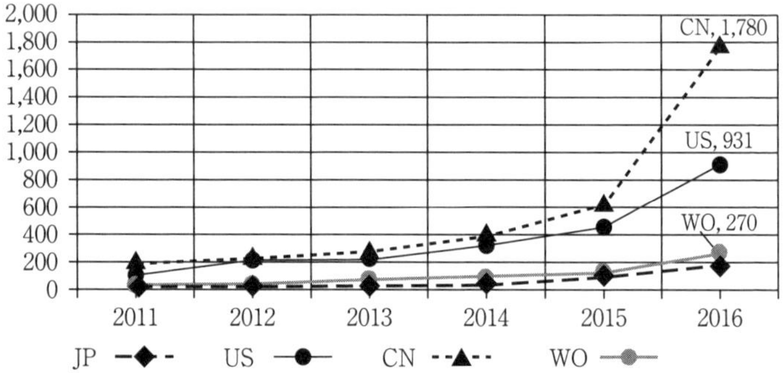

出所：特許庁，「AI関連発明の出願状況調査報告書」，2019年7月のデータ
　　　より作成[7]。

図11－11　各国のAIコア発明の中で深層学習に言及する出願割合（％）

JP：日本，US：米国，EP：欧州（EPO），CN：中国，KR：韓国，
WO：PCT国際出願（出願人国籍問わず）

出所：特許庁，「AI関連発明の出願状況調査報告書」，2019年7月のデータ
　　　より作成[7]。

各国にてAIコア発明の出願が2013年以降に急増していることが分か
る。AIコア発明の出願件数は米国と中国が圧倒的に多く，両国
がAI関連の発明をリードしていることが分かる。図11－10にAIコ
ア発明の中でニューラルネット関連の出願件数を示す。ここでは中
国の出願件数が米国を上回っている。その他の国においても増加傾
向にあることが分かる。図11－11では，五庁において出願されて

いるニューラルネット関連の特許のうち，代表的な深層学習関連の
キーワードを出願書類中（要約，請求項，明細書）に含むものの割合
を示す。各国ともほぼ同様に深層学習の割合が拡大しており，世界
のAI技術開発において深層学習が大きな役割を果たしていること
が確認できる。ここでも中国は32％と高い割合を示しており，先
端的なAIに積極的に取り組んでいることが伺える。

（5）WIPOにおけるAI関連の発明に関する調査

　WIPO, Technology Trends 2019, Artificial Intelligence[17] でもAI
に関わる技術について調査が行われており，ニューラルネットワー
クを含む機械学習は，AI関連の発明と認定された全発明の3分の
1以上に使用されていることが示されている。2013年から2016年
の期間に，全テクノロジーに関する特許出願件数は33％増加し，平
均年間増加率は10％であったが，機械学習は，特許出願件数で
2013年の9,567件から2016年には20,195件と111％増加しており，
平均年間増加率は約28％になっている。さらに，深層学習（ディー
プラーニング）は，2013年の118件から2016年には2,399件に増え，
平均年間増加率は175％とこの期間に約20倍に増えており最も速い
ペースで増加しているAI技術であることを示している。

（6）WIPOの調査からみたAIが利活用される産業部門

　WIPO, Technology Trends 2019,Artificial Intelligenceでは，AI
関連の発明を出願している産業部門についても調査がなされてい
る。主な産業部門別の調査結果によると，輸送部門では，AI関連
の発明の出願件数は2013年の3,738件から2016年には8764件と同
期間に134％増加し，平均年間増加率は33％であった。なお，2013
年〜2016年の間に特定されたAI関連の特許全体の19％は輸送部門
に関連していた。電気通信部門の出願数は，2013年の3,625件から
2016年には6,684件と同期間に84％増加し，平均年間増加率23％だ

った。2013年〜2016年の間に特定されたAI関連の特許全体の15%は電気通信部門に関連していた。生命・医療科学部門の出願数は，2013年の2,942件から2016年に4,112件と同期間に40％増加し，平均年間増加率は12%であった。2013年〜2016年の間に特定されたAI関連の特許全体の11%は生命・医療科学部門に関連していた。個人機器，コンピュータおよび人間とコンピュータの相互作用部門に関しては，2013年の2,915件から2016年に3,977件の出願があり，同期間に36％増加し，平均年間増加率は11%だった。2013年〜2016年の間に特定されたAI関連の特許全体の11%は個人機器，コンピュータおよび人間とコンピュータの相互作用部門に関連していた。

　以上のようにAI関連の発明に関わる調査結果から現時点でのAIの技術や適応部門について考察すると以下のような特徴を見出すことができる。まず，技術的な観点では第三次AIブームでは，機械学習が技術の中心であり，その中でもとりわけ深層学習が注目されている。また，適応部門としては制御系・調整系一般，マニピュレータなど制御・ロボティクス関連が多くなっている。AI関連の発明では，米国，中国が出願数で他を圧倒しており，国際特許全分野の出願件数と同様の状況にある。特に近年は中国の出願件数が急速に拡大している。

3　技術全分野と付加価値額の相関に関する国際比較

（1）国際特許全分野の出願件数と知識・技術集約型産業[18]の付加価値額[19]との相関分析

　前節までは，国際的な特許出願件数の現状，AI関連特許の国内外の動向について概観した。国際的な特許出願件数やAI関連特許の動向をみると直近の20年間では米国と中国が先端的な技術分野

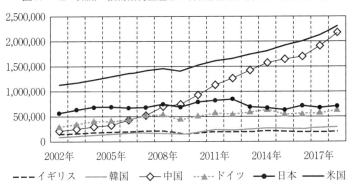

図11－12　知識・技術集約型産業の付加価値額（単位：百万US＄）

出所：NSFのデータから作成。

をリードしていることが分かった。特にこの10年間では，技術全
分野だけではなくAIなどの先端的な技術においても中国の躍進が
目立っている。ここでは，米国，中国，日本の国際特許全分野の出
願件数と知識・技術集約型産業の付加価値額との相関係数を算出し
て，新しい技術の創出と経済的価値との相関について検証する。ま
ず，主要国の知識・技術集約型産業の付加価値額の推移を図11－
12に示す。図11－12より米国の知識・技術集約型産業の付加価値
額は2018年に約2.3兆ドルであり2002から2018年までの17年間で
約2倍に成長している。一方，中国は2018年に約2.2兆ドルとなり
同期間には10倍にまで成長している。一方，日本は2018年に約
7,000億ドル，同期間に1.24倍に成長している。ここでも中国の躍
進が目立っており，知識・技術集約型産業の付加価値額は米国と肩
を並べる水準になっている。しかし日本は，2010年以降はむしろ
減少傾向を示している。次に，国際特許全分野の出願件数と知識・
技術集約型産業の付加価値額との相関係数を計算した結果を図
11－13に示す。図11－13より国際特許全分野の出願件数と知識・
技術集約型産業の付加価値額との相関係数を2002から2018年の17

図11－13　国際特許全分野と知識・技術集約産業の付加価値額との相関係数
（算出結果）

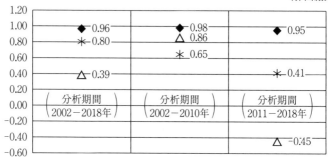

年間でみると，中国は，0.96と3か国の中で最も高く，続いて米国が0.80で続き，日本は0.39と低くなっている。つまり，この期間では中国や米国では新しい技術の創出が新たな付加価値を生み出す源泉となっているが，日本では新しい技術の創出が新たな付加価値を生み出すことに必ずしも生かされていないという指摘ができるのである。同様に，2002から2010年の9年間で相関係数を計算すると中国は0.98，米国が0.65，日本は0.86であり，この期間では，中国に続いて日本が比較的高くなっており，日本でも新しい技術の創出が，新たな付加価値を生み出すことに強い影響を与えていたことが伺える。しかし，2011から2018年の8年間をみると中国は，0.95，米国は，0.41，日本は，－0.45であり，中国が引き続き高い相関係数であるのに対して，米国は低い水準に移行し，また日本は－0.45と負の相関を示すことになった。これは，直近では，中国が技術力を背景に国際特許全分野の出願件数，付加価値額ともに増加させているが，一方，米国では国際特許全分野の出願件数が伸び悩んでおり付加価値額との相関係数の値が低下しているのである。一方，日本ではこの間に，知識・技術集約型産業の付加価値額は低下しており，このため相関係数はマイナスの値となっている。日本の知識・

技術集約型産業の付加価値額が低下していることは，マクロ経済全体へ与える影響も大きく，技術立国といわれて久しい日本経済の今後のあり方を検討する上で，重要な課題として指摘しておかなければならない。

（2）DEA[20] を用いた知識・技術集約型産業の付加価値額の産出に関する分析

① D効率値とスラック

ここでは，主要国の科学技術に関わる取り組みが，知識・技術集約型産業の付加価値額の産出にどのように影響を与えているのかをDEAによる分析を通して考察していく。まず，分析対象とする主要国の知識・技術集約型産業の付加価値額を産出量とし，研究開発費，研究者数，国際特許全分野の出願件数を投入量として，DEAを用いて産出と投入の効率性の指標であるD効率値を算出していく。DEAでは，個々の分析対象はDMU（Decision Making Unit）と呼ばれる。DEAは，あるDMUの投入と産出にかかる適当なウェイトを算出し，D効率値という 産出／投入の値で効率性を示す。この際のウェイトは，制約条件の下で当該DMUのD効率値が最大となるように決められる。

ここで，D効率値θは $0 \leqq \theta \leqq 1$であり，$\theta = 1$のとき，効率的であると判断される。

本稿では，DEAの基本的なモデルであるCCR（Charnes-Cooper-Rhodes）モデル[21] を使用した。

DMUの数をn個，投入要素と産出要素の数をそれぞれm個，s個とし，効率値を測定するDMUをDMU$_0$とし，そのD効率値をθ_0とすると（3．1）式の分数計画問題となる。ここでは，（3．1）式の右辺の分母を1とする制約条件を加えて線形計画問題に変換した上でその双対問題を解いていく。

$$\max \quad \theta_0 = \frac{u_1 y_{1o} + u_2 y_{2o} + \cdots + u_s y_{so}}{v_1 x_{1o} + v_2 x_{2o} + \cdots + v_m x_{mo}}$$

$$s.t = \frac{u_1 y_{1j} + u_2 y_{2j} + \cdots + u_s y_{sj}}{v_1 x_{1j} + v_2 x_{2j} + \cdots + v_m x_{mj}} \leq 1$$

$$u \geq 0$$

$$v \geq 0$$

$$j = 1, 2, \cdots n \qquad (3.1)式$$

　双対問題は，θ_0 を実数，λ を変数ベクトル，X，Y をそれぞれすべての DMU の投入，産出要素の行列，x_o，y_o をそれぞれ DMU$_0$ の投入，産出のベクトルとすると（3.2）式と書くことができる。

　（3.2）式を制約条件の下で解くことによって得られた $\min \theta_0$ が D 効率値である。

$$\min \quad \theta_0$$

$$s.t \qquad \theta_0 x_0 - X\lambda \geq 0$$

$$y_0 - Y\lambda \leq 0$$

$$\lambda \geq 0 \qquad (3.2)式$$

　さらに，投入，産出のスラックが存在する可能性を考慮して以下の（3.3）式を制約条件の下で解いていく。

$$\max \qquad \omega = e s_x + e s_y$$

$$s.t. \qquad s_x = \theta^* x_0 - X\lambda$$

$$s_y = Y\lambda - y_0$$

$$\lambda \geq 0, s_x \geq 0, s_y \geq 0 \qquad (3.3)式$$

　ここで，e はすべての成分が 1 の行ベクトル，S_x，S_y はそれぞれ投入，産出のスラック，θ^* は（3.2）式を解くことによって得ら

れた当該DMUのD効率値である。

　例えば，ある国の産出量1単位に要する投入要素量（投入1，投入2）がA，B，C年度において図11−14のとおりであったとすると，B年度とC年度においては$\theta = 1$であり，また，線分BC上の点はすべて$\theta = 1$である。一方，A年度のθは

　　$\theta = \text{OP} / \text{OA}（< 1）$

と計算される。つまり，A年度はB，C年度に比べて同一産出量を得るために必要な投入量が多かったため，効率が悪かったと判断されるのである。この際，A年度が効率的（すなわち$\theta = 1$）となるためには，投入1と投入2をそれぞれθ倍して，点Pの投入量とすればよい。

　同様に，産出量1単位に要する投入量がA'年度のとおりであった場合は

　　$\theta = \text{OP'} / \text{OA'}（< 1）$

となる。投入1と投入2をθ倍するとP'に移動して，θの値は1となる。ただし，図11−14からわかるとおり，B年度においてはP'よりさらに投入2が少ない。したがってA'年度が真に効率的となるためには，投入2をさらにP'Bだけ削減することが必要である。この削減量P'Bがスラックである。スラックは，他の要素と同じ割合で削減可能なものではなく，D効率値θで示される削減量と比べると，より「余剰」としての意味合いが強い部分のことである。

図11－14　スラックの概要

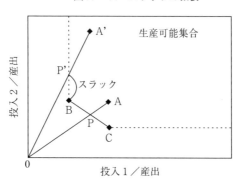

② 分析データ

　分析対象国は，イギリス，韓国，中国，ドイツ，日本，米国，イタリア，フランス，シンガポール，スウェーデンの10か国とした。

(1) 産出量

　知識・技術集約型産業の付加価値額を産出量とする。

　産出量である知識・技術集約型産業の付加価値額は，NSF調査の2007〜2018年の数値を国連統計の2015年基準のGDPデフレータで実質化した上で2007－2010年，2011－2014年，2015－2018年の各4年間の平均値を算出したデータを用いた。つまり，分析期間は2007－2010年，2011－2014年，2015－2018年の各3期間である。これは，研究開発費，研究者数，国際特許全分野の出願件数などの投入量が直ちに産出である付加価値を生み出す訳ではなく，タイムラグが存在することを考慮して4年間の平均値で分析することとしている。

(2) 投入量

　(a) 研究開発費

　分析対象国の研究開発費については，OECD調査の2007〜2018年の数値を国連統計の2015年基準のGDPデフレータで実質化した

上で2007－2010年，2011－2014年，2015－2018年の各4年間の
平均値を算出して利用した。

　(b)　研究者数

　研究者数については，OECD調査の2007〜2018年の数値から
2007－2010年，2011－2014年，2015－2018年の各4年間で平均
値を算出して用いた。

　(c)　国際特許全分野の出願件数

　国際特許全分野の出願件数は，WIPO調査の2007〜2018年の数
値から2007－2010年，2011－2014年，2015－2018年の各4年間
で平均値を用いた。

　③　分析結果

　ここでは，DEAの分析結果から，まず分析対象とした10か国の
投入と産出の効率性を表すD効率値を検証する。次に，投入とした
研究開発費，研究者数，国際特許全分野の出願件数のスラックに注
目していく。ただし，DEAによる分析の妥当性を検証するため，D
効率値の推移がマクロ経済の状況と著しく乖離していることがない
かを確認しておく。(3. 2) 式の解法によって得られたD効率値θ
の分析結果を表11－1に示す。表11－1をみると2007－2010年の
期間は，θの値はその他の期間に比べて全体的に低い水準にある。
この期間は，2008年にリーマンショックといわれる金融危機が発
生し世界的な不況に突入している。図11－12をみると2009年は，
知識・技術集約型産業の付加価値額が一時的に落ち込んでいる。こ
のためこの期間のθは，その他の期間に比べて低い水準にあると推
測できる。しかし，この期間においても中国，イタリアのθは1.00
であり知識・技術集約型産業の付加価値額を産出することに関して
効率的な状態を維持していた。2011－2014年の期間では，全体的
にθは改善し，中国，イタリアの他，ドイツのθも1.00となり効率
的な状態となっている。図11－12からこの期間の知識・技術集約

表11-1 分析対象国のD効率値（3.2式の解法結果）

分析対象国	D効率値		
	2007-2010年	2011-2014年	2015-2018年
イギリス	0.75	0.82	0.88
韓　国	0.54	0.61	0.66
中　国	1.00	1.00	0.82
ドイツ	0.96	1.00	1.00
日　本	0.72	0.80	0.87
米　国	0.72	0.83	1.00
イタリア	1.00	1.00	0.98
フランス	0.66	0.73	0.71
シンガポール	0.82	0.96	1.00
スウェーデン	0.81	0.92	0.94

型産業の付加価値額は，ドイツでも拡大傾向を示しており同国のθが効率的な状態になったことを裏付けている。2015-2018年の期間も全体的にθは改善傾向を示しているが，θが1.00となっているのは，ドイツ，米国，シンガポールであり，中国は0.82に低下，イタリアも0.98と僅かに低下した。図11-12から，同期間の知識・技術集約型産業の付加価値額は，ドイツ，米国で拡大しており，さらにシンガポールは2015年比で2018年は29.6％増となり急拡大している。この影響により2015-2018年の期間では，ドイツ，米国，シンガポールのθが効率的な状態となったと考えられる。一方，中国の知識・技術集約型産業の付加価値額は2015年比で2018年は，32.8％増と同期間も拡大を続けているが，投入である国際特許全分野の出願件数は78.8％増と急増している。つまり，投入量の増大に比較して産出量の増加が追い付かず効率性が低下したと推測できる。日本のθも2015-2018年の期間には，0.87と分析期間を通して徐々に改善している。しかし，日本の場合，知識・技術集約型産業の付加価値額は，2015-2018年の4年間の平均値は，2011-

2014年の平均よりも低い水準にある。効率性は改善しているがこの点には注意を要する。このように，θの値は各国ごとにバラつきはあるものの，2010年以降のAIに代表される先端科学技術の発展による経済活動の活性化を反映したものとなっており，その推移は概ね実感に合致していると判断できる。

　次に，（3.3）式の解法により得られた研究開発費，研究者数，国際特許全分野の出願件数のスラックの推移を考察する。表11－2を見ると，分析対象とした10各国すべてにおいて研究開発費のスラックは，

（2015－2018年の値）＜（2011－2014年の値）＜（2007－2010年の値）

となっている。2015－2018年の期間では，すべての国で研究開発費のスラックは0.0である。米国の研究開発費のスラックは，

表11－2　各分析期間における投入量，産出量のスラック
（3.3式の解法結果）

分析期間	スラック	イギリス	韓　国	中　国	ドイツ	日　本	米　国	イタリア	フランス	シンガポール	スウェーデン
2007-2010	sx1	0.0	0.0	0.0	6552.1	0.0	90312.4	0.0	0.0	906.5	949.7
	sx2	76929.2	26242.9	0.0	0.0	92917.8	0.0	0.0	27235.4	0.0	0.0
	sx3	704.6	1456.1	0.0	8670.0	10450.6	10969.4	0.0	1077.1	0.0	1874.6
	sy1	0.0	0.0	0.0	0.0	0.0	0.0	0.0	0.0	0.0	0.0
2011-2014	sx1	0.0	0.0	0.0	0.0	0.0	80143.5	0.0	0.0	345.2	0.0
	sx2	80057.7	27032.9	0.0	0.0	12344.6	0.0	0.0	21002.5	0.0	0.0
	sx3	632.8	3009.5	0.0	20574.3	0.0	0.0	0.0	1334.3	0.0	2038.9
	sy1	0.0	0.0	0.0	0.0	0.0	0.0	0.0	0.0	0.0	0.0
2015-2018	sx1	0.0	0.0	0.0	0.0	0.0	0.0	0.0	0.0	0.0	0.0
	sx2	99815.7	40110.6	0.0	0.0	38628.6	0.0	10807.4	34947.3	0.0	8943.1
	sx3	1223.1	5587.2	2763.2	0.0	28138.1	0.0	401.8	1846.3	0.0	2359.4
	sy1	0.0	0.0	0.0	0.0	0.0	0.0	0.0	0.0	0.0	0.0

sx1：研究開発費（単位：百万US＄）　　sx2：研究者数（単位：人）
sx3：国際特許全分野出願件数（単位：件数）
sy1：知識・技術集約型産業の付加価値額（単位：百万US＄）

2007－2010年の期間で900憶ドル，2011－2014年の期間で800憶ドルと高水準であったが，2015－2018年の期間には研究開発費のスラックは解消している。

　一方，研究者数のスラックは，イギリス，韓国，日本，フランスで多く見られる。この中で，イギリス，韓国では研究者数のスラックが

(2007－2010年の値)＜(2011－2014年の値)＜(2015－2018年の値)

となっており時間の経過とともに研究者数の余剰が拡大している。研究者数が知識・技術集約型産業の付加価値額の産出に貢献できていないことが分かる。一方，日本，フランスでは，研究者数のスラックは，2007－2010年の期間から2011－2014年の期間では低下し，研究者数の余剰は一旦は改善したが，2015－2018年の期間には，研究者数のスラックが再び増加に転じている。研究者数が知識・技術集約型産業の付加価値額の産出に貢献できていない実態を改善できていないことが示されている。他方，中国，ドイツ，米国，シンガポールでは，すべての分析期間で研究者数のスラックは観測されず，研究者数の余剰はみられない。

　国際特許全分野の出願件数のスラックは，イギリス，韓国，日本，フランス，スウェーデンで多く観測された。この5か国では，国際特許全分野の出願件数のスラックは，

(2007－2010年の値)＜(2011－2014年の値)＜(2015－2018年の値)

であり，国際特許全分野の出願件数の余剰は増加傾向である。つまり，この5か国では，国際特許全分野の出願件数が，知識・技術集約型産業の付加価値額の産出に貢献できていないことを示している。一方，米国では，2007－2010年の期間に国際特許全分野の出願件数の余剰が観測されたが，2011－2014年，2015－2018年の期間には解消している。これとは反対に，中国では，2007－2010，

2011－2014の期間では，国際特許全分野の出願件数のスラックは観測されなかったが，2015－2018年の期間では，スラックがみられた。中国では，2015－2018年の期間に国際特許全分野の出願件数は78.8％増と急増させている。その一方で，知識・技術集約型産業の付加価値額は32.8％増と拡大しているものの前者の増加ペースには追い付いていない。そのため，知識・技術集約型産業の付加価値額の産出に貢献できていない国際特許出願件数の余剰が観測されたと考えられる。この結果，表11－1に示すように2015－2018年の期間における中国のD効率値は低下しているのである。つまり，投入要素の一つである国際特許全分野の余剰とは，知識・技術集約型産業の付加価値額の産出に貢献できていない国際特許出願件数のことになるが，これは，この期間の中国で知識・技術集約型産業の付加価値額の増加ペースを大きく上回る国際特許全分野の出願件数の増加があったためであり，現時点では余剰となっている特許の出願件数が，将来は付加価値額の産出に貢献する可能性を否定できない。つまり，国際特許全分野の出願件数を急速に増加させている中国は，知識・技術集約型産業の付加価値額を今後も増加させていく可能性があると考えられるのである。2015－2018年の期間におけるドイツ，米国，シンガポールは，知識・技術集約型産業の付加価値額を順調に拡大させ，D効率値も1.0と効率的であることが示されている。投入要素である研究開発費，研究者数，国際特許全分野の出願件数が，知識・技術集約型産業の付加価値額の産出に効率的な貢献をしていることになる。一方，日本は，研究者数と国際特許全分野の出願件数で余剰が目立っており，科学技術立国の再興を目指すのであれば，研究者数や国際特許全分野の出願件数と知識・技術集約型産業の付加価値額との相関について詳細な検討を進める必要がある。

4　おわりに

　以上のようにAIに関連する国際的な技術の動向，また主要国における科学技術への取り組みが，知識・技術集約型産業の付加価値額とどのような相関がみられるのか調査分析を進めてきた。AIに関連する技術の動向では，ディープラーニングに代表される機械学習の進化が目覚ましく，AI関連の発明の出願件数においても増加傾向にある。AIの応用分野においては，従来からの工学的な利活用に加えて社会，人間的な分野へも幅広く応用が進みつつある。また，AIに関連する発明の出願件数からみるとAIの先端技術を米国と中国がリードしている実態がある。次に，AIだけではなく，科学技術全般へ目を移して国際的な動向を国際特許全分野の出願件数から考察すると，やはり米国，中国が目立っている。特に，この10年間の中国の影響力が際立っている。国際特許全分野の出願件数と知識・技術集約型産業の付加価値額との相関係数を算出すると中国は，米国や日本に比べて高い数値であり，両者の強い相関関係があることが分かった。さらに，研究開発費，研究者数，国際特許全分野の出願件数を投入量，知識・技術集約型産業の付加価値額を産出量としたDEAでは，直近の分析期間では，ドイツ，米国，シンガポールが効率的であり，中国は分析した3期間の内，2期間で効率的であった。中国は，直近の分析期間で国際特許全分野の出願件数でスラックが観測されたが，これは知識・技術集約型産業の付加価値額の増加を大きく上回る国際特許全分野の出願件数の増加が影響したためと考えられる。しかし，現時点ではスラックである国際特許全分野の出願件数は，将来の付加価値額を産出する源泉となることは否定できず，科学技術開発とそれに関連する経済分野における中国の存在感は今後も続くことが考えられる。一方，日本は，D効率値では改善しているものの，知識・技術集約型産業の付加価値額

が直近の10年間では低下傾向であることが懸念される。また，研究者数と国際特許全分野の出願件数で余剰が目立っており，今後，科学技術立国の再興を目指すのであれば，研究者数や国際特許全分野の出願件数が，知識・技術集約型産業の付加価値額の増加に貢献できるように，科学技術戦略を再構築する必要があるだろう。

【注】

1）WIPO, Technology Trends 2019, Artificial Intelligence, First published 2019, World Intellectual Property Organization, 2019.

2）特許庁 審査第四部 審査調査室, AI関連発明の出願状況調査 報告書，2019年7月。

3）汎用人工知能（AGI: artificial general intelligence）とは，AIの処理が特定の問題に限ったものではなく，様々な問題を学習によって処理できるようになる一般的な仕組みを持ったAIのことである。

4）技術的特異点（Technological Singularity）とは，AIが急速に進化することにより，AIが持つ問題解決能力が指数関数的に高度化し，頭脳が機械的に強化されていない人類に代わって，汎用人工知能あるいはポストヒューマンが文明の進歩の主役になる時点のことである。

5）情報処理学会「コンピュータ将棋プロジェクトの終了宣言（2015年10月11日）」（http://www.ipsj.or.jp/50anv/shogi/20151011.html）

6）総務省「ICTの進化が雇用と働き方に及ぼす影響に関する調査研究」（平成28年）

7）小林稔，「AI時代の説得交渉に関する一考察」，『説得交渉学研究』第11巻，日本説得交渉学会，2019年12月を参照した。

8）WIPO, Technology Trends 2019, Artificial Intelligence, First published 2019, World Intellectual Property Organization, 2019.

9）第二次AIブームで研究が進んだエキスパート（専門家）の意思決定と同じような判断を行うAIの一形態である。推論エンジンと知識ベースから構成される。

10）エキスパートシステムの主要な構成要素である。専門家の知見を蓄積し，推論エンジンを使用して適切な情報の検索を行う。

11) 特許庁　審査第四部　審査調査室，AI関連発明の出願状況調査　報告書，2019年7月。

12) AIコア発明とはニューラルネットワーク，深層学習，サポートベクタマシン，強化学習等を含む各種機械学習技術のほか，知識ベースモデルやファジィ論理など，AIの基礎となる数学的や統計的な情報処理技術に特徴を有する発明としている。

13) 深層学習（deep learning）とは，多層のニューラルネットワークによる機械学習の手法である。データに含まれる特徴を見つけ出し段階的により深く学習することができる。自動運転や顔認識など様々な分野で実用化されている。

14) IPC（International Patent Classification），国際特許分類のことである。

15) 五庁（IP5）とは，日本国特許庁（JPO），米国特許商標庁（USPTO），欧州特許庁（EPO），中国国家知識産権局（CNIPA），韓国特許庁（KIPO）のことである。五庁への特許出願件数は，世界の特許出願件数の約8割を占めている。

16) PCTとは，特許協力条約（Patent Cooperation Treaty）の略称である。PCT国際出願（特許協力条約に基づく国際出願）では，国際的に統一された出願書類を日本語で作成し，日本の特許庁に提出すればすべてのPCT加盟国に同時に出願したことと同じ効果を得られる。

17) WIPOとは，世界知的所有権機関（World Intellectual Property Organization）を2019年1月に "Technology Trends 2019, Artificial Intelligence, First published 2019" を発表した。

18) 知識・技術集約型産業にはOECDの分類定義ベースのハイR&D集約型産業，ミディアムハイR&D集約型産業が含まれる。ハイR&D集約型産業には航空宇宙，医薬品，コンピューター・エレクトロニクス・光学機器，科学的研究開発サービス，ソフトウエア出版産業が含まれる。ただし，ソフトウエア出版産業はデータ入手不可の為，出版業界全体の数値が含まれている。ミディアムハイR&D集約型産業には兵器・武器，自動車，医療機器，機械装置，化学，電気機器，鉄道・輸送機器，IT・情報関連サービス産業が含まれる。ただし，医療機器産業はデータ入手不可の為，数値に含まれていない。

19) 付加価値額は国・法人・事業体などの活動によって財貨・サービスへ付加された価額で，原材料の仕入れ額を除いたものである。

20）包絡分析法（DEA）は1978年にCharnes, Cooper and Rhodesによって提案された事業体などの意思決定主体の効率性を相対的に評価する数理的な手法である。

21）基本的なDEA（包絡分析法）のモデルであり，Charnes, Cooper and Rhodesにより提案され3人の頭文字をとって名前が付けられたモデルである。規模による収穫一定であることを前提としている。

【参考文献】

［1］総務省「ICTの進化が雇用と働き方に及ぼす影響に関する調査研究」，2016.

［2］経済産業省「IOT，AI，ロボットに関する経済産業省の施策について」，2016.

［3］岩本晃一，田上悠太，「人工知能AI等が雇用に与える影響；日本の実態」，RIETI Policy Discussion Paper Series 18-P-009，独立行政法人経済産業研究所，2018年5月.

［4］通商白書（2017），経済産業省通商政策局，2017年6月.

［5］総務省「情報通信白書2016」，2016.

［6］総務省「情報通信白書2017」，2017.

［7］総務省「情報通信白書2018」，2018.

［8］WIPO, *Technology Trends 2019, Artificial Intelligence,, First published 2019*, World Intellectual Property Organization, 2019.

［9］特許庁 審査第四部 審査調査室，AI関連発明の出願状況調査 報告書，2019年7月.

[10] Frey, C. B., & Osborne, M. A, "The future of emplyment: how susceptible are jobs to computerization?", *Oxford University Programme on the Impacts of Future Technology, Technological Forecasting and Social Change*, vol. 114, issue C, 2013.

[11] Arntz, M., T. Gregory and U. Zierahn, "The Risk of Automation for Jobs in *OECD Countries: A Comparative Analysis*", *OECD Social, Employment and Migration Working Papers, No. 189*, OECD Publishing, Paris, 2016.

[12] Lorenz, M., Rüßmann, M., Strack, R., Lueth, K. L., & Bolle, M, *Man and Machine in Industry 4.0*. Boston Consulting Group, 2015.

［13］OECD, "Automation and Independent Work in a Digital Economy", *POL-ICY BRIEF ON THE FUTURE OF WORK* - (Vol. 2), 2016.

［14］小林稔，「AI時代の説得交渉に関する一考察」，『説得交渉学研究』第11巻pp15-30，日本説得交渉学会，2019年12月．

※ 本研究は，科学研究費補助金（課題番号：20K01948，研究代表者：小林稔）の助成を受けたものである。

第**12**章

アメリカのオンラインMBAの動向

金　雅美

1　研究目的と方法

　2000年に入ってからのアメリカのビジネススクールの新しい動向の一つが，オンラインMBA（Master of Business Administration）の普及である。オンラインMBAとは，ウェブ上の授業を聴講することで，MBA学位を取得できる教育システムのことである。世界のオンライン経営大学院（MBAを含む）の入学志願者の動向については，2007年から2018年までの統計調査が存在する（GMAC，2018a，p.20）。2008年に入学志願者数がピークに達して以降，2013年以降のオンライン経営大学院（MBAを含む）のマーケットはすでに成熟した。2016年以降は，入学志願者数が穏やかに減少している。世界的に，経営大学院（MBAを含む）への入学志願者数は減少している。この動向は，オンラインだけに限らず，フルタイム，パートタイム，フレキシブル（通学とオンラインのミックス），エグゼクティブの全てのプログラムに共通する。

　一方，2018年の世界の経営大学院（MBAを含まない）への入学志願者率は0.3％減ったが，ビジネススクール（MBA）へは0.04％増えたという報告書がある。しかし全体として，0.02％も減っている。その内訳を見てみると，アジア・パシフィックでの経営大学院

（MBAを含む）への入学志願者率が67％と最も多く，カナダで62％，ヨーロッパで61％，逆にアメリカでは32％だけである。しかもすべての国で，女性の入学志願者率の方が，男性のそれよりも多かった。さらに留学生の入学志願者率は，最も多いのがカナダ（63％），ヨーロッパ（63％），アジア・パシフィック（47％）であり，逆にアメリカ（28％）は最も少ない[1]。

アメリカのオンライン経営大学院（MBAを含む）は，2018年に58％の機関が，世界からの入学志願者数が減少したと報告する。アメリカ国内からの入学志願者率は42％，アメリカ以外の国からの入学志願者率は43％であった（GMAC, 2018a, p.26）。

さらに，オンライン経営大学院（MBAを含む）への世界からの入学志願者が期待する卒業後のキャリア・ゴールは，①昇給（67％），②昇進（51％），③人材管理（50％），である（GMAC, 2018b, p.39）。これらは，フルタイム，パートタイム，フレキシブルへの入学志願者のキャリア・ゴールと比較して，昇給・昇進に対する意欲が最も高い点で異なっている。

アメリカのMBAマーケットでは，大学同士の競争が激しいとはいえ，まだ成長の余地があるオンラインMBAに対する大学の注目度は高い。新たに開始する大学も存在する。例えば，マサチューセッツ大学アマースト校（University of Massachusetts Amherst）が，すでに20年以上の歴史を持つ一方，ボストン大学（Boston University）は，2019年に新たに開始した。

本章は，アメリカの大学の一部のオンラインMBAの現状を探ることを目的とする。筆者の2011～2020年のアメリカのビジネススクール3校への訪問調査によって，その変遷と現状を明らかにする。そして，今後の日本企業への導入についても，若干の考察を行う。

近年ではすでに，マーケットが成熟したアメリカのオンラインMBAであるが，筆者の初期の訪問調査（2011年）からは，比較的初期の成長する姿が伺える。東海岸にある大学3校を調査した時点で

は，3校全てで急速な学生数の増加により拡大していた（金，2015）。

　本章では，急速な発展を見せるサウザン・ニューハンプシャー大学（Southern New Hampshire University），最小限の投資と資源で最大の利益を確保する草の根大学のエンディコット大学（Endicott College），古い歴史とプログラムの高い質を誇るミドルレベルのマサチューセッツ大学アマースト校のオンラインMBAの実態を紹介する。サウザン・ニューハンプシャー大学とマサチューセッツ大学アマースト校のオンラインMBAについては，2019〜2020年に追跡調査を行っている。

2　アメリカのオンラインMBAの実態：2011年

　上述した3校のオンラインMBAが，最も成長していた2011年時点での調査結果を簡単に紹介しよう（金，2015）。第1に，サウザン・ニューハンプシャー大学では，2009年に開始したオンライン教育の成長が目覚ましく，利益率と学生数が，毎年約2倍の速度で増えていた。オンライン教育全体のなかでもMBAの人気は特に高く，教員（オンラインとキャンパスの教員は別であり，教員資格として，オンラインの教員は修士号，キャンパスの教員は博士号を必要とする）と学生を世界中から集めていた。当時この大学は，全米のなかでもオンライン教育の成長率が，突出して高いことで有名であった[2]。

　この大学のオンライン教育は，キャンパスとは別に運営されていた。オンライン教育のCEOは，営利企業から引き抜かれた人材である。そこで得た利益の大部分はキャンパスに回され，新しい校舎の建設や奨学金に利用されている。すでに州の外部に5つのオンライン教育センターを開設しており，マレーシアにも教育センターを開設したばかりであった。

　大規模なオンライン教育が存在することが，キャンパスの学生に

選ばれる理由にもなっていた。オンライン教育を始めてから，キャンパスでもビジネススクールへの入学者は毎年増加していた。オンライン教育は通学費や教材面で安く済むため，学費を節約したい学生にとっては魅力的な手段である。オンライン教育の学生は，教科書をダウンロードする以外は，その科目の教科書を無料で見ることができた。

　そこで得た利益が大学に還元されることさえ除けば，全米をターゲットにした頻繁なテレビや雑誌広告でのマーケティング手法など，営利企業と変わらない。利潤追求を第一目的とした経営戦略がつらぬかれていた。

　第2に，エンディコット大学のビジネススクールの特徴は，他大学と比較して，フルタイム（1年間）で2万5千ドル，パートタイム（1年間）で2万1千ドルという安い学費である。ビジネススクールで教える教員全員がパートタイムであり，1年間に1科目を教えるのに3万ドルしかかからない。

　ビジネススクールの校舎は，大学で以前に寮として使用していた建物を大学院用として改築し，最低限のフルタイムの職員を雇っているだけである。このビジネススクールは学部から独立して運営しているが，2004年の創立以降，ずっと黒字である。MBAは他の修士のコースよりも人気が高く，最も高い利益を生み出していた。この大学は歴史が古く，地域での知名度が高いため，特別なマーケティングをしなくても学生は集まるという。この時点でオンラインMBAはまだ独立して運営されてはおらず，キャンパスのMBAコースの一環として運営されていた。

　第3に，マサチューセッツ大学アマースト校のオンラインMBAは，2011年のインタビュー当時，すでに14年もの歴史があった。大学のなかでは，オンラインMBAが最も成長しており，今後の成長に大きな期待を抱いていた。

　この大学のオンラインMBAの特徴は，キャンパスで教える教員

が兼任していることである。授業の質の維持を最も重視しており，この点がオンライン教育を成功に導いたと考えている。入学するさいにはGMATの点数（556点）を必要とするが，この点数は，学生がオンラインMBAを成功させるためのカギだと考えていた。

　オンラインMBAによる高い利益が，キャンパスのフルタイムのMBA学生全員のアシスタンシップ制度（学費の全額奨学金）を賄っている。このアシスタンシップ制度によって，アイビーリーグに入学するような優秀な学生を集められるため，MBAコースの質を上げていた。

3　アメリカのオンラインMBAの実態：2019〜20年

　それから8年後，アメリカのオンラインMBAをめぐる環境も変化した。そこで，上述した2校の大学に対し，筆者は2019〜2020年に追跡調査を行った[3]。まず，2011年時点で最も急速な拡大を続けていたサウザン・ニューハンプシャー大学では，その後も安定的に成長を続けていた。成長の速度は以前ほどではないが，現在ではその規模の大きさと毎年の多大な投資で，競争が激しい大学間のなかでも，安定的な地位を保っていた。

　近年では，この大学周辺の小さな私立大学から，オンラインMBAを始めたいとの相談を受けることが多くなったという。しかし小さな私立大学が，これからオンラインMBAを始めるには，すでに5年くらい参入の時期が遅く，最初の投資が少ない点で，成功する可能性はほとんどないと警告する。例えば，周辺の私立大学が雇用しているPC環境のためのエンジニアは平均3人ほどだが，この大学では，オンライン教育だけのためのエンジニアが250人もいる。さらに授業で教えることはせず，オンライン教育の科目とその内容だけを設計する教員が，200名も存在する。

　なぜ今，サウザン・ニューハンプシャー大学のような，比較的小規模な多くの私立大学がオンライン教育に熱心かというと，アメリカでは子供の数が増えておらず，キャンパスの学生数の減少から，経営の危機に面しているからだという。そのため，安定的に成長を続けているオンライン教育に投資するしか，大学が生き延びる方法がない。

　全米を中心としたさらなるテレビやインターネット広告，オンライン教育に従事する職員，教員，投資額の増加など，存続するため可能な限りの対策を行っていた。この大学のオンライン教育が成功した要因は，他の大学が始めるよりも5年くらい早めに開始し，その時点から多大な投資を行い，外部からオンライン専門のCEOを雇ったためだと考えている。初期の素早い参入と，他大学にはまねのできない多大な投資によって，これまでも成長を続けてこられたのである。

　加えて，キャンパスでMBA学位を取得しても，オンラインMBAで取得しても，卒業証書に学位の区分がないことが，学生に人気のある理由の一つである。そのため企業のなかには，この大学を卒業する学生に対して，オンラインかキャンパスかのどちらでMBA学位を取得したのか尋ねるケースが多いという。この大学はオンライン教育の規模が大きいため，オンライン教育専門の大学で，キャンパスがないと考える企業も少なくない。

　オンラインMBAに精通している教員は，「オンライン教育は基本的に，28歳くらいの自分の管理能力に優れた大人の受けるもので，大学に入学する学生が受けるものではない。オンラインMBAを例えると，マクドナルドで提供される共通した食事のようなもので，学生個人にカスタマイズできるものでもない。この点で，キャンパスでの教育とオンライン教育とは全く別のものだと考えている」という。さらには，「自分はボストン大学で博士学位を取得したが，今年からボストン大学はオンラインMBAを始めた。自分のこの大

学での経験から，ボストン大学のオンラインMBAは，それほどう
まくはいかないだろう。すでに参入時期が遅く，これだけ競争が激
しい大学間のオンライン教育のなかを，どのように生き延びていく
のかさえ疑問である。我々の大学を含むアメリカの小規模な私立大
学は，今後は倒産の危機に直面することが予想されている。ボスト
ン大学でさえ規模が大きいとはいえ，中堅の私立大学でしかない」
という。

　そして今後，この大学が最も強敵だと考えるのは，規模が大きい
フェニックス大学などのオンライン教育専門の大学ではなく，（株）
アマゾンなどのIT企業が，オンライン教育を考えていることだと
いう。例えば（株）アマゾンであれば，この大学程度の規模のオン
ライン教育を買い上げて，実際に学位を発行して，アマゾン大学を
設立することが可能である。そのため，「今後5年後に，この大学
のオンラインMBAがどうなっているのかは，誰も想像がつかない
だろう」という。

　次いで，マサチューセッツ大学アマースト校のオンラインMBA
は，アメリカのオンラインMBAのランキングで第1位になってい
た[4]。キャンパスのビジネススクールは，オンラインMBAからの
利益により，数倍の規模に成長しており，ビジネススクールのオフ
ィスのなかでも，その中心を占めるほどに拡大した。2011年と比
較すると，約3倍以上に成長している。そのオンラインMBAの中
心的な業務と戦略を練っていたのが，今回調査でインタビューを行
ったディーン（Dean）であり，オンラインMBAの教員（法律）でも
あった。

　しかしこの時期，アメリカのオンラインMBAマーケットは，す
でに成長しきっており，大学間の競争が激化していた。それでも，
オンラインMBAからの継続的な高い利益がキャンパスに還元され
るため，この大学のビジネススクールの規模は，近年も拡大し続け
ている。

　しかしディーンは，オンラインMBAマーケットでの大学間の競争の激化により，今後は縮小することはあり得ないが，これまでのような急速な成長は見込めないと考えていた。そのため彼女が中心になって，競争を勝ち抜くための戦略の精緻化と維持に力を入れていた。その戦略とは，2011年の調査時点と変わりなく，①学生の多くがMBA以外の修士号を持つという学生の高い質の維持と，②オンラインMBAは古い歴史があるため，地域での評価が高い，という２点を維持し続けることであった。この戦略を維持するための対策が，今では基本的に難しいという。

　学生の高い質を維持するために，オンラインで教えることのできる質の高い教員を確保することも難しくなっていた。質の良い教員を採用するための大学間の競争は激しさを増している。加えて，学生と教員の間のコミュニケーションを重視するという新たな授業方法を模索するオンライン教育には，教員の向き不向きが大きい。採用した後も，教員の不向きによって解雇しなくてはならないケースが少なくない。質の高い教員を採用することは，ディーンにとって最も重要な責務であった。

　それまではキャンパスで教える教員がオンラインMBAを兼任することを奨励していたが，キャンパスで教える年配の教員が，オンラインMBAで教えることを好まない，またはその適性がないケースが増えていた。そのため，ビジネススクールのキャンパスで新たな教員を採用するさいには，オンラインMBAで教えられるかを採用のさいの質問事項に加えており，その適正を見極めていた。

　次いで特徴的なのは，オンラインMBAを受講する学生の25％は医者であり，彼らが主に受講するのがヘルスケア・マネジメントのコースであった。もともとこの大学のオンラインMBAの創始者が，多くの医療機関と関係を持っていたため，医療関係の学生が多く入学してきていた。そのため，最初からヘルスケアのコースに力を入れていた。この点は戦略的に，他の大学との大きな差別化をもたら

している。

　しかし今では激しい大学間の競争のため，全米をターゲットに，今まで以上にマーケティングに力を入れている。大学のなかには，オンライン教育専門のマーケティングチームが存在する。このマーケティングチームの存在は，2011年以降も拡大し続けている。

　この大学の競争相手は，オンラインMBAランキングのトップ10以内の大学だという。地理的には近くに存在するサウザン・ニューハンプシャー大学のオンラインMBAは，学費が安く規模も大きいが，競争相手としては認識していない。この大学と比べて，学生と教員の質が低く，歴史も浅いからである。

　今後の課題は，オンラインMBAは4コースしか存在しないため，学生からの要望により，キャンパスにある全てのMBAコースをオンラインでも受講できるようにすることである。また現在は，全米への進出しか視野に入れていないが，アメリカでの競争が激しくなるにつれ，海外への進出も考えなくてはならない。しかしそのためには，海外に進出しているアメリカの大学の質の低いオンラインMBAとの差別化を図るため，高い質を保ちながらの海外での文化的・言語的・経済的な壁が高いと考えていた。

　なお，2011年時点で行った調査では，オンラインMBAとキャンパスのフルタイムのMBAは分けて運営されていたが，今回調査では，フルタイムの学生も2年目には，オンラインを受講できるようになっていた。また，他の学位を取得中のこの大学院の学生も，オンラインでMBAを受講できるようになっていたため，MBA学位とのダブルメジャーが可能である。

　この大学については，この調査の半年後（2020年）に，さらに追跡調査を行った。その結果，アメリカではオンライン競争が激化し，さらなる成長を追うのは難しい状態になっていた。とくにオンライン業界は，アメリカの経済が良い時には落ち込みやすいが，逆に経済が悪くなると受講者が増える傾向にある。経済が弱い時こそ，オ

ンライン教育はその力を発揮しやすい。経済が上下するときは，ほとんど変化がないという。

　また，オンラインMBAを受講する人の特徴が，さらに顕著になっており，プロフェッショナルか，キャリアを変えたい人のどちらかであった。そして彼らは，すべてホワイトカラーであり，ブルーカラーの人はあまり受講に関心がない。

　そしてこの大学は，オンラインとキャンパスの両方のビジネススクールを持っていることが，何よりもの強みになっているという。修士学位のさらなる専門化と，組織団体や企業と一緒になってオンライン教育を開発することが，現在のアメリカの動向のようである。そのため，大学外のパートナー（組織団体と企業）との連帯がますます重要になってきており，それによって学生数の増加が見込めるという。基本的に，この大学のオンラインMBAの25％が外科医である理由は，外科医の組織団体と，この大学のオンラインMBAが組んでいるからであった。

　「オンライン教育は基本的に，大人の生涯学習のためであって，若い人たちにはキャンパスとオンラインのミックスによる受講が好ましい」と話す。さらには，「私の長年の経験からして，体に障害があって大学に通えない人にとっては，最高の教育ツールになっている」という。

　現在では，この大学も企業との提携を行っており，この大学のオンラインMBAの高い質と低いコストが企業に好まれている。この点で，この大学のオンラインMBAは，アメリカの企業によく知られているという。この傾向を今後は強化していきたいようだ。オンライン教育がディプロマミル（実際に就学せずとも，金銭と引き換えに高等教育の学位を授与する組織や大学のこと）であってはならないため，この大学の最大の戦略であるカリキュラムの質の維持には最大の注意を払っていた。オンライン教育がアメリカでこのような発展を遂げてきたのは，過去15年くらいの間である。今では企業に勤める

社員が自由にオンライン教育を提供する大学を選択できるような形式での企業への導入方法に変わってきている。

　今後は，すでに成熟したアメリカ国内だけでなく，海外への進出（特にアジア地域）を試みたいが，そのためには組織や企業とのパートナーシップでの進出が好ましいと考えていた。日本企業を含めた，海外でのパートナー探しが一つの課題である。

4　主要な発見事実

　本研究の主要な発見事実は，①オンラインMBAのマーケットはすでに成熟しているため，大学間の競争が激化している（アジア地域へのマーケットの拡大を模索している），②そのなかでも2011年に調査をした2校のオンラインMBAは，2019〜20年も順調な成長を見せていた，③これら2校がこれまで成長してきた主な理由は，初期のころにオンラインのマーケットに参入したため，戦略が最初から明確であったこと，投資規模が大きかったこと，キャンパスのMBAプログラムとの相乗効果を上げていること，である。

　第1に，アメリカのMBAマーケットは飽和状態にあり，フルタイム，パートタイム，フレキシブル，オンライン，エグゼクティブの全てのプログラムで，緩やかな入学志願者数の減少が起きている。2000年以降に始まった日本を含むアジアやヨーロッパでのビジネススクールの急激な増加は，国内のビジネススクールへの入学志願者を増加させ，それまで王道とされていたアメリカのビジネススクールへの入学志願者の一部を吸収した結果になった。また同じころ，オンラインMBAの登場により，MBAマーケットの競争はさらに激化した。

　世界的な現象として，MBA学位のさらなる大衆化，セカンドディグリーとしての価値の上昇，アメリカのビジネススクールの学費の値上げ，仕事を辞めないで通うことができるエグゼクティブ

MBAの世界への浸透など，ビジネススクールをめぐる環境は変化した。それとともに，MBAマーケット全体が飽和状態に陥ったのである。

　第2に，本研究で調査を行った3校のオンラインMBAは，2011年から2020年までの10年近くの間，継続的に成長していた。2019〜2020年には，MBA市場が伸び悩むなか，ビジネススクールのなかでの最も大きな収入源，または将来の安定的な成長が期待される数少ない教育プログラムの一つになっていた。オンラインMBAで得た利益は，大学内の他で得た利益よりも自由に，キャンパスのビジネススクールや，それ以外の校舎の建設などに使うことができるため，数少ない貴重な収入源であった。

　第3に，これまで安定的な成長を見せてきた2校の最も重要な成長理由は，設立当初からの戦略を忠実に守ってきたことである。まず，サウザン・ニューハンプシャー大学は，オンライン教育への参入が早かったことに加え，その規模の大きさと，毎年の多大な投資額を最も大きな利点とする。この点を現在でも守り続けているため，競争が激しいオンライン教育の中でも安定的な地位を保っている。それでも今後は，（株）アマゾンなどのIT企業の参入や，この大学も含めたアメリカの中小規模の私立大学でのキャンパスの大学運営が難しくなってきたため，オンライン教育をめぐる環境はさらに厳しくなると考えていた。

　次いで，マサチューセッツ大学アマースト校は，①学生の多くがMBA以外の修士号を持つという学生の高い質の維持と，②オンラインMBAは古い歴史があるため，地域での評価が高いという2点を維持し続けることであった。しかし現在では，この2点を守り続けることが難しくなっている。学生の興味を引くために，継続的にプログラムの拡大を行い，そのために内部の教員だけでは数が足りないため，外部からも質の高い教員を確保しなくてはならなくなった。

　今後のオンラインMBAの成長が期待できるのは，①すでに初期のころからオンラインMBAに参入している，②初期のころからの戦略が厳密に継続されている，③これまでも継続的に成長してきた経験を持つ，加えて多大な投資を継続的に行える，という一部の大学だけのようである。

5　今後の日本企業での導入

　「令和元年通信利用動向調査ポイント」（総務省，HP）によると，2019年9月末での調査では，「テレワークを『導入している』又は『具体的な導入予定がある』と回答した企業は約3割であり，増加傾向にある。産業別では，情報通信業及び金融・保険業における導入が多い」としている。そして，「新型コロナ対策のための全国調査」（厚生労働省，HP）によると，2020年4月時点で，全国のテレワークの導入は27％（東京都で最大52％）と，政府目標の「7割」にはまだ届いていないとする。

　『リクルートWorks』（2002, Aug/Sep）では，リモートワークを実施した企業に勤務する読者に，「突然のリモートワークによって生じた現場や人事の課題は何か」という調査を実施し，150件の回答を得ている。「課題はなく，概ね順調だった」という回答は数人だけで，突然始まったリモートワークによって，多くの人が戸惑いを感じている実態を明らかにした。回答を分類すると，次のような6つであったという。それらは，①準備不足，②仕事の成果や進め方の曖昧さ，③全人格的な一体感を求める意識，④リモートワークが福利厚生であるという思い込み，⑤イノベーションに適さない階層的な硬直した組織，⑥採用における曖昧さ，であった（『リクルートWorks』2002, Aug/Sep, pp.18-19）。

　つまり，日本的経営の特徴（新大卒一括採用，終身（長期）雇用，内部昇進，年功序列，平等主義，現場主義，ボトムアップ，普通人の経営（全

員経営）（吉原・岡部・金, 2011)）は，オンライン教育の導入にはあまり向いていない。日本的経営の特徴は，MBAホルダーが日本企業を退職しやすい原因でもあった（金, 2002)。同じ要因が，日本企業のオンライン教育の導入をも阻んでいたのである。

　日本企業でのオンライン教育はまだ初期段階にあるが，学習意欲の高い日本のビジネスパーソンは，柔軟性の高いオンライン教育を求めているという調査がある（Kikuchi, H, 2006)。また，日本のビジネススクールのeラーニングの活用について調査を行い，6校からの回答のうち，その活用は副次的[5]なものにとどまっており，その利用は非常に低調であると主張するものもある（増田, 2019)。

　日本人の海外経営系大学院修了生が大学院を選定するさいには，オンライン教育がその大学に存在するかが重視されるという調査もある。彼らが大学院の学びやすさの環境面で重視する点は，「特になし（38%)」が最も多いが，次いで「サテライトキャンパスや遠隔授業の設定（18%)」であった（(株)工業市場研究所, 2016)。

　筆者が行った調査[6]では，海外MBA派遣を行う企業7社のうち，今後の方向として，「ネットで取得できるMBAの導入」（5段階評価で，「違う」「全く違う」の合計4社）を考える企業は少なかった。社員を現地に留学させて勉強させるフルタイムのMBAが，制度が始まった1950年代からの王道なのである。

　しかし近年は，世界中で普及しているオンラインMBAに対し，日本企業も無視することはできない。その特徴である受講時間の柔軟性や場所・低価格であることが，派遣する人数が少なく，コストや手間のかかる海外MBA派遣に替わる導入可能な制度になりうるのである。

　例えば（株）三菱では，100人の10年目の管理職が，ハーバード大学とインシアードのビジネススクールのファイナンスやディベートのクラスを2か月間，週末のオンラインで受けられるというシステムを導入し，受講者には受講証明書を発行するというシステムを

導入している。オンラインでは1人に20～30万円しかかからないため，1人の社員をアメリカのビジネススクールに派遣（2年）するのに1千万円もかかることと比較して，格安で済むという利点が大きいという[7]。さらには，社員が無料でオンラインMBAを受講できるという海外での制度を，今年から日本人社員も利用できるようにしたという外資系企業の動きもある[8]。

　アメリカの大学では，オンラインと対面式を併用する「ハイブリッド型」への期待が高まっている[9]。このような傾向は，企業教育にも影響していくだろう。なかでもMBA教育は，MBA人材が社内でそれほど必要ないと判断した場合，オンライン教育だけでも代替できよう。その場合，国内でも海外でも可能である。国内の場合は日本語で授業を行うため，経営学をより深く学べるという利点が大きい。

　海外のオンラインMBAの導入にさいしては，次のような質問に答えていくことが必要である。オンラインMBAを導入する目的は何か。社内にオンラインMBAを受講したい人はどのくらいいるか。彼らがそれを受講することにより，企業にとって，どのようなメリットがあるか。それを戦略的に，給与や昇進と結びつけることはできるか。MBA学位を取得した社員の職務配置や給与を変化させられるか。学費の負担は，だれがするのか。

　制度としては，どの大学のオンラインMBAを導入するのか（国内か，海外か）。もし，海外MBA派遣制度（海外のビジネススクールへの企業派遣制度）を行っていたら，その制度との関係性はどうするか。そのための予算はどのくらいか。

　これらの質問を明らかにすることにより，オンラインMBAを導入するかの決断が下しやすくなる。そしてその決断を下すのは，企業トップか，人事部か，社員たちなのか。それによっても，導入の状況は変わってくるだろう。

　コロナ危機後をにらんで，今からその準備をすることが望まれる。

本格的なグローバル人材の育成を企業目的の一つにするのならば，日本的な企業体質から脱出することが必要である。世界基準の企業教育制度の先端を知り，そこに焦点を合わせていく。世界の企業教育では，何が起こっているのか，そのなかの一つが，オンラインMBAを導入するか否かである。コロナ危機後の世界は，一気にその方向に進むだろう。

　そのような世界の傾向が，現在停止されている海外MBA派遣制度の方向性も変えていくだろう。つまり企業は，オンラインMBAの導入をより簡単に，それも安いコストで行える時代がくるのである。このようなコロナ危機後の企業教育の流れに乗り遅れないためにも，企業の十分な情報収集と迅速な決断が必要になろう。

　アメリカのトップスクール以外のオンラインMBAの導入を考えていくことで，その企業に最適で，コストも安い授業の導入が可能になる。そのためには，本章で紹介した3校のような，海外のトップスクール以外のミドルサイズや，草の根スクールレベルの大学が行うオンラインMBAの実態を探っていくことが必要である。

【注】

1）GMAC (2018), "Research Snapshot, Application Trends Survey 2018", gmac.com/appricationtrends
2）*Bloomberg Businessweek*, "A Little College That's a Giant Online", May13-19, 2013, pp.22-23
3）2019～2020年の間に3校を数回訪問して，サウザン・ニューハンプシャー大学のビジネススクール教員とオンライン教育のCEO，エンディコット大学のオンラインMBAの責任者（Dean），マサチューセッツ大学アマースト校のオンラインMBAの責任者（DeanとAssociate Dean）に，インタビュー調査を行った。
4）*Financial Times,* 2017; 1st ranking in the United States and 3rd in the world
5）副次的とは，教育の中心となる学習活動は教室での講義や実習にあり，e

ラーニングでは教材の配信や質疑応答に利用され，講義ビデオ聴講は予復習を目的に行われるケースなどであるという（増田，2019）。

6）科研費研究，平成29年度（2017年度）基盤研究（C）（一般）「日本企業の海外MBA派遣制度と派遣MBAへの実態調査：派遣目的の変化と退職の原因」での日本企業に対する実態調査から。

7）*Nikkei Asian Review*, "Mitsubishi to enroll 100 managers in Harvard and INSEAD courses", education, Jan, 9, 2020

8）「MBA講座従業員無料」『日本経済新聞』2020年7月20日夕刊によると，大手会計事務所のアーンスト・アンド・ヤングは，全従業員28万人を対象に，オンラインで経営学修士（MBA）を取得できる無料の研修制度を始めた。

9）「米の学校再開対応割れる」『日本経済新聞』2020年8月7日夕刊

【参考文献】

日本語
［1］金雅美（2002）『派遣MBAの退職』学文社
［2］金雅美（2007）『MBAのキャリア研究』中央経済社
［3］金雅美（2015）「日米ビジネススクールの現状と課題」和光大学総合文化研究所年報『東西南北2015』pp.146-169
［4］増田満（修了生）（2019）「専門職大学院ビジネススクールにおける効果的なeラーニング活用についての提言」SBI大学院大学紀要第7号，pp.175-218
［5］『リクルートWorks』「オンライン化による課題：その本質とは何か」No.161，2020年Aug/Sep，pp.6-37

英語
［6］GMAC（2015）*mba.com Prospective Students Survey Report*
［7］GMAC（2018a）*Application Trends Survey Report 2018*
［8］GMAC（2018b）*mba.com Prospective Students Survey 2018*
［9］Kikuchi, H（2006）"Motivational Factors Affecting Online Learning by Japanese MBA Students", *Australasian Journal of Educational Technology*, 22(3), pp.398-415

[10] 吉原英樹, 金雅美(2015) "Japanese Business Schools: Adaptation to Unfavorable Environments" 『国際ビジネス研究』第 7 巻第 1 号, pp.146-169

＊本章は, 科研費研究, 平成29年度（2017年度）基盤研究（C）（一般）「日本企業の海外MBA派遣制度と派遣MBAへの実態調査：派遣目的の変化と退職の原因」と, 令和 2 年度（2020年度）基礎研究（C）（一般）「海外のオンラインMBA教育の実態と日本企業の海外教育制度への普及実態と導入課題」の研究成果の一部である。

第13章
地域経営の新たな視座

小林正典

1　はじめに

　日本の高度経済成長期には公害問題や過疎・過密などの負の側面が表面化し，新全国総合開発計画では開発の基礎条件整備による開発可能性の全国土への拡大均衡化が掲げられ，地域開発や地域振興のあり方も大きな影響を受けた。1971（昭和46）年6月21日に公布され，即日施行された農村地域工業促進法は，その目的を「農村地域への工業の導入を積極的かつ計画的に促進するとともに農業従事者がその希望及び能力に従つてその導入される工業に就業することを促進するための措置を講じ，並びにこれらの措置と相まつて農業構造の改善を促進するための措置を講ずることにより，農業と工業との均衡ある発展を図るとともに，雇用構造の高度化に資すること」（同法第1条）と示したことから，これを契機に多くの市町村で企業誘致が地域振興の柱となった。

　この頃，すでに日本のいくつかの大学で地域経済学の講義が開講されていたようであるが，当時は都市問題，農村問題の深刻化に対処するための国主導による政策研究の色彩が強かったように解される。地域社会の構成主体である住民，企業，地方自治体が地域社会の経営の問題を議論する「地域経営」が注目され始めたのも，第三

次全国総合開発計画の定住構想の提起からしばらく経た後のことである。

　その後，黒字基調にあった米国の貿易収支が赤字を呈すると，米国は日本に対して公共投資による内需拡大を迫るようになり，1990年代に入ると，公共投資基本計画によって400兆円を超える公共投資が始まった。バブル経済の崩壊後，1994年には公共投資基本計画が改定され，社会資本整備を促進するために公共投資は200兆円の増額となった。

　やがて税収減によって国の財政危機が深刻化すると，1997年の橋本政権は「財政構造改革の推進に関する特別措置法」を制定し，公共投資基本計画の改定によって公共投資は縮小方向に転じた。しかしながら，翌1998年の小渕内閣になると「財政構造改革の推進に関する特別措置法の停止に関する法律」によって緊縮財政に歯止めがかかる。国が財政拡大政策を推進する中，財政的に豊かであった大都市都府県が財政危機宣言を発令すると，財政再建策の立案のみならず，地域経済活性化のために経営の手法や考え方を模索する研究も登場した。その結果，分権化における都市と農村の共生と交流が中心的課題であった地域経営論は，次第に国の地域活性化政策の中にからめとられていくようになる。

　それから20年余りが経過した今日，地域経済はどう変化したのであろうか。観光立国の推進とともに，インバウンドに重点的に取り組む地域が増えて賑わいを呈した反面，「持続可能な発展」(Sustainable Development)，「内発的発展」(Endogenous Development)の思想に照らすならば，インバウンドに大きく依存する地域経済は外的な環境変化に対して脆弱なものと化した。そのことは，新型コロナウイルスの世界的な感染拡大によって，図らずも露呈される結果となった。

　カール・ポランニーは『経済の文明史』において，労働はそれ自体に伴う人間活動の別名であり，土地は自然の別名でしかなく，現

実の貨幣は購買力を示す代用物にすぎないとし，労働（人間の活動），土地（自然），貨幣（購買力）が市場メカニズムの中に組み込まれ，社会の実体が市場の諸法則に従属させられる市場経済の病理を次のように表現した。

> 人間は，悪徳，倒錯，犯罪，飢餓などの形で，激しい社会的混乱の犠牲となって死滅するであろう。自然は個々の要素に還元されて，近隣や景観はダメにされ，河川は汚染され，軍事的安全は脅かされ，食糧，原料を生み出す力は破壊されるであろう。最終的には，購買力の市場管理が企業を周期的に倒産させることになるであろう。というのは，企業にとって貨幣の払底と過剰が，原始社会にとっての洪水と旱魃と同じくらいの災難になるであろうからである（カール ポランニー 2003，p.40）。

筆者は，深刻な世界経済の情勢に照らしてポランニーの思想を再構成するだけの見解を持ち合わせていない。それでも，市場経済を再び社会の中に埋め戻すという観点は，今後の地域社会をいかに運営しマネジメントしていくべきかという課題に対し，新たな視座を与えてくれるのではなかろうかと期待している。

このような問題意識に立って，本稿では，まず地域経営の視点と二つの発展概念（持続可能な発展と内発的発展）に着目する。次に持続可能な発展と地域経営の関係，さらに内発的発展と地域経営の関係についてそれぞれ考察する。そして最後に，今後の地域経営の課題を見据えながら新たな視座について言及する。なお，地域経営の定義については様々な見解[1]があるが，本稿では地域住民の自立・自律の精神を重んじ，二つの発展概念に依拠しながら，地域社会の構成主体の相互依存関係のあり方とその変革を考える方法として地域経営をとらえている。

2　地域経営の視点と二つの発展概念

　地域経済の活性化がさけばれるようになって久しいが，高度経済成長期は，まず国土政策に沿った国主導による都市圏の経済の復興や振興を目指す政策と，それを受けて国内の各地方，さらに離島やへき地に至るまで恩恵をもたらす，いわゆる中央主導の護送船団方式に似た経済拡大政策が実施されてきた（小川長 2016, 18-19）。

　その後，1985年のプラザ合意によって日本の経済政策の性格は大きく変化し，輸出主導の経済政策から，大胆な内需拡大政策に大きく舵が切られ，急速な情報化の流れの中，それまでの工業製品を中心としたハード志向から，ソフト志向の製品や，観光やレジャーなどのサービスが重視されるようになった（同上, p.20）。

　ちなみに，2009年2月に内閣府経済社会総合研究所がまとめた報告書「地域経営の観点からの地方再生に関する調査研究」は，冒頭の「調査目的」において，以下のような視点を掲げている。

　　わが国経済の停滞感が強まり格差問題がさらに顕在化する中で，地域経済の活性化は焦眉の課題となっている。これまで地域活性化は様々な形で取り組まれてきたが，地域開発，地域振興など，どちらかといえば，従来の国土開発的な視点で取り組まれてきた傾向がある。これからは，個々の地域の活性化を日本の中心的課題として位置づけ，個々の地域が個性（地域力）を発揮することによってこそ，日本全体の持続的な発展が保障されるという視点が必要である。そこには，グローバルな視野のもとで地域の持続的な発展を目指す地域経営の視点が重要であり，伝統産業，自然資源，景観，歴史，生活文化等，地域固有の資源を再評価して，その価値を向上させていく必要がある（内閣府経済社会総合研究所 2009, p.1）。

　短い文章の中に，単なる「発展」ではなく「持続的な発展」という表現が繰り返し登場することからすると，「地方再生」を考える上でこの概念の重要性が示されているといっても過言ではない。「持続的な発展」が何を指すのかは明らかではないが，「地域開発，地域振興など，どちらかといえば，従来の国土開発的な視点で取り組まれてきた傾向がある」との指摘の背後には，従来の国土開発が「持続的な発展」でなかったとの評価が暗示されている。

　さらに，「これからは，個々の地域の活性化を日本の中心的課題として位置づけ，個々の地域が個性（地域力）を発揮することによってこそ，日本全体の持続的な発展が保障されるという視点が必要である」との表現には，国が開発のモデルを示してそれを全国的に推進してきたかつての地域開発や地域振興では，「持続的な発展」が必ずしも保障されないことが示唆されている。

　その上で，「グローバルな視野」と「地域の持続的な発展を目指す地域経営の視点」が重要とされており，具体的な方策として，「伝統産業，自然資源，景観，歴史，生活文化等，地域固有の資源を再評価して，その価値を向上させていく」ことが求められている。この方策の実現につながる思想は，玉野井芳郎が以下のように定義した内発的地域主義の思想に淵源をみることができよう。

　　国が「上から」提唱し組織する「官製地域主義」と区別して，「内発的地域主義」の私なりの定義を掲げておこう。――それは，「地域に生きる生活者たちがその自然・歴史・風土を背景に，その地域社会または地域の共同体にたいして一体感をもち，経済的自立性をふまえて，みずからの政治的・行政的自律性と文化的独自性を追求することをいう。」（玉野井芳郎 1979, p.19）

「内発的地域主義」は，その後，社会科学の分野に限定しても，鶴見和子，宮本憲一，守友裕一，清成忠男，保母武彦，西川潤，武

者小路公秀，米山俊直をはじめとする多くの研究者の議論が重なり合って，日本特有の内発的発展論として展開した。とはいえ，内発的発展を現実の地域社会に反映させるためには，地域経営の観点からの再構成が不可欠であった。

3　持続可能な発展と地域経営

（1）持続可能な発展の概念

　1987年に「環境と開発に関する世界委員会」（ブルントラント委員会）が，『われら共有の未来』（Our Common Future）で持続可能な発展の概念を提示して以来，国際会議の場でもこの概念が新しい政策的思想として一般化してきた。『われら共有の未来』では，この概念を「将来の世代が自らのニーズを充足する能力を損なうことなく，今日の世代のニーズを満たすことである」と説明し，貧困地域の人々に関しては，「ニーズ，特に世界の人々に欠くことのできないニーズの概念。これには最優先の順位を与えるべきである」とする（D. W. ピアス他　1994, p.202）。

　これは，「地域の自然環境や生活環境を壊すことなく発展を維持する概念」に他ならず，その意味は以下の3点に要約できる（同上，p.4）。①環境の価値：持続可能な発展は，自然環境，人工的環境，文化的環境の価値を強調する。②時間の地平線の拡大：持続可能な発展は，短・中期的未来と長期的未来の双方に配慮することを必要とする。③公平性：持続可能な発展は，社会における最も恵まれない人々のニーズを満たす（世代内公平性）とともに，将来の世代を公平に扱う（世代間公平性）ことを強調する。

　なお，世代間格差の是正をめぐっては，ロバート・M・ソロー（Robert M. Solow）から，次のような指摘がなされている。

　　われわれは，限られた資源と快適な環境などを将来の世代と分

かち合うべきだが，できるだけ肩ひじ張らずに人間開発を進める
ことが大切である。しかし持続可能性，すなわち世代間の公正さ
はいくつかある目標の一つである。ほかの目標もそうだが，持続
性の目標も他の目標との釣り合いをとりながら目指していかなけ
ればならない（広野良吉他 1996, p.19）。

　ここで「人間開発」（Human Development）とは，UNDP（国連開発
計画）の人間の尊厳を重視した経済，社会開発の精神を指す。人間
開発は，持続可能な発展を実現する上で重要な思想である。そこで
次節では，人間開発の概念とその視点について確認する。

（2）人間開発の概念と視点

　足立文彦によると，人間開発を経済開発の上位概念と位置付ける
『人間開発報告書』と『トダロとスミスの開発経済学（第9版）』の
目次と主題を比較した場合，経済開発と人間開発の内容に以下のよ
うな違いがあるという（足立文彦 2008, pp.31-33）。

① 経済開発と人間開発には，貧困，教育，環境，技術，財政，貿
　易，投資，援助など，共通の問題が少なくない。

② 経済開発には理論，歴史，政策についての長年の蓄積と，研究
　者の間で共有される体系があるのに対して，人間開発は人間開
　発指数とそこから派生した諸指数を除けば，各論的な主題の寄
　木細工的な性格が強く，喫緊の問題に対する政策提言的な志向
　が優先され，主題間の体系的な整合性を求める傾向は乏しい。

③ 経済開発と人間開発に共通する諸問題について，人間開発では
　貧困や不平等など「人間の安全保障」を重視するアプローチに
　特色があり，グローバリゼーションの下で，開発のうねりから
　取り残された人々や国々に焦点を当てている。

④ 人間開発は，経済開発では取り扱わない人権と自由，ガバナン
　ス，多文化共生などのより学際的なテーマにも真正面から取り

組んでおり，その研究成果は経済開発と補完的になる可能性が強い。

　要するに，アプローチの仕方としては，貧困や不平等に直面する人間の側に立って開発のあり方を捉えるのが人間開発の考え方の特徴であるといえよう。

　ところで，人間開発の提唱者の一人であるマブーブル・ハクは，その著書『人間開発戦略』の中で，経済学者が開発の手段について議論するとき，しばしば資本投資について話すものの，物的資本が関心の中心となるために，他の生産要素の多くが除外されてしまい，人的資本は，量的にも質的にも測られることがないと指摘する（マブーブル・ハク 1997，p.4）。同氏は，国民総生産（GNP）に代えて人間開発指数[2]（Human Development Index：HDI）を開発し，普及に努めてきた人物であり，人間開発のパラダイムについて，公平さ（equity），持続可能性（sustainability），生産性（productivity），エンパワーメント（empowerment・力づけ），という4つの基本的な構成要素に区分している（小林正典 2002，p.255）。

　人々は，所得や成長の指数に現れないような成果，例えば，より多くの知識，よりすぐれた栄養状態や保健サービス，より安全な生活，身体に向けられた暴力や犯罪に対する安全，満足できる余暇時間，政治的，文化的自由，コミュニティ活動に参加しているという実感等に価値を認める場合がある。このような観点から，彼が提唱する開発の基本的な目的は，人々の選択の幅を広げることであり，人々が健康で創造的な生活を長く続けることができるような環境を作ることとする（同上）。

　人間開発の理論形成の端緒ともいえる「ケーパビリティ論」（潜在能力アプローチ，capability approach）は，アマルティア・セン（Amartya Sen）の倫理経済学の思想から導出される考え方である。ここで「ケーパビリティ」とは，人間が基本活動の選択を通じて，さまざまな可能性の間に選択を行っていくことをいう。つまり，ケ

ーパビリティは，人間の能力であり，潜在能力であり，潜在能力を能力に転換する力でもある。人間の基本活動は，「ある状態にある」(beings) 面と「何かをなす」(doings) 面との両面からなるが，ケーパビリティは，これらの組み合わせ，またこのような活動の組み合わせの選択によって，一つにはよい生活，もう一つにはよい生活を追求していく自由，これらを実現する力に他ならない (西川潤 2000, pp.303-304)。

　このような見解に立てば，貧困とは，各人のエンタイトルメント (原初的な権利によって支配されうる財サービスの組み合わせ) が剥奪されており，人間が本来備えているケーパビリティが発揮できない状況と理解される (同上，p.296)。例えば，あるエンタイトルメントの組み合せに，自らを養うのに足りる食糧が含まれていない場合，そこに飢餓が発生することになる (同上，pp.302-303)。アマルティア・センの基本思想は，従来の新古典派経済学の効用概念を最重要視する傾向に一石を投じた点で，一般に高く評価されている。

　持続可能な発展や人間開発の思想は，地域と住民に重きをおいた地域開発の基軸になる考え方を示唆するが，かつてはどちらかというと発展途上国の貧困や不平等の問題を念頭におくものとみなされてきた。しかしながら，次節で述べるSDGsの登場によって，現在これらの思想は先進国の地域開発にも共通の課題を提起するものと理解されている。

（3）持続可能な地域経営

　近年，持続可能な地域社会の実現に向けて，SDGs (Sustainable Development Goals) すなわち「持続可能な開発目標」が重要視されている。SDGsは，2015年9月の国連サミットで採択された「持続可能な開発のための2030アジェンダ」に記載された国際目標であり，17のゴールと169のターゲットから構成され，地球上の「誰一人取り残さない」(leave no one behind) を理念に掲げる。

　SDGsは，2001年9月の国連総会で採択されたミレニアム開発目標（Mil-lennium Development Goals：MDGs）を引き継ぐものであるが，MDGsでは途上国の開発問題が中心であって，先進国はそれを援助する立場とされていた。SDGsは，開発側面だけでなく経済・社会・環境の3側面すべてに対応し，先進国にも共通の課題として設定され，特に課題解決のために企業の創造性とイノベーションに期待がかけられる点で，MDGsよりも広範囲に及んでいる。ただし，日本のSDGsは，2016年5月に総理大臣を本部長，官房長官，外務大臣を副本部長とし，全閣僚を構成員とする「SDGs推進本部」の設置を契機として始まった。「官製SDGs」といわれる所以である。

　SDGsの登場により，地域開発には地域経営の視点が求められ，企業の存在意義と役割が重要視されるようになった。しかしながら，新型コロナウイルスの世界的な感染拡大によって，国を跨いだサプライチェーンは壊滅的な打撃を受ける結果となり，グローバルな企業活動は停止状態に陥ってしまった。今後，広範囲，長大なサプライチェーンはリスクが高いものとして忌避され，局地的，短小なサプライチェーンを選択する企業が増えるとすると，都市への一極集中が崩れて各地に拠点が分散することも予想される。

　一方，新型コロナウイルス感染の再来を警戒することで，インバウンドに過度に依存する地域経営も根本的に見直しが余儀なくされるであろう。仮にある地域に医療施設が1箇所しかないとすると，医療崩壊を恐れて，観光客の呼び込み（特に外国からの受け入れ）には消極的になるからである。このような情勢の変化を考えると，日本版SDGsの3本柱に数えられる「ビジネスとイノベーション」「地方創生」「エンパワーメント」のあり方も，これまでとは様相が変わってくる。

　だからといって，持続可能な発展や人間開発の思想の重要性が薄れるわけではない。都市への一極集中が崩れて各地に拠点が分散す

るとしても，必ずしも地域における人口減少，高齢化の深刻な問題が解消されるわけではない。限定された地域の中でサプライチェーンを形成するとなれば，物価は従来よりも高騰することが予想され，人口が均等に分散しない限り，地域によってより貧困の度合いが高まる事態も想定されるからである。

　また，新型コロナウイルス感染の影響が長期化することにより，新しい生活様式の中で健康と福祉に対する人々のニーズは大いに高まっている。SDGsの採択時には想定されていなかったことであるが，SDGsのゴールとターゲットの多くは，まさに先進国の都市部にとっても重要な課題になっている。

　以上の点に鑑みると，従来の新古典派経済学の効用概念を最重要視する観点と対極に立って，地域社会の将来を考えなければならないことは明らかである。ローカルな視点から地域の自立と自律を重んじつつ，持続可能な地域経営を構築しなければならないのである。

4　内発的発展と地域経営

（1）内発的発展の概念

　西川潤の見解に依拠すると，内発的発展論の起源は，スウェーデンのダグ・ハマーショルド財団が，国連経済特別総会（1975年）の報告『なにをなすべきか』で「もう一つの発展」という概念を提起したときに，その属性の一つとして「内発的」という言葉を「自力更生」と並んで用いたことに遡る（鶴見和子他 1989. p.3）。内発的発展の概念自体が抽象的であったため，幅広い学問分野の領域でいろいろな見解が提起される結果となったが，どちらかというと日本の中で活発な議論が展開された感がある。その経緯については，すでに先行研究[3]の中で整理が試みられているので，ここでは紙面の関係上，地域政策としての内発的発展論に焦点を当て，地域経営論

の展開を推進してきた宮本憲一の言葉を借りて内発的発展論を整理する。

　同氏は，2010年7月17日に北海学園大学で開催された地方自治土曜講座の講義記録を大幅に補筆して『転換期における日本社会の可能性－維持可能な内発的発展』を刊行したが，その中で内発的発展論の定義につき，「西欧をモデルとする近代論がもたらすさまざまな弊害を癒し，あるいは予防するための社会変化の過程」とする鶴見和子の見解を紹介している。さらに，西川潤による経済発展の3つの点（①経済学のパラダイム転換を必要とし，経済人に代え，人間の全人的発展を目的とすること，②参加，共同主義，自主管理の組織的形態，③地域分権，生態系重視，自立性と定常性）を挙げ，その内容を実現するような経済発展を内発的発展とする見解を引用している。その上で，いずれもこれまでの欧米型の近代化に対するオータナティブな発展を示している点を評価し（宮本憲一 2010，p.53），内発的発展と対極にある外来型開発の問題を以下のように厳しく指摘している。

　　外来型開発の理論は発展途上国が，西欧モデルに追いつき追い越すための理論であるとともに，資本主義経済の遅れた地域の開発理論でした。すなわち後進地域に大企業や大型の公共事業を誘致して，その開発効果で，地域の所得や人口を増やし，自治体の財政を豊かにして，住民の福祉を向上させようというものです。この開発のために誘致企業に必要な道路，港湾などの交通手段をはじめ，社会資本を先行投資させ，減税措置などの財政政策をとるというものです。併し現実は大部分の地域では企業誘致に失敗しました。成功したところでも公害・災害が発生し，輸出産業に偏り，地域内に関連産業が育たず，特に農業の衰退が進みました（同上，pp.53-54）。

　そして，外来型開発は「大企業や公共事業の誘致に，地域の運命

を預けるような開発」であるとして，以下の通り5つの問題点を指摘した（同上，pp.54-55）。

① 誘致地域の公害，資源の浪費などの社会的損失の発生。

② それに対して地元経済には付加価値，雇用，租税などの相対的な低い寄与度。

③ 地方の開発が進むと利潤や租税は東京に還元して，中央集中は進み格差の解消にはならないこと。

④ 産業構造が変わるなど経済環境が変わると誘致企業は他の地域に移転あるいは閉鎖して地域経済は破綻すること。

⑤ 地元の独自の経済・文化がなくなり，中央政府や大企業への依存が進み地方自治が衰退すること。

　さらに，外来型開発の失敗の中から，地元の資源・人材を生かして自主的に発展を志向する地域が農村で生まれたこと，これまでは歴史的な都市という評価であった京都地域や金沢地域などで都市の持続的な発展が再評価されていることを挙げ（同上，p.55），内外の経験から内発的発展の3つの原則とその特徴を引き出している。

（2）内発的な地域経営

　宮本が引き出した内発的発展論の3つの原則と特徴は，以下のように要約することができよう（同上，pp.56-59）。

① 目的の総合性－これまでの開発は所得・雇用・人口などの増大を目的にした。内発的発展では，それは結果として実現するので，目的は安全，健康，自然の保全，美しい景観，歴史的文化財の保全，福祉・教育・文化の向上，何よりも住民の人権の確立を目的にする。

② 開発の方法－地域内の資源，技術，伝統を出来るだけ活かして技術や知恵で付加価値をつけ，できるだけ複雑な産業連関をつくり，社会的剰余（利潤，租税，貯蓄）を地元に確保して地域内に再投資をし，とくにそれを地元の福祉，教育，文化，学術の

発展に寄与させていること。人口衰退地域では若者が少なく，力や知恵の足りないところでは広域的に都市との連帯をはかっていること。

③　主体は地元の自治体・企業・社会組織・住民－地域の企業，自治体，個人，協同組合，NGO，NPOなどが主体であること。内発的発展といっても排外主義ではなく，人類の叡智や資金を広く活用すること。しかしあくまで主体は地元にあり，先の目的を果たすために外部の資金や人材の応援をうけること。

　ちなみに，宮本憲一と遠藤宏一の編著『地域経営の内発的発展』は，農村と都市の共生を求めた共同研究の成果である。同書が刊行された1998年の頃は，まだ分権化時代における都市と農村の共生と交流が地域経営の中心的課題であった。

　しかしながら，小泉政権下の2003年1月31日，国会における内閣総理大臣施政方針演説の中で2010年に訪日外国人を1,000万人にする構想[4]が発表され，2003年4月に国土交通大臣を本部長とする「ビジット・ジャパン・キャンペーン実施本部」が設置されてキャンペーンが始まると，観光立国の推進が国の基本政策に位置付けられた。

　2006年の観光立国推進基本法の制定，2007年の観光立国推進基本計画の策定，2008年の観光庁の設立等の観光立国の実現に向けた政策の進展につれ，地域経営は全国的にインバウンドに傾斜する形で議論されるようになり，都市と農村の共生と交流のテーマは，国際的な観光振興の中に埋没していった。

5　今後の地域経営の課題

　自然環境，歴史文化を損なうことなく現地を訪れ，かつ学ぶことを目的とするエコツーリズムは，1980年代に日本で拡散し始めた当初，草の根から都市と農村の共生と交流を図ろうとする活動に支

えられていた。しかしながら，2007年にエコツーリズム推進法が制定され，国の政策の下で体験行動型の新しい観光の一つに位置付けられるようになると，多くのエコツアーが草の根からの活動ではなく，観光立国という国の政策の下請けと化した。中には大勢の外国人観光客を引き受けるエコツアーも登場し，地域の生活に大きなインパクトを与えるようになるにつれ，エコツーリズム本来の存在意義も徐々に薄められていく結果となった。

　地域政策が観光政策とインバウンドに傾斜するにつれて，地域経営の議論においても，上からのSDGsや観光地域づくりのための戦略策定が目立つようになり，その戦略を着実に実施するための調整機能を備えたDMO（Destination Management Organization）に関心が集中した。観光政策は，元来，国土交通省（旧運輸省）の主管であるが，2008年に国の観光業務専担の官庁として観光庁が設立されると，そこが国の観光政策の立案，調整，とりまとめとその推進，さらに関係業界の指導にあたるようになる。そして，地方自治体とその関係団体のみならず，DMOや地域の企業等も観光庁との接点が徐々に密接になっていく。

　しかしながら，新型コロナウイルス感染拡大により，以前のようなインバウンド中心の地域政策の枠組みは崩壊し，地域経営のパラダイムの再構築を迫られる結果となっている。紙面の関係上，本稿では具体的な方策を打ち出すことはできないが，インバウンドへの過度な依存から脱却しつつ市場経済を地域社会の中に埋め戻し，持続可能な発展と内発的発展の思想を見つめ直すこと。そして，人間開発の視点に立って外部の人々を担い手として地域社会がどのように迎え入れるべきかを模索する中から，地域経営の新たな枠組みを構築することを提起したい。事態はまだまだ不透明であり，課題は山積しているが，少なくとも，インバウンドに寄りかかった地域経営に戻れないことは明らかなのである。

【注】

1）例えば，都市経営と地域経営の問題を「地域社会の経営」問題と位置づけ，地域社会の構成主体である「住民」「企業」「地方自治体」の三者間における「望ましい相互依存関係のあり方とともにその展開方向」について，あるべき姿を議論する問題提起とする見解がある。これによると「地方自治体の経営（運営）方針とその手段」が地域経営において大きな影響力をもつとする（金田昌司他，1986，p.193）。また，市町村アカデミーにおける講義の要点をまとめた叢書では，地域経営を「地域社会の快適な環境・円滑な機能・旺盛な活力を保持するために，地方自治体を中心として，地域社会の総力を挙げて営まれる活動」（市町村アカデミー，1992，p.17）と定義する。これらの見解は，地方自治体の経営という観点に重きをおいて地域経営を位置づけるものであるが，地域の構成員である住民を重視し，主役として位置づけて考えるならば，「自治体経営」と「地域経営」とは分離して考察することが賢明（阿部孝夫，1998，pp.247-248）とする見解もある。さらに，放送大学教材として刊行された岡崎昌之の『地域経営』では，「たんに静態的に現在の地域を分析の対象としたり，客観的に調査の対象とだけにするのではなく，積極的に地域とかかわり，地域を変革していくための道筋を考えることである」と地域経営を定義する。その上で，地域経営を考える上で最も重要な立脚点として「いかに自立的な地域を創り出していくか」，「そのためにはそこに住む人々の，自立的な精神がまずもって不可欠」とし，重ねて「地域内のさまざまな方向や利害の違いを，地域の主体性において調整，解決するという自律的な精神を，地域自らが保持していくことが必要」（岡崎昌之，1995，p.11）とした上で，「内発性」と「永続性」が不可欠であると指摘する。以上の他，矢吹雄平の『地域マーケティング論－地域経営の新地平』では，先行研究における「地域経営」の定義・特性をまとめた上で，陶山計介・妹尾俊之（2006）の定義に若干加筆し，「ステークホルダー相互間やステークホルダーと地域資源との間の価値の交換を効果的・効率的に実現し，地域ブランドの構築を通して地域の価値を高めること」（矢吹雄平，2010，p.6）と定義する。

2）人間開発指数とは，基本的な人間開発の平均的達成度をひとつの単純な指数で測定し，その数値によって，各国の順位付けを行うものであり，人間開発報告書において算出結果が毎年公表されている。

3）例えば，守友裕一（2000），松宮朝（2001）を参照のこと。

4）当時年間約500万人に留まっていた訪日外国人を倍増させ，日本からの海外旅行者年間約1,600万人とのギャップを縮小させ，2010年に訪日外国人旅行者を1,000万人にする構想。この目標は予定通り達成され，2020年の外国人訪日旅行者数の目標は年間4,000万人に高められる結果となった。

【参考文献】

［1］玉野井芳郎（1979）：『地域主義の思想』，農山漁村文化協会.

［2］金田昌司・疊昭吉・出井信夫（1986）：『交流化社会と地域経営計画－21世紀への地域づくり』，中央経済社.

［3］鶴見和子・川田侃編（1989）：『内発的発展論』，東京大学出版会.

［4］宮本憲一・横田茂・中村剛治郎編（1990）：『地域経済学』，有斐閣.

［5］守友裕一（1991）：『内発的発展の道－まちづくり，むらづくりの論理と展望』，農山漁村文化協会.

［6］市町村アカデミー監修（1992）：『地域経営の新時代（上）』，ぎょうせい.

［7］D. W. ピアス・A. マーカンジャ・E. B. バービア共著，和田憲昌訳（1994）：『新しい環境経済学』，ダイヤモンド社.

［8］岡崎昌之（1995）：『地域経営』，放送大学教育振興会.

［9］広野良吉・北谷勝秀・佐藤秀雄（1996）：『経済成長と人間開発』，国際協力出版社.

［10］鶴見和子（1996）：『内発的発展論の展開』，筑摩書房.

［11］保母武彦（1996）：『内発的発展論と日本の農山村』，岩波書店.

［12］マブーブル ハク著，植村和子・佐藤秀雄・澤良世・冨田晃次・小山田英治訳（1997）：『人間開発戦略―共生への挑戦』，日本評論社.

［13］宮本憲一・遠藤宏一編著（1998）：『地域経営と内発的発展－農村と都市の共生をもとめて』，農山漁村文化協会.

［14］阿部孝夫（1998）：『政策形成と地域経営』，学陽書房.

［15］守友裕一（2000）：「地域農業の再構成と内発的発展論」『農業経済研究 第72巻第2号』，pp.60-70.

［16］西川潤（2000）：『人間のための経済学』，岩波書店.

［17］松宮朝（2001）：「『内発的発展』概念をめぐる諸問題－内発的発展論の展開に向けての試論」『社会福祉研究 第3巻第1号』，pp.45-54.

[18] 小林正典（2002）:『中国の市場経済化と民族法制－少数民族の持続可能な発展と法制度の変革』，法律文化社.

[19] カール ポランニー著，玉野井芳郎・平野健一郎編訳，石井溥・木畑洋一・長尾史郎・吉沢英成訳（2003）:『経済の文明史（ちくま学芸文庫版)』，筑摩書房.

[20] 陶山計介・妹尾俊之（2006）:『大阪ブランド・ルネッサンス－都市再生戦略の試み』，ミネルヴァ書房.

[21] 足立文彦（2008）:「『経済開発』と『人間開発』に関する一考察－国連開発計画『人間開発報告書』を読み解く」『オイコノミカ 第44巻第3・4号』，pp.31-42.

[22] 内閣府経済社会総合研究所（2009）:「地域経営の観点からの地方再生に関する調査研究」報告書＜http://www.esri.go.jp/jp/prj/hou/hou041/hou041.html，2020年5月10日確認＞.

[23] 矢吹雄平（2010）:『地域マーケティング論－地域経営の新地平』，有斐閣.

[24] 小川　長（2016）:「地域活性化と地方創生」『尾道市立大学経済情報論集 第16巻第2号』，pp.17-37.

《著者紹介》(執筆順) ①専攻分野　②担当科目　③最終学校　④学位

伊東達夫（いとう・たつお）担当：第1章
① 経済学史
② 経済学史
③ 明治大学大学院政治経済学研究科博士課程経済学専攻単位取得満期退学
④ 修士（経済学）

齋藤邦明（さいとう・くにあき）担当：第2章
① 日本経済史
② 日本経済史，経済政策史，農業経済史，日本史概説
③ 東京大学大学院経済学研究科単位取得退学
④ 博士（経済学）

加藤　巖（かとう・いわお）担当：第3章
① 開発経済学，経済政策，発展途上国の少子高齢化
② 国際経済学，海外投資論，世界の不平等問題
③ 法政大学大学院政策創造研究科博士課程満期退学
④ 修士（経済学）

森下直紀（もりした・なおき）担当：第4章
① 環境史，環境社会学，科学技術社会論
② 環境学，地球環境問題の科学，科学技術社会論
③ 立命館大学大学院先端総合学術研究科
④ 博士（学術）

樋口弘夫（ひぐち・ひろお）担当：第5章
① 社会政策
② 社会政策，社会福祉
③ 明治大学大学院政治経済学研究科経済学専攻博士後期課程単位取得退学
④ 修士（経済学）

坪井美都紀（つぼい・みづき）担当：第6章
① マクロ経済学，国際経済学
② マクロ経済学，現代経済理論，計量経済学，経済政策
③ 兵庫県立大学大学院博士後期課程経済学専攻修了
④ 博士（経済学）

岩間剛一（いわま・こういち）担当：第7章
① 資源エネルギー論
② 資源エネルギー論

③　東京大学法学部卒業
④　学士（法学）

當間政義（とうま・まさよし）担当：第8章
①　組織行動論，産業組織論，環境経営論，経営管理理論
②　基本経営学，ビジネスデザインA・B，環境マネジメント環境マネジメントⅠ・Ⅱ
③　立教大学大学院ビジネスデザイン研究科博士課程後期課程修了
④　博士（経営学），博士（経営管理学）

丸山一彦（まるやま・かずひこ）担当：第9章
①　マーケティング，事業構想，新商品開発マネジメント，ビジネス統計，購買行動分析
②　マーケティング論，現代流通論，ゼミナール2〜4
③　成城大学大学院経済学研究科経営学専攻博士課程修了
④　博士（経済学）

海老原諭（えびはら・さとし）担当：第10章
①　会計制度論
②　入門簿記，基礎簿記，電子会計，会計学，ゼミナール
③　早稲田大学商学学術院商学研究科博士後期課程単位取得退学
④　修士（商学）

小林　稔（こばやし・みのる）担当：第11章
①　経営情報論，情報経済学
②　経営情報システム論，イノベーション論
③　東京大学大学院工学系研究科博士後期課程修了
④　博士（学術）

金　雅美（きむ・あみ）担当：第12章
①　国際経営，人事管理
②　国際ビジネス論，人事マネジメント論
③　明治大学大学院経営学研究科後期博士課程修了
④　博士（経営学）

小林正典（こばやし・まさのり）担当：第13章
①　地域経営論，アジア地域研究
②　地域経営論，観光ビジネス論
③　一橋大学大学院法学研究科博士後期課程修了
④　博士（法学）

（検印省略）

2021年3月9日　初版発行

略称－研究論文

現代に問う経済のあり方，経営のあり方
和光大学経済経営学部55周年記念　研究論文編

編　者	和光大学 経済経営学部	
発行者	塚 田 尚 寛	

発行所　東京都文京区　　株式会社　創 成 社
　　　　春日2－13－1

電　話　03（3868）3867　　FAX　03（5802）6802
出版部　03（3868）3857　　FAX　03（5802）6801
http://www.books-sosei.com　振　替　00150-9-191261

定価はカバーに表示してあります。

©2021 Iwao Kato　　　　　　組版：でーた工房　印刷：エーヴィスシステムズ
ISBN978-4-7944-3212-4 C3033　製本：エーヴィスシステムズ
Printed in Japan　　　　　　落丁・乱丁本はお取り替えいたします。

＊和光大学 Twitter

最新のニュースやイベント情報，学生・教職員の活躍の様子などを発信しています。

＊和光大学 Instagram

＊和光大学 入試広報室 Twitter

入試情報やオープンキャンパスなどのイベント情報を発信しています。

＊YouTube 和光大学入試チャンネル

大学紹介や様々な模擬授業「和光10分大学」といった動画を公開しています。

＊和光３分大学

小田急線の電車内広告です。先生方の研究・教育内容をイラスト付きで紹介しています。
以前のものを和光大学のホームページでご覧になれます。